U0936237

本书为贵州师范大学2016年
博士科研启动项目（12004/0512024）最终成果

本书为贵州省中国特色社会主义理论体系研究中心成果

本书由“贵州师范大学全国重点马克思主义学院
建设经费和贵州师范大学马克思主义理论学科建设经费”资助出版

红河流域归国华侨群体的历史人类学研究

李银兵 著

云南大学出版社
YUNNAN UNIVERSITY PRESS

图书在版编目(CIP)数据

红河流域归国华侨群体的历史人类学研究 / 李银兵著. -- 昆明：云南大学出版社, 2019
ISBN 978-7-5482-3894-2

Ⅰ. ①红… Ⅱ. ①李… Ⅲ. ①归国华侨 – 社会人类学 – 研究 – 云南 Ⅳ. ①D634.2

中国版本图书馆CIP数据核字(2019)第300518号

策　　划：万　斌
责任编辑：万　斌
封面设计：王婳一

Honghe Liuyu Guiguo Huaqiao Qunti De Lishi Renleixue Yanjiu

红河流域归国华侨群体的历史人类学研究

李银兵 著

出版发行：云南大学出版社
印　　装：昆明理煋印务有限公司
开　　本：787mm × 1092mm 1/16
印　　张：17.75
字　　数：328千
版　　次：2019年12月第1版
印　　次：2019年12月第1次印刷
书　　号：ISBN 978-7-5482-3894-2
定　　价：48.00元

社　　址：昆明市一二一大街182号(云南大学东陆校区英华园内)
邮　　编：650091
发行电话：0871-65033244 65031071
网　　址：http://www.ynup.com
E - mail：market@ynup.com

序

有学者指出：历史作为一种知识资源，并非一个单向的直线性发展过程，而是一个不断积累和解释的过程。的确，在今天的人文社会科学研究中，研究者只有充分运用好历史学研究遵循的时间向度和地理学研究遵循的空间向度，在时空交织的研究视角指导下，才能使其研究具备一定的广度、深度及厚度，进而才能全面而又深刻地抓住所研究事物的本质及其发展规律。这对于本书所进行的历史人类学研究来说，也不例外。在研究中，研究者只有把历史与政治、经济及文化等各要素紧密联系起来，才能对特定历史现象及其规律做到科学而又完整的认识和把握。基于此，本书把生活于红河流域的印度尼西亚归国华侨和越南归国华侨群体作为研究主体，把他们回国前后的历史境遇、回国后的现实发展实践及新时代的未来愿景等作为具体的研究对象。本书是为红河流域归国华侨特殊群体书写的一部人生发展史，也是为红河流域归国华侨特殊群体书写的一部群体民族志，更是为红河流域归国华侨特殊群体书写的一部心路变迁史。当然，最为准确地说，本书是为红河流域归国华侨特殊群体书写的一部历史民族志。

本书主要从历史人类学的研究视角入手，借助历史学、人类学、民俗学、政治学、民族学及社会学等相关学科理论和方法，从纵横两个研究侧面入手，对如今还在红河流域生活着或曾经在红河流域生活过的印度尼西亚和越南两个归国华侨群体的历史、现实及未来发展进行整体性研究。本书研究属于多学科、多层次有机结合而成的综合性研究。在研究过程中，笔者力求做到不仅具体描述“他们的历史是什么”，也重点关注“他们的历史告诉了我们什么”；把历史与社会、文化有机地结合起来，看到了国家与群体、民族和谐与区域发展，以及历史、社会与心性间的辩证关系；通过对这两个特殊群体历史发展轨迹的分析，最终实现对红河流域归国华侨群体“家在何处”的探寻和探讨。

具体而言，本书分为九个部分：

第一章绪论部分主要介绍本书研究的个案背景、前期相关研究成果及评述、研究所需的相关理论和方法，以及研究的主要内容、重难点及创新点等相关问题。本章在对学界相关研究进行归纳和总结的同时，不仅彰显了本书研究的理论和实践价值，也指明了本书研究的方向和目标。

第二章主要在对全国各地归国华侨农场进行简单描述基础上，着重介绍和关注甘庄华侨农场和红河华侨农场的自然环境及人文社会结构，进而彰显出该地域亚热带气候、多民族杂居、文化多元的自然人文色彩，为本书研究构建了坚实的自然物质前提。

第三章主要回顾历史上的几次华侨出国高潮、华侨在东南亚的社会文化生活、东南亚“排华”浪潮及其对华侨华人群体的影响、华侨华人在“落地生根”和“落叶归根”的选择中徘徊等历史背景。在此基础上，着重分析红河流域印度尼西亚和越南归国华侨出现的原因。同时借助四个老华侨的生活个案，从口述史视角直接去说明和探析红河流域归国华侨出现的背景及原因等相关问题。

第四章主要描述和分析红河流域归国华侨群体归国之初的境遇及其在此境遇中的思想动态。本章再现了这两个归国华侨群体在思想、行为、文化等各方面所遇到的困境；分析了导致这些困境出现的原因；探讨了印度尼西亚和越南归国华侨在环境适应上的差异等相关论题。

第五章主要探析归国华侨群体在红河流域定居后，由于社会文化变迁而受到的各种冲击及归国华侨群体对这些困难所进行的不断调适等。在此基础上，笔者进一步分析了红河流域归国华侨再移民的表现、动力，以及印度尼西亚和越南归国华侨再移民的差异、红河流域归国华侨再移民现象终止等相关议题。

第六章主要分析新形势下的归国华侨在政治生活、经济生活、社会生活及文化生活上的种种表现，从宏观视角去认识红河流域归国华侨群体的现实生活。同时，通过对红河流域印度尼西亚和越南归国华侨群体的生活个案的描述，达到从微观视角去凸显他们现实境遇的目的。

第七章重点关注红河流域归国华侨群体的认同问题。在对红河流域归国华侨中不同群体的认同现状进行问卷调查的基础上，进一步对所获得的问卷资料进行统计、归类及分析，力图较为全面地把握红河流域归国华侨群体的地域认同、群体认同、民族认同及国家认同。

第八章侧重关注红河流域归国华侨群体面临的现实处境和发展之路，其中主要涉及归国华侨群体发展问题、发展措施及发展远景三方面的问题。笔者认为，红河流域归国华侨出现的发展问题主要表现在思想观念、教育发展及经济结构三方面。针对红河流域归国华侨群体面对的这些问题，笔者提出了相应的应对措施。在此基础上，笔者指出，人在铭记历史的基础上要做到不断向前发展，这对于红河流域归国华侨群体来说也不例外。当前，红河流域归国华侨群体只要向着文化自觉、经济发达、政治领先三个目标不断地迈进，他们就能最终成为一个自由、自主、自强、自尊的群体。

第九章主要透过对红河流域归国华侨特殊群体历史发展现象的梳理，归纳出归国华侨群体历史发展背后的逻辑。笔者主要是从国家和归国华侨群体的辩证关系，民族和谐和区域发展的辩证关系，红河流域归国华侨“家在何处”，以及历史、社会与心性四个方面入手总结本书的研究，以此加深和丰富对红河流域归国华侨群体移民史相关问题的思考。

本书中，笔者彰显了人类学的田野调查和民族志两大法宝，并在研究内容、研究视角及研究观点等方面都有较为突出的创新。比如，笔者对生活于同一区域的两个特殊群体的比较研究、红河流域归国华侨群体再移民的动力探析、红河流域归国华侨群体心性变迁、红河流域归国华侨群体与国家之间的关系、红河流域归国华侨群体的通婚圈分析，以及红河流域归国华侨群体的发展问题及应对措施的探讨等方面都有一定程度的创新。但较为遗憾的是，由于各方面条件的局限，本书对于再移民去香港、美国等地的红河流域归国华侨群体的研究几乎没有直接涉及，这也是笔者今后研究的重点和方向。

总之，“他山之石，可以攻玉”。《红河流域归国华侨群体的历史人类学研究》不仅带给了我们一段红河流域归国华侨群体艰难曲折的发展历史，也使我们对于个人命运、群体前途与祖国发展息息相关的认知变得更为深刻，更让我们坚信，只要华夏儿女团结起来、努力奋斗，中华民族伟大复兴的“中国梦”定能实现。

李银兵

2019 年 11 月

目　录

第一章　绪　论

著名的华侨华人研究专家周南京这样描述华侨华人的历史："华侨华人的历史是一部和平移民、和平谋生和和平经商的历史；是一部冒险精神、艰苦奋斗和奋发图强的历史；是一部苦难史和血泪史；是一部华侨华人与所在国人民一起艰苦创业的历史；是一部华侨华人与所在国人民共同进行反帝反殖斗争的历史；是华侨华人在海外传播和弘扬中华文化、促进中外文化交流和对世界文明做出贡献的历史；是对祖（籍）国的革命和建设做出巨大贡献的历史；是一门新兴的国际性学科，涉及中外关系和国际关系；又是一门边缘性学科，涉及历史学、民族学、社会学、政治学、经济学、人口学、考古学和心理学等等。这是一门尚待开拓、探索和深入研究的新兴学术领域，其前途是不可限量和光明的。"① 人类学家王铭铭则对当今人类学研究中出现的各种现象有如此的认识："人类学作为有关人类自身的'一堆杂乱的事实或猜想'的'堆放处'，显示出这门学科的'诚意'。人类学与知识的种种'乱象'紧密相关，但这些'乱象'背后，隐约还是有某种'核心'的。人类学研究的核心固然也在变，但就我所认识的人类学的总貌而言，它还是有某种连贯性的。人类学的'核心'——它的理论和方法动力源——总在其社会与文化的研究领域之内。"② 的确，面对内外混沌的经验世界，我们不能将经验当作虚设，也不能将其当作纯粹的真相；而从"当地知识"到"世界思想"这一转变，则将我们引向主观世界与客观世界的汇合处。人类学要迎接经验研究带来的启迪，将观念、心态、经验、过程等放在历史中思索。这种做法被称为"历史人类学"做法。③ 因此，"对人类学家而言，个人只有作

① 周南京：《华侨华人问题概论》，香港：香港社会科学出版社有限公司 2003 年版，第 1～13 页。

② 王铭铭：《人类学讲义稿》，北京：世界图书出版公司 2011 年版，第 7 页。

③ 王铭铭：《人类学讲义稿》，北京：世界图书出版公司 2011 年版，第 268 页。

为种族或社会群体的成员时才具有重要的意义……人类学家一致关注的重点主要是群体而不是个人"①。基于学者们对华侨华人历史、人类学、历史人类学及人类学研究对象的认识和理解，本书选取地处红河流域的甘庄华侨农场和红河华侨农场作为田野调查点，以两个农场中生活着或曾经在此生活过的归国华侨群体②作为研究主体，以这两个归国华侨群体的回国发展历史作为具体的研究视角和内容，在关注归国华侨这一特殊群体与时代、社会互动的历史的同时，充分运用相关理论和方法，试图挖掘出这一特殊群体不同寻常的生存智慧，彰显这一特殊群体独特的人格魅力，最终达到全面而又深刻地认识这一特殊群体的目的。

第一节　研究的问题与问题的确定

一、研究的问题

20世纪50年代到70年代末，由于东南亚国家"排华"浪潮的兴起，印度尼西亚和越南等国出现了大批归难侨。在这样的背景下，以安置归难侨为主的华

① （美）波亚士：《人类学与现代生活》，刘莎等译，北京：华夏出版社1999年版，第4页。

② 本书所指的"归国华侨群体"，一般意义上主要是指20世纪60年代初到70年代末，由于特殊国际背景回国、被安置在华侨农场的归国华侨和难侨群体。由于这部分群体和其侨眷之间有着密不可分的关系，因此，在本研究的一些论述上，"归国华侨群体"也包括归国华侨的侨眷。同时，在调查中，我们发现大多数印度尼西亚归国华侨群体成员不太承认自身属于难侨身份的认定，而越南归国华侨群体则很坦然地接受自己属于难侨范围之列。两个归国华侨群体对于自己身份的认同，和归国华侨和难侨的概念及其本质有关。归国华侨是指从海外回国定居的华侨。《关于难民地位的公约》（*Convention Relating to the Status of Refugees*）于1951年7月28日在联合国难民和无国籍人地位全权代表会议上通过，1954年4月22日生效。在这个公约中，关于难侨的概念是这样定义的："'难民'一词是指由于1951年1月1日以前发生的事情并因有正当理由畏惧由于种族、宗教、国籍、属于某一社会团体或具有某种政治见解的原因留在其本国之外，并且由于此项畏惧而不能或不愿受该国保护的人；或者不具有国籍并由于上述事情留在他以前经常居住国家以外而现在不能或由于上述畏惧不愿返回该国的人。"基于上述定义，我们可以看出，印度尼西亚归国华侨和越南归国华侨回国的原因确实存在一些差异。但从他们的总体属性来说，笔者认为他们在总体上还是属于难民型归国华侨。这种说法在后面的论述中将会涉及，此处不再赘述。因此，在描述印度尼西亚归国华侨时，我们一般使用"归国华侨"一词，在描述越南归国华侨时，我们一般使用"难侨"一词，但不管归国华侨还是难侨，都属于本研究中所指的归国华侨群体，特此说明。

侨农场在国内纷纷建立。迄今为止，全国现有华侨农场 84 个，其中广东 23 个、广西 22 个、福建 17 个、云南 13 个、海南 5 个、江西 3 个、吉林 1 个。在全国 84 个华侨农场中，有 41 个系五六十年代为安置马来西亚、印度尼西亚、缅甸、印度等国 8 万多归难侨而设立的，有 43 个系 70 年代末为安置越南难侨而设立的（越南难侨约 26.3 万人，其中华侨农场安置 16 万人，农垦、林场安置 7 万人，其余由社会分散安置）。在华侨农场机制改革以前，84 个华侨农场具体分布如下：广东省内有大南山华侨农场、迳口华侨农场、黄陂华侨农场、蕉岭华侨农场、普宁华侨农场、清远华侨农场、潼湖华侨农场、消学岭华侨茶场、杨村华侨柑橘场、英红华侨茶场、英华华侨茶场、光明华侨畜牧场、平沙华侨农场、红旗华侨农场、大槐华侨农场、合成华侨农场、海晏华侨农场、大旺华侨农场、珠江华侨农场、陆丰华侨农场、岗美华侨农场、奋勇华侨农场、花都华侨农场。广西壮族自治区内有白合华侨农场、百色华侨农场、东风华侨农场、凤凰华侨农场、伏虎华侨农场、桂林华侨农场、海渊华侨农场、来宾华侨农场、浪湾华侨农场、丽光华侨农场、柳城华侨农场、宁明华侨农场、迁江华侨农场、渠黎华侨农场、十万山华侨农场、桃城华侨农场、天西华侨农场、五合华侨农场、武鸣华侨农场、西长华侨农场、新和华侨农场、左江华侨农场。福建省内有常山华侨农场、东阁华侨农场、江镜华侨农场、长龙华侨农场、双第华侨农场、雪峰华侨农场、丰田华侨农场、东湖塘华侨农场、泉上华侨农场、赤港华侨农场、双阳华侨农场、竹坝华侨农场、武夷华侨农场、天马华侨农场、北硿华侨茶果场、南山华侨茶果场、梅州华侨农场。海南省有兴隆华侨农场、彬村山华侨农场、澄迈华侨农场、东方华侨农场、文昌华侨农场。江西省内有敖山华侨农场、金坪华侨农场、秀谷华侨农场。吉林省内有扶余华侨农场。此外，就是云南省内的 13 个农林场。华侨农场有其自己的特点：一是归国华侨侨眷集中，他们来自不同的国家，有着不同社会制度和生活体验；二是绝大多数归国华侨是被迫离开异国的，在原居留地还有亲戚、朋友，他们与海外有着密切的联系；三是华侨农场由于政策性、社会性负担较重，国民经济和社会发展的步伐不快；四是广大归难侨的生产生活水平相对较低，他们迫切希望加快华侨农场的改革和发展。截至 1995 年底，华侨农场总人口 57 万人，其中归难侨 21 万人。土地面积 338 万亩，其中耕地面积 56 万亩。1995 年工农业总产值 51 亿元，人均年收入 1405 元（2000 年工农业总产值 85.93 亿元，人均年收入 2095 元）。[①] 党中央、国务院一直以来都对华侨农场的改革和发展十分关心，在 1985 年颁布的《关于国营华侨农场经济体制改革的决定》中明确提出：华侨农场要走我国农村改革的道路，彻底改变现行农场的经济体制，逐步调整产业结构，切实扩大生产经营者的自主权，充分调动广大职工特别是归难侨的积极性，促进华侨农场自我发展、自我积累的能力，确实提高归难侨的生活水平。

云南省华侨农（林）场始建于 1960 年，有 12 个华侨农场和 1 个华侨林场，共安置来自印度尼西亚、缅甸、越南等国的归难侨 36405 人。全省 13 个华侨农（林）场现有 42740 人，其中归国华侨侨眷 29851 人，约占 70%。土地面积 424291 亩，其中耕地面积 83331 亩，用材林面积 140000 亩（2008 年数据）。云南省 13 个华侨农（林）场分布在全省 7 个地州的 9 个县，具有丰富的土地资源和独特的地理气候条件。比如：（1）位于元江县的甘庄、红河，位于宾川县的宾居、彩凤、太和，位于昌宁县的柯街，位于耿马县的耿马等 7 个华侨农场具有丰富的热区资源优势，较适宜水果、甘蔗、冬早蔬菜、南药、热带花卉种植。（2）金坝华侨林场毗邻广西百色，位于 323 国道旁，交通方便，全场土地面积 15 万亩，适宜种植杉树、桉树及八角、芒果、柑橘等热区经济林，现拥有优质人工用材林 14 万亩，活立木蓄积量 67 万立方米。（3）芒市华侨农场位于德宏州首府芒市，紧邻国家级的瑞丽边境口岸，具有优越的区位优势，可以发展边贸。（4）勐库华侨农场所在的临沧地区双江县，是云南省的茶叶主产区之一。当地没有环境污染，因而绿色生态茶在当地极具开发价值。（5）宾居、太和、彩凤 3 个华侨农场位于大理州宾川县。宾川县是我国著名的旅游景区，比如鸡足山作为佛教名山，在东南亚享有极高的声誉，因而当地具有丰富的旅游资源；3 个农场适合柑橘生长，现已种植了 1 万多亩，生产的脐橙个大、味甜，外观漂亮，亩产可达 3 ~4 吨。（6）红河华侨农场所在的元江县是芦荟的最佳产地之一，土壤气候等自然条件非常适合芦荟的生长和繁殖，当地政府已把芦荟种植作为一项具有地方优势的新支柱产业大力发展。红河华侨农场已建成芦荟种植基地 200 亩，且已建成一座小型芦荟产品加工厂，生产的芦荟精粉投入市场后受到欢迎。此外，曲靖陆良华侨农场、文山平远街华侨农场、文山市稼依华侨农场都地处平坝中

① 黄小坚：《归国华侨的历史和现状》，香港：香港社会科学出版社有限公司 2005 年版，第 492 页。

央，适宜农作物、蔬菜等生长。当前，云南华侨农场主要在侨场发展、体制改革、危房改造、社会保障、土地确权、文化传承等方面出现了发展困境。红河流域①有 2 个华侨农场，即位于元江县城南郊的红河华侨农场和元江东北部的甘庄华侨农场。它们是 20 世纪 60 年代初期为安置印度尼西亚华侨而兴办的华侨农场，70 年代末又相继安置越南难侨近 2000 人，农场现直辖于元江县人民政府。据相关数据统计，截至 2007 年末，两个华侨农场共有人口 8078 人，其中归难侨、侨眷 2622 人，仅占到农场人口总数的 32.95%。场辖区内共居住着傣、彝、汉、苗等 16 种民族，少数民族占总人口的 67.05%。同其他华侨农场一样，红河流域华侨农场也面临相同的发展困境。

---

① 红河为中国云南省—越南跨境水系，是唯一发源于云南境内的一条重要国际性河流（边界在河口镇—越南老街），也是越南北部最大河流；由于流域多为红色沙页岩地层，水呈红色，故称“红河”。红河呈西北—东南流向。红河发源于中国云南省中部，河源海拔 2650 米。上游礼社河出巍山彝族回族自治县北，在三江口接纳东侧支流绿汁江后始称元江，流至红河哈尼族彝族自治州境内后称红河，向东南流至河口入越南，到河内分支流入太平洋的北部湾。红河源头位于大理州巍山县永建镇红河源村委会密驴摩彝族村北面哀牢山脉起始段——龙虎山，流经中国云南的大理、楚雄、玉溪、红河四个州市的 17 个县市和越南北部的 12 个省，全长 1280 公里。其中云南境内 695 公里，占红河国际性河流总长度的 54%，越南 585 公里，占总长度的 46%；流域总面积 138748 平方公里，在中国云南境内的流域面积为 74890 平方公里，占整个红河流域面积的 54%，干流年平均流量 450 立方米/秒。河谷深切，流域分水岭高程一般为 2000 ~ 3000 米，河口附近河床高程为 76.4 米，全河总落差为 2574 米，平均比降 3.9‰，多峡谷。李仙江是元江西岸的最大支流，上游称把边江，流至东南和阿墨江汇合后称李仙江，流入越南后称黑水河，国境内干流河长 488 千米，流域面积 3.3 万多平方千米。盘龙江是元江东岸的最长支流，自西北向东南流入越南后称泸江，国境内干流河长 279 千米，流域面积 6123 平方千米。元江多年平均河川径流量 484 亿立方米。流域内石灰岩地区喀斯特地貌分布广泛，渗水严重，地表缺水严重。水力资源理论蕴藏量 989 万千瓦，可开发量为 360 万千瓦。全年径流不稳定，雨季时高达每秒 9500 立方米，年输沙量 1.3 亿吨，年平均流量 4688 米/秒。在越南老街至安沛段，河谷狭窄，水流湍急，有 26 个急滩；在越南越池附近接纳黑水河和泸江两大支流，水量剧增，以下河段弯曲多支岔，河面宽 500 ~ 1000 米，水流缓慢。冬夏水位变化很大，七、八月下游水位高出两岸平原约 10 米，沿河筑有大堤。有灌溉、通航之利。平水位时汽轮可自河内上溯至河口，7 ~ 10 月可达老街。红河三角洲长 150 千米，宽 80 千米，面积约 7000 平方千米，为人口稠密、农业发达地区。三角洲北侧的海防为河内的外港。红河三角洲是越南北部的主要经济区域。由于红河流域涉及的范围十分广泛，流域内生活着的归国华侨也较多。针对这种情况，本文所研究的红河流域归国华侨群体，主要是指在 1960 年、1978 年分别从印度尼西亚和越南回国，并被安置在红河流域归国华侨农场的归国华侨群体。这样，红河流域归国华侨群体就仅仅是指生活于云南玉溪元江县的甘庄和红河华侨两个华侨农场的群体，特此说明。

法国科学哲学家巴什拉（Gaston Bachelard）曾说："科学必须发现隐秘"，"既然有一个研究社会的科学，就不可避免地要发掘隐秘。"[①] 法国社会学家布迪厄（Pieere Bourdieu）也认为，社会科学的任务就是"揭示构成社会宇宙的各种不同的社会世界中那些掩藏最深的结构，同时揭示那些确保这些结构得以再生产或转化的'机制'"[②]。的确，求知是人类的天性，这种天性驱使我们拨开现象的云雾，力图去寻找事物背后那些"本真"的存在，以便给人类一个超越现实的"形而上"关怀。本书就是通过分析云南红河流域归国华侨群体在历史时空中的变迁过程，揭示其独特的文化流变以及在这一流变过程中群体生存发展的"机制"，揭示归国华侨群体在不同时期不同"场域"下的种种"隐秘"。

二、问题的确定

美国解释人类学大师格尔茨（Clifford Geertz）说："对文化的分析不是一种寻求规律的实验科学，而是一种探求意义的解释科学。我所追求的是析解，即分析解释表面上神秘莫测的社会表达。"[③] 正像格尔茨所认为的那样，"'琼斯村即美国'式的'微观'模式；'复活节岛即试验案例'式的'自然试验'模式。要么是一粒砂中的天堂，要么是遥远的可能性彼岸"[④] 的时代已经一去不复返了，取而代之的应该是为形成微观本质提出方法论问题的真实而又关键的民族志时代的。新型的民族志追求的不是从特殊中推出一般、普遍，而是在特殊中思考和分析一般、普遍，从而达到利用普遍进行创造性和想象性的思考的目的。

本书之所以选择云南红河流域甘庄华侨农场和红河华侨农场为研究对象，以其中生活着或曾生活过的归国华侨群体为研究主体，首先就是借用格尔茨式研究方法对国内现今人文社会研究现状不断反思的结果。为了实现追求"理论建设的根本任务不是整理抽象的规律，而是使深描成为可能；不是越过个体进行概括，

---

① 转引自孙立平《"过程—事件分析"与当代中国国家—农民形态的实践形态》，见《清华社会学评论》（特辑），厦门：鹭江出版社 2000 年版。

② （法）皮埃尔·布迪厄、（美）华康德：《实践与反思——反思社会学导论》，李猛、李康译，北京：中央编译出版社 1998 年版，第 6 页。

③ （美）克利福德·格尔茨：《文化的解释》，韩莉译，南京：译林出版社 1999 年版，第 5 页。

④ （美）克利福德·格尔茨：《文化的解释》，韩莉译，南京：译林出版社 1999 年版，第 28 页。

而是在个案中进行概括”[①] 的研究理论和达到“不同于过去的整体观（holism），不再提出放之四海而皆准的大理论，而是把注意力转向某一具体的生活方式的充分表述”[②]，进而实现弥补传统民族志在研究上存在的缺陷的学术目的。笔者选择了云南红河流域归国华侨作为分析主体，力图做到对其进行“格尔茨式的深描”，从而推动研究取向的转化，进而达到促使一种新的研究范式形成的目的。

其次，归国华侨群体的现实特点和对其研究的现状决定了本书的选择。相对于海外华侨华人的研究来说，学界对于归国华侨群体的研究一直以来都很薄弱。但归国华侨群体特殊的历史和现实境遇注定了他们与整个华侨华人研究是分不开的，因此对他们的研究一方面可以弥补学界在归国华侨研究中的不足，丰富学界对于华侨华人研究的范围；另一方面通过本书的研究，可以引起人们对归国华侨群体的关注，进而达到解决他们现实问题的目的。

再次，笔者的研究旨趣促使了本书的产生。笔者长期从事西南少数民族文化的相关研究，且取得了一定的成果，特别是针对云南红河流域特殊族群花腰傣传统节日——花街节的研究较为深入，成果较为丰富。在关注民族文化的同时，笔者深深体会到“文化是人的文化，人是文化的人”的道理。同时，对于特殊群体的研究一直以来就是人类学和民族学的长处。对于长期学习和工作于外乡的笔者来说，“他山之石，可以攻玉”的学科理念不仅仅让笔者不断在对他者的研究中得到教益，更让笔者与研究主体——归国华侨群体有一种似曾相识的感觉，笔者对他们的历史和现实感同身受。因为“你看人看你”的研究取向促使我们彼此都在为自己的发展寻找一条切实可行之路，我们都在探寻前进的路上，同路中人的感受和情怀注定了本书的产生。

最后，“华侨华人研究热”催生了本书。“华侨华人研究热”根本上源于中国20世纪80年代以来的改革开放、经济腾飞、社会巨变以及整个亚洲（特别是东亚、东南亚）的崛起。同时，该研究热潮还是在外国政府、商界、智囊团和学术机构的推动下才在中国大陆蔓延开来的。不说其他的，仅当我们联想到国外几千万炎黄子孙和港澳台同胞，联想到他们蕴藏着的巨大财力和在国内频频做出的

---

① （美）克利福德·格尔茨：《文化的解释》，韩莉译，南京：译林出版社1999年版，第33页。

② （美）乔治·E. 马尔库斯、米开尔·M. J. 费彻尔：《作为文化批评的人类学：一个人文学科的实验时代》，王铭铭、蓝达居译，北京：生活·读书·新知三联书店1998年版，第44页。

不凡举措时，都很自然地引起人们对华侨华人问题的浓厚兴趣。当前，云南省提出建设“云南民族文化大省”和“云南民族文化强省”，主动融入国家发展战略，这些外在条件都为本书的研究奠定了基础。因此，在各方面条件基本具备的情形下，本书就应运而生了。

任何一个实践活动的顺利开展既不单纯是主体一厢情愿的产物，也不是客观条件的机械驱使，而是主体和客体相互融合的结果。因此，本书之所以选择对红河流域归国华侨群体的历史、现实及未来发展进行历史人类学探析，也是多方缘由结合导致的。正如华侨华人研究专家周南京教授所说：“华侨华人历史是一门新兴的国际性学科，涉及中外关系和国际关系；又是一门边缘性学科，涉及历史学、民族学、社会学、政治学、经济学、人口学、考古学和心理学等等。这是一门尚待开拓、探索和深入研究的新兴学术领域，其前途是不可限量和光明的。”①

第二节　目前国内外研究的现状和趋势

一、国外及中国港台地区研究现状

对于华侨问题的研究，美国西华德在1881年即著有《中国移民》，荷兰的德·赫鲁1885年写成了《西婆罗洲华人公司》等。而后海外关于华侨的著作层出，如1909年范·珊迪克的《海外华人》，同年柯立芝的《中国移民》；此外还有坎贝尔的《华人苦力移民》（1923年）、长野朗的《华侨》（1927年）、小林新的《支那民族的海外发展》（1931年）等。进入20世纪下半叶，大陆的华侨研究基本陷于停顿，而中国港台地区却仍有所成，台湾出版了《华侨问题论文集》20余集，并有多卷本《华侨志》问世，丘式如写了《华侨国籍问题》（1970年），郑瑞明、张存武等学者也成果迭出，对华侨史做了更加深入的探讨。

1978年以后，许多华人问题学者进一步展开了对东南亚华侨华人群体的研究，如同化与融合问题、华人参政问题、华人家庭问题等的研究，并且取得了显著的成绩。主要论著有：《东南亚华人问题》（古鸿廷、崔贵强，1978年），《海

① 周南京：《华侨华人问题概论》，香港：香港社会科学出版社有限公司2003年版，第13页。

外华人》（弗良索瓦·德勃雷，1981 年），《中国人留学日本史》（实藤惠秀，1983 年），《美国华人的历史与现状》（宋李瑞芳，1984 年），《华侨资本的形成和发展》（李国卿，1985 年），《东南亚华人社会研究》（上下册）（李亦园、文崇一、施振民，1985 年），《东南亚与华人》《南海贸易与南洋华人》《中国与海外华人》（王赓武，1986 年、1988 年、1994 年），《爪哇土生华人政治》（廖建裕，1986 年），《华人混血儿与菲律宾民族的形成》（陈守国，1989 年），《出国华工与清朝官员》《新马华人社会史》《穿行在中西方文化之间：一位海外华人学者兼社会活动家的回忆录》（颜清湟，1990 年、1991 年、2008 年），《荷兰华人的社会地位》（彭轲，1992 年），《炎黄子孙——华人移民史》（潘琳，1992 年），《巴达维亚华人与中荷贸易》（包乐史，1997 年），《华侨华人新论》（潘尼克斯·潘纳伊等，1997 年），《印度尼西亚华侨与华人概论》（蔡仁龙，2000 年），《大洋洲华人史事丛稿》（刘渭平，2000 年）等。同时，归国华侨的研究也受到国外和中国港台地区的学者的注视。比如，在国外，日本学者田中恭子对厦门和广州的两个华侨农场做过短期调查，撰文介绍了中国政府的归国华侨政策、华侨农场形成过程中所产生的现实问题以及农场民营化趋势。另一位日本人类学者——中山大学女博士奈仓京子的多篇文章对国内归国华侨，尤其是对华侨农场的归国华侨从多角度进行了探讨。在其博士论文《广东归国华侨的多元社区与文化适应》中，奈仓京子通过深入田野调查及大量的深度访谈资料，从涵化角度出发，考察华侨农场的归国华侨文化适应问题，总结归纳出归国华侨的适应模式；其《归国华侨认同意识的形成及其动态——以广东粤海湾华侨农场为例》，主要以粤海湾华侨农场作为研究对象，从多元社区的角度对归国华侨社区内部高度复合型的群体关系进行了分析；其新作《作为驿站的越南归国华侨：以广东台山海晏华侨农场为例》探讨了越南归国华侨作为难民“归国”后，在中国社会主义意识形态下的社会适应性问题。此外，香港大学王苍的《香港的归国华侨团体研究——以巨港（香港）校友会为例》，通过对印度尼西亚归国华侨团体——巨校友会的发展概况以及理事会成员间关系的分析，探讨了归国华侨社团在新的社会环境中的功能转变。

总之，国外和港台对华侨的研究呈现出这样一些特点：第一，专门的研究机构、组织和研究项目纷纷成立；第二，以华人研究为主题或主题之一的国际学术会议和学术讲座不断召开；第三，多学科研究华人现状和从国家政治经济角度研究华人与中国关系的趋势日益明显；第四，重视微观研究与实证资料的获得。

二、大陆学者的研究现状

大陆学界对于海外华侨的研究，同样取得了较多的研究成果，可以说成果斐然。正如大多数学者所认可的那样，中国大陆的华侨华人研究大致可以分为三个阶段：初创与封闭阶段（1950—1965 年）；停顿与华工资料整理阶段（1966—1976 年）；系统研究启动阶段（1977 年至今）。具体来说，中国学者在这 70 年里大致进行了这几个方面的工作：第一，成立相应的研究机构，创办有关刊物。第二，收集整理有关华侨华人（历史）的资料。第三，与国际学术界进行各种交流与合作，翻译大量有份量的著述。第四，在华侨华人专题（史）、地区（史）和国别（史）方面的研究卓有成效。

笔者在此把相关研究分为两个阶段来概述，即中华人民共和国成立前和改革开放后。

由于华侨与中国革命的特殊关联，20 世纪前期即有诸多论著涌现。如刊于 1910 年《民报》第 25 ~26 期署名“羲皇正”的《南洋华侨史略》、载于《新民丛报》第 63 期梁启超的《中国殖民八大伟人传》（1905 年）、陈起森的《华侨宝鉴》（1925 年）、李长傅的《华侨》（1926 年）与《中国殖民史》（1937 年）、温雄飞的《南洋华侨通史》（1929 年）、张相時的《华侨中心之南洋》（1937 年）、姚楠的《马来亚华侨史纲要》（1943 年）及丘守愚的《东印度与华侨经济发展史》（1947 年）等，从多方面对华侨历史、人文、社会等领域进行了研究和探讨。同时也产生了相关侨史及侨务的期刊，如《南洋情报》《华侨半月刊》《南洋研究》《侨务月报》《华侨先锋》等。

改革开放后，华侨华人相关研究可以分为三个阶段：

第一阶段，20 世纪 80 年代。由于受意识形态，研究理论、方法及技术等限制，此阶段的研究特点表现为：一是侧重于华文教育、华侨华人文化、华工移民史、著名华侨传记和华侨华人社团等传统的研究课题。二是研究中侧重分门别类的分析，如华人历史、华人经济、华人社会、华人政治、华人文化及国别华人（如马来西亚华人、印度尼西亚华人）等。另外，在研究方法上也几十年一贯制，基本上沿用以前的阶级分析法、历史学方法。三是受研究经费、图书资料、科研人员、合作交流等限制，总体成果不多。但在华侨华人问题概论、华侨华人政治问题、华侨华人经济问题、华侨华人社会与文化、华侨历史问题、华侨华人人物研究等六方面也取得了较多成果。

第二阶段，20 世纪 90 年代。随着一大批年轻的硕博士加入华侨华人的研究，研究开始向纵深方向发展。一是研究领域不断拓宽。比如，冷战后的国际关系研究、海外华侨现状研究、毒品与东南亚国家发展等研究成果众多。二是研究方法不断创新。开始从国际视野入手分析东南亚华侨问题，田野调查基础上的成果也相继出现，多学科交叉等研究成果不少。三是研究新理论不断出现。比如，与民族主义、族群、国际体系等理论相关的成果较多。

第三阶段，21 世纪最初十年。相关研究呈现出“百花齐放、百家争鸣”的研究态势。第一，国内对海外华侨的研究主要集中于以下几个方面（由于成果众多，仅就 2011 年来说）：（1）华人华侨史的研究（徐善福、朱杰勤、陈民等，2011 年）。（2）华侨在历史和现实中对国家发展的贡献。比如，华侨在抗日战争中的作用（朱新玲，2011 年）、辛亥革命时期华侨的贡献（庞卫东、徐丙三，2011 年）、海外华侨是中华民族伟大复兴的重要力量（李其荣，2011 年）。（3）华侨资料汇编（姚玉民、崔丕、孙承等，2011 年）。（4）海外华侨的族群认同（余晓慧，2011 年）。（5）华侨生活（王晓萍，2011 年）。第二，国内对归国华侨的研究大致集中于以下几个方面：（1）归国华侨群体研究。比如，归国华侨特殊群体研究（陈水扬，2005 年）、归国华侨生活现状研究（黄小坚，2005；唐世明，2007；蔡振翔，2009；张盛满，2009 年）、归国华侨群体跨国流动（姚俊英，2009 年）、归国华侨协会研究（林振龙，2005 年）。（2）对华侨农场的研究。比如，华侨农场管理体制改革探析（陈高燕，2005 年；致公党玉溪市委调研组，2006 年；张晶盈，2010 年）、华侨农场发展中面临的问题及其出路（郑少智，2003 年；梁姣，2005 年；李秀满，2007 年）、农场志研究（王旖旎，2007 年；朱华友，2008 年）。（3）侨乡的研究。这方面的研究涉及侨乡自身发展研究（庄国土，2000 年；周南京，2001 年；黄昆章等，2003 年；李明欢，2005 年）、侨乡文化、侨乡的经济发展与海外华侨华人、侨汇问题等。此外，以云南归国华侨农场和云南归国华侨群体为主题的研究成果甚微，仅见《深化云南华侨农场体制改革的若干思考——元江县甘庄、红河华侨农场调研报告》（致公党玉溪市委调研组，2006 年）和《云锡公司印度尼西亚归国华侨社会适应研究》（孙东波，2009 年）两篇论文。

研究现状述评：前期学者对华侨、归国华侨群体进行了多维度的研究，研究成果具有很高的学术价值。比如对华侨史的研究，特别是对海外华侨史的研究成果最为丰富；华侨在不同时期对国家的贡献、华侨群体的现实生活和族群认同等方面的研究成果也十分显著。但是研究也存在如下不足：宏观概括居多，具体个案研究较少；描述性居多，研究分析很少；文本式研究居多，活态田野调查专题研究较少；具体针对某一方面的研究多，对归国华侨群体进行人类学整体研究的极少；研究方法和理论尚较单一，缺乏相关学科的交叉运用；针对归国华侨特定族群，特别是针对云南归国华侨群体的研究成果基本没有。因此，运用社会学、人类学、历史学以及政治学等学科的理论方法，对红河流域归国华侨群体进行整体性研究，仍是一个极为重要而又全新的课题。

三、华侨华人研究趋势

正如华侨华人研究专家郭梁教授在李安山教授等编著的《中国华侨华人学——学科定位与研究展望》中，呼吁学界建立“华侨华人学”时所主张的那样，他认为在中国建立的华侨华人学，必须要具有“中国特色”，但要全面、准确地弄清“中国特色”则并非易事。因此，他主张应该从如下几个方面思考：第一，在研究立场上，坚持从中国的国情出发，立足中国，但也要面向世界。第二，在研究目的上，揭示华侨华人形成和发展的客观规律，从战略高度为海外华人的生存发展服务，为中国与世界各国友好往来服务。第三，在研究内容上，要充分研究海外华侨华人的特殊性，如移民性、民族性、国际性等特点，揭示中国海外移民与世界其他移民的共性和个性。第四，在学术地位上，逐步形成华侨华人研究的“中国学派”，有一套立足于中国本土文化又兼具西方学术精华的华侨华人学理论、观点和方法。① 从总体上去说，学界对于归国华侨的研究属于郭梁教授所主张建立的华侨华人学中的一部分。因此，笔者认为，学界针对归国华侨的研究，也应该具有“中国特色”。当前，建设中国特色社会主义，实现中华民族伟大复兴的“中国梦”就是最具“中国特色”的特色，因而把这些“中国特色”和归国华侨研究有机结合起来，充分展现中国特色社会主义建设与归国华侨之间的联系，势必会成为当前归国华侨研究必须遵循的原则和前提基础。

本书的研究有这样几个特点：首先，在研究内容上，本书关注更多的是华侨农场的体制改革、归国华侨群体发展之路的探索、归国华侨群体的跨国流动、归国华侨群体文化传承和族群认同等相关问题。其次，在研究视角上，以往研究的

① 李安山、吴小安、程希：《中国华侨华人学——学科定位与研究展望》，北京：北京大学出版社2006年版，第11～12页。

重心大都放在归国华侨历史发展史上，但本书把历史学、社会学、政治学、人类学、民族学等多学科方法和理论结合起来，进而对归国华侨群体进行全方位、立体型的交叉研究，研究视角逐渐走向多元化、复合型。再次，在研究观点上，本书更加强调归国华侨及其侨眷自力更生，不断进取；主张归国华侨及其侨眷积极融入地方，充分发挥归国华侨特殊的身份，为当地经济社会发展做出新的贡献。总之，当前国内外对归国华侨难侨的研究，研究视野、范围、内容及主要观点都得到了突破，研究呈现出综合性、整体性及现实性的特点。

总之，只有在马克思主义理论指导下、在中国特色社会主义建设实践中以及在中华民族伟大复兴的“中国梦”的指引和召唤下，学界对于归国华侨群体的研究才会取得长足进步，研究才能具有深厚意蕴。同时，宏观指导与微观实践有机结合，才能推动学界对于归国华侨群体研究的进一步发展。

第三节　研究所需的核心理论

马林诺夫斯基（Bronislaw K. Malinowski）认为：“良好的理论训练以及对其最新成果的熟悉，与‘先入为主的成见’不同。……先入之见在任何学科中都是有害的，但预拟问题却是科学思考者的主要禀赋，这些是通过观察者的理论学习发现的。”[①] 英国著名的社会人类学家布朗（Alfred R. Radcliffe – Brown）说：“社会人类学中的田野调查需要的是比描述更多的东西，它需要理论分析。”[②] 英国学者巴纳德（Alan Barnard）也认为：“理论同田野民族志不可避免地要融为一体。没有一些或重要或不重要的理念而进行田野民族志写作是不可能的。”[③] 中国学者王建民、王铭铭等也在人类学理论研究上提出过自己的主张。比如，王建民教授曾撰文指出：在当今中国人类学的发展中，存在一个较为明显的问题，便是民族志田野工作与理论分析没有很好结合。有些时候，我们看到某些民族志文

① （英）马林诺夫斯基：《西太平洋的航海者》，梁永佳、李绍明译，北京：华夏出版社 2002 年版，第 6 页。

② （英）拉得克利夫 – 布朗：《社会人类学方法》，夏建中译，北京：华夏出版社 2002 年版，第 95 页。

③ （英）阿兰·巴纳德：《人类学历史与理论》，王建民、刘源、许丹等译，北京：华夏出版社 2006 年版，第 5 页。

本对一个村寨的问题进行了较为全面的叙述，但通篇却似乎很难找到一个明确的理论问题，让人觉得这种论著就是为了写民族志而写民族志。[①] 当然，笔者也认为从传统民族志的“浅描”到解释人类学的“深描”，是一个很大的层次过渡。衡量民族志好坏的标准不仅仅是资料的完满与否，还应包括是否具有说服力。“这仅仅是说，典型的人类学家的方法是从以极其扩展的方式摸透极端微小的事情这样一种角度出发，最后达到那种更为广泛的解释和更为抽象的分析。”[②] 这些都说明了理论对人类学学科生存和发展的重要性，同时，也体现了人类学学科所具有的开放性态度以及理论本身所带来的关怀性。总之，人类学理论不仅是田野调查的支撑，也是分析调查资料的工具，更是能为问题的进一步讨论作铺垫的法宝。

当然，笔者认为本书之研究除了需要人类学相关理论之外，还需要其他相关学科的理论为研究做理论支撑。综合来看，本书主要涉及社会变迁和文化变迁、场域理论、推拉理论及族群认同等。以下笔者就对这些理论进行简单的概括。

一、社会变迁和文化变迁

美国人类学家伍兹（Clude M. Woods）认为：“文化变迁和社会变迁，都是同一过程的重要部分，但在必要的时候，在概念上也可以区分。”“既然文化变迁和社会变迁的关系如此密切，其区分通常也被人们所忽视。”[③] 文化变迁和社会变迁是一对孪生子，一方面文化变迁是社会变迁里面一个核心的内容，另一方面文化变迁反过来能引发社会的不断变迁。因此，文化变迁与社会变迁永远是互动的关系。基于此，本书主要从文化变迁入手分析，但文化变迁理论主要表现在变迁原因及动力上。

社会科学文献中认为引起变迁的原因的重要因素包括技术、意识形态、竞争、冲突、政治与经济，以及结构性张力等，所有这些变迁的来源以多种方式相互关联，共同作用。因此，我们应该留心，不要过多地倚重这些导致变迁的原因中的任何一个，这就是要坚持马克思主义“两点论”分析方法。但也应当承认，

---

① 王建民：《民族志方法与中国人类学的发展》，《思想战线》2005 年第 5 期。

② （美）克利福德·格尔茨：《文化的解释》，韩莉译，南京：译林出版社 1999 年版，第 27 页。

③ （美）克莱德·M. 伍兹：《文化变迁》，何瑞福译，石家庄：河北人民出版 1989 年版，第 6 页。

单独挑出一个“第一推动力”、一个因素、一个原因、一个解释，在一系列特殊情境中去分析判断则又是必要的，这就是坚持马克思主义的“重点论”。把这些因素放在研究文化变迁原因和动力上，不外乎产生如下几种文化变迁原因和动力理论：（1）价值决定论。该观点认为决定文化变迁的根本原因是价值观念。德国社会学家韦伯（Max Weber）撰写的《新教伦理和资本主义精神》一书中所体现出的精神最能说明这一思想。在该书中，韦伯打破了传统对禁欲主义的看法和传统伦理对获利行为的禁锢，提出了一个新的禁欲观点。在此基础上，他指出推动西方社会发生变革的巨大力量是人们对信仰的追求。也就是遵循上帝应许的唯一的生存方式就是“应在自己的天职里刻苦劳动”的这个天职观念，而且在劳动中是不分贫富的，因为上帝已没有例外地安排给每个人一份“天职”。因此，韦伯认为就是因为人们的价值观念的改变造就了新的资本主义精神和文化。[①] 另外，美国社会学家哈根（Everett E. Hagen）认为在发展中国家，人格变迁促进了社会的剧变和革命；美国社会学家莫尔（Wilbert E. Moore）则坚持审美形式与超自然的信仰可以独立于其他部分变迁。总之，他们从正反两个方面论述了观念在文化变迁中的决定作用，即社会价值观念的变迁通过人们的行动规范和思想体系表现出来。人们的社会活动程度不同地在价值观念指导下产生，由此产生的社会价值观念的变化往往成为整个社会变迁的先声。（2）物质文化超前论。美国社会学家奥格本（William F. Ogbum）是这一理论的主要代表。他认为几十万年来，正是文化的变迁推动了社会的变迁，因而“社会变迁主要是文化变迁”是奥格本所揭示的第一个问题，也是其主要关注的问题，并且他在使用文化的概念时指出，文化是指与人的先天本质相对应的社会遗产。同时他不仅指出了文化变迁的四个因素，即发明、积累、传播和调适，而且认为大多数社会变革都是由物质文化的变革，特别是科学技术的变革引发的；一旦物质文化发生变革，非物质文化的制度文化即价值观、规范和意义、社会结构等也会发生变化。总之，他想表达的就是“物质文化是现代社会变迁的源泉”[②] 的思想，其思想主要体现在《社会变迁——关于文化和先天的本质》一书中。（3）均衡论。这个理论的提出以美国社会学家、行动功能分析和行动理论学派的创始人之一的帕森斯（Talcott Par-

① （德）马克斯·韦伯：《新教伦理与资本主义精神》，彭强、黄晓京译，西安：陕西师范大学出版社 2002 年版。

② （美）威廉·费尔丁·奥格本：《社会变迁——关于文化和先天的本质》，王晓毅、陈育国译，杭州：浙江人民出版社 1989 年版，第 138 页。

sons）为代表。他结合进化论和均衡论思想分析社会系统的稳定和秩序的机制。他的出发点是为了维持一个“均衡”“整合”的社会，但是他认为这种社会的产生是不断调谐的结果。虽然他的理论隐藏着对资本主义制度和显存生活方式的辩护，但其思想中也倡导一种在不断变迁中的调谐和修复机制。文化变迁是这个机制的一个，它是社会这个系统中不可缺少的一环，因而能在这里看到文化变迁的动力就是维持“和谐”。（4）冲突论。这个理论的代表是马克思（Karl Marx）、恩格斯（Friedrich Engels）、达伦多夫（Ralf Dahrendorf）以及科塞（Lewis Coser）等。西方社会学家普遍认为冲突理论是受到三大德国社会学家齐美尔（Georg Simmel）、韦伯、马克思的影响。其中齐美尔把冲突列为互动的基本形式之一；韦伯认为经济、政治与声望三方面存在冲突和斗争；马克思的冲突理论主要是阶级斗争理论。科塞的基本理论就是冲突促成了整合与新的结构；达伦多夫则认为强制引起冲突和变迁。这个理论在用于分析文化变迁时，主张文化的变迁是在各种力量的不断冲突过程中产生的。除了这些基本的文化变迁理论之外，还有比如环境决定论、传播决定论等。笔者认为红河流域归国华侨群体文化变迁主要受社会变迁中的价值论和冲突论的影响。

二、场域理论

布迪厄是继福柯之后，法国又一具有世界影响的社会学大师，他和英国社会学家吉登斯（Anthony Giddens）、德国哲学家哈贝马斯（Jurgen Habermas）一起被认为是欧洲社会学界的三大代表人物。布迪厄的“场域理论及实践观”、哈贝马斯的“公共领域分析及社会交往理论”以及吉登斯的“第三条道路的民主福利思想”在国际学界广受重视。20世纪90年代中期以来，他们的思想也引起了我国社会学者的注意。在我们对云南少数民族传统节日的分析中，是把节日文化放在布迪厄的“场域理论”之下去认识的，因为我们对“场域理论”的本质“关系”思想很感兴趣。其实，从涂尔干的个人和社会事实关系的分析到莫斯经典的礼物交换背后的“隐秘揭示”；从布朗对静态社会结构与功能之间的分析到结构主义奠基人，法国哲学家、人类学家斯特劳斯（Claude G. Levi－Strauss）对静态社会的结构关系研究，以及发展到利奇的动态平衡社会结构认识，再到今天广为流行的布迪厄“场域”探讨；“场”所包含的各种关系始终是人类学和民族学关注和研究的重点。

“场”是一个物理学的概念，结果经过改造后被人文社会科学广泛运用在各个领域，形成了一系列的独具特色的“场”。比如，文化场、教育场、政治场等。布迪厄认为“各种场域都是关系的系统”①，“根据场域概念进行思考就是从关系的角度进行思考”②。因此，“从分析的角度看，一个场域可以定义为在各种位置之间存在的客观关系的一个网络，或者一个构型。”③“一个场域的结构可以被看作不同位置之间的客观关系的空间，这些位置是根据他们在争夺各种权力或资本的分配中所处的地位决定的。”④ 而且在这个关系中，布迪厄认为：“作为包含各种隐而未发的力量和正在活动的力量的空间，场域同时也是一个争夺的空间，这些争夺旨在继续或变更场域中这些力量的构型。”⑤ 加上场域中形成的“惯习”和不同的资本，就形成了布迪厄有名的“实践理论”，又叫“生成性结构主义”理论。在这个理论中，布迪厄认为要有效地认识社会生活中发生的事情，使获得的知识具有实践性，就不能作为旁观者以一种与生活保持一定距离，跳出现实生活之外的方式去认识世界。应避免客观主义以“局外人”的眼光看世界和主观主义，采取从“局内人”的角度去看待社会生活的做法，以便通过参与生活实践来获得对社会世界的认识。这样，实践能使客观主义和主观主义达到一种和谐与整合。而这种整合是通过“参与性对象化”，即对客体以及主体与客体的关系加以全面的社会学的对象化途径，实现“实践本身又是在这种对象化的过程中展开”⑥。这就正如布迪厄自己所说的“我将一个场域定义为位置间客观关系的一个网络或一个形构，这些位置是经过客观限定的”⑦。这就说明了他要研究的社会不是列维－斯特劳斯所说的“冷社会”，而是他认为有历史、变化着的“热社会”。总之，就像布迪厄自己所认为的那样，他“着手就法国的特殊

① （法）皮埃尔·布迪厄、（美）华康德：《实践与反思——反思社会学导论》，李猛、李康译，北京：中央编译出版社 1998 年版，第 145 页。

② （法）皮埃尔·布迪厄、（美）华康德：《实践与反思——反思社会学导论》，李猛、李康译，北京：中央编译出版社 1998 年版，第 132 页。

③ （法）皮埃尔·布迪厄、（美）华康德：《实践与反思——反思社会学导论》，李猛、李康译，北京：中央编译出版社 1998 年版，第 134 页。

④ （法）皮埃尔·布迪厄、（美）华康德：《实践与反思——反思社会学导论》，李猛、李康译，北京：中央编译出版社 1998 年版，第 155 页。

⑤ （法）皮埃尔·布迪厄、（美）华康德：《实践与反思——反思社会学导论》，李猛、李康译，北京：中央编译出版社 1998 年版，第 139 页。

⑥ 侯均先：《西方社会学理论教程》，天津：南开大学出版社 2004 年版，第 354 页。

⑦ L. D. Wacquant. *Towards a Reflexive Sociology*：*A Workshop With Pierre Bourdieu*. Sociological Theory，Vol. 7，1989：19.

情况而构建的模式，对外国读者论证其普遍有效性”，而且这个模式“是我们可以称之为关系的哲学。因为，它把关系列为首要地位”①，比如，“文化都体现着权力关系”②。云南红河流域归国华侨生存和发展本身就遭遇着一个场，这个场中关系复杂，涉及方方面面，因此应该从场中的各种关系入手，真正做到整体把握这个群体的目的。

三、推拉理论

推拉理论的起源可以追溯到19世纪。最早对人口迁移进行研究的学者是英国的雷文斯坦（E. Ravenstien），他于1880年发表了一篇题为《人口迁移之规律》的论文。在这篇论文中，他提出了七条规律，主要是：第一，人口的迁移主要是短距离的，方向是朝工商业发达的城市；第二，流动的人口首先迁居到城镇的周围地带，然后又迁居到城镇里面；第三，全国各地的流动都是相似的，即农村人口向城市集中；第四，每一次大的人口迁移也带来了作为补偿的反向流动；第五，长距离的流动基本上是向大城市的流动；第六，城市居民与农村居民相比，流动率要低得多；第七，女性流动率要高于男性。

而在研究人口流动的原因方面，人口学上最重要的宏观理论就是推拉理论。首先提出这一理论的是巴格内（D. J. Bagne）。他认为，人口流动的目的是改善生活条件，流入地的那些有利于改善生活条件的因素就成为拉力，而流出地的不利的生活条件就是推力，人口流动就由这两股力量前拉后推所决定。

在巴格内之后，迈德尔（G. Mydal）、索瓦尼（Sovani）、贝斯（Base）、特里瓦撒（Trewartha）都对该理论做了一些修正。国际劳工局也在一些研究报告中验证了巴格内的理论。李（E. S. Lee）在《移民人口学之理论》一文中，在巴格内理论的基础上，认为流出地和流入地实际上都既有拉力又有推力，同时又补充了第三个因素：中间障碍因素。中间障碍因素主要包括距离远近、物质障碍、语言文化的差异，以及移民本人对于以上这些因素的价值判断。人口流动是这3个因素综合作用的结果。

推拉理论能很好地表征红河流域归国华侨群体从家乡到他乡、他乡到故乡、

---

① （法）皮埃尔·布迪厄：《实践理性——关于行为理论》，谭立德译，北京：生活·读书·新知三联书店2007年版，“前言”第1页。

② （美）戴维·斯沃茨：《文化与权力——布尔迪厄的社会学》，陶东风译，上海：上海译文出版社2006年版，第1页。

故乡又到他乡的流动过程，笔者将借助这一理论对红河流域归国华侨群体的再流动浪潮进行原因探析。同时，红河流域归国华侨群体在内外推拉的指引下，其心理发生的种种变化也是笔者关注的重点，因为对于人来说，任何的实践行为都是在一定理念指导下进行的。因此，本书在运用推拉理论的同时，也会着重关注客观条件的变化而引发的移民主体自身的心理、思想和认同等具体方面的变化。

四、群体认同

由于学界对群体认同的研究极少，大量的研究都是放在族群认同上，因而本书主要是从族群认同的相关理论入手，试图引出对于群体认同的理论思考。直到今天，学界对于“族群”的定义，仍没有一个完全一致的看法。但就多数的观点来看，它是一种人们在交往互动和参照对比过程中自认为和被认为具有共同的起源或世系，从而具有某些共同文化特征的人群范畴。族群和民族、种族、部落及阶级有着明显的区别，其中文化的特征在族群中表现得最为明显。这种对于族群的认识得到我国大多数学者的认同，但除此之外，对于族群还有互动/“族界”理论——认为族群的最重要区分特征是自我认定的归属和被别人认定的归属；原生论——认为族群认同是亲属认同的一种延伸或隐喻，是人性中某种非理性的原生情感的外化，或某种根植于自私基因中的生物学理性的表现；工具论——认为族群意识的兴衰是由具体的政治、经济场景变换来决定的，工具论不时也被称作“场景论”；辩证阐释理论——认为族籍是人与人之间的一种原生关系，但这种原生关系是指那些根据既定或被认为是既定的事实来确定的关系，这个既定事实主要是指文化修饰了的事实，人们在出生时便已被确定了的事实；民族—国家及其意识形态构建说——这一派别大多数学者都认为族群是现代民族—国家机器意识形态在诉求其设想的同质性过程中制造出来的他者。族群和特殊人群之间有一些区别，但是却有着一个最为重要的共同特点，那就是文化上的相似。这是笔者借用族群相关理论来分析特殊群体的重要依据。

具体来说，族群认同作为族群研究的重要内容之一，国外相关研究主要出现在20世纪70年代，外国学者主要是把族群认同的研究领域放在少数民族族群上，重点关注族群自我认同以及跨文化族群的认同。当前，从国外族群认同研究的趋势看，学者们更加关注对于族群认同模式的划分和族群关系的梳理。而对于中国学者来说，他们把对族群认同的重心放在了族群的行为和文化实践认同上。比如，张剑锋在《族群认同探析》一文中谈道：“在社会群体认同研究语境中，认同不仅仅是指先赋的、客观存在的身份认同和纯粹主观意义上的心理认同，还包括人们的行为和文化实践认同。”① 这种观点得到了纳日碧力戈的认可。他也指出要从族群的行为结构和认知结构两个方面去认识族群的认同问题。当然，在诸多对族群的认识和分析理论中，我们还是能逐渐看到区分族群间不同认同的关键还是文化因素，因此，可以说文化是族群认同的基础。而对于文化上的认同，学者郑晓云对此进行过深入细致的研究。比如，他把文化认同分为5个不同的时期：前认同期、文化认同形成期、认同融合期、文化认同趋同期以及人类文化认同大同时期。再如，他对文化认同的功能进行了这样的分析：文化认同是文化群体中基本的价值取向、文化认同是民族形成、存在与发展的凝聚力、文化认同是文化群体的黏合剂。②

针对以上族群认同的相关理论，笔者认为红河流域归国华侨群体的认同是建立在与他者的关系中，建立在他们共同的起源及一些文化共性基础上。但是对于这个群体来说，其群体组成人员的复杂性也决定了其内部不同的认同现状，比如在文化认同、地缘认同、业缘认同等方面，印度尼西亚归国华侨和越南归国华侨则表现出不同的实践。因此，笔者则针对这一群体内部的不同分层，对其认同做具体的分析。此外，随着人文社会科学对于空间研究的加强，边界也就成为研究族群或群体认同的一个很好视角。边界，本身就带有关系、界限、范围、差异、比较等多重意义。一言概之，加强认同研究，是文化边界的研究，也是文化主体关系的研究。

第四节　研究的意义、目标及主要内容

一、本书的研究意义

任何研究项目，其意义更多地体现在其研究对象的选择上。选择独具特点的研究对象，必能给研究带来意想不到的独特意义。当前，华侨华人在国家层面或者说政治现象层面上有其自身的特殊性。比如，华侨华人在中国现有政治体制中

① 张剑锋：《族群认同探析》，《学术探索》2007年第1期。

② 郑晓云：《文化认同与文化变迁》，北京：中国社会科学出版社1992年版。

的特殊地位、华侨华人在中国近现代化进程中的特殊贡献、意识形态与华侨华人的特殊性、华侨华人“独特地位”与中国大国地位的追求等。同时，无论是海外华侨华人还是归国华侨都是中华民族大家庭中的一员，他们的前途与命运和祖国是息息相关的。因此，研究归国华侨群体无疑具有重要意义，且这种意义有着文化和民族等方面的个案研究意义，也有着因为关注他们与中国的关系或者说他们对于中国的意义而引发和凸显的理论意义和现实意义。

理论意义：第一，本书是为这个特殊群体书写的一部民族志。这是一部涉及归国华侨群体的社会和文化变迁、群体认同、国家认同、“整体史”、群体心史等相关理论问题的民族志。第二，本书分析华侨回国、安置、定居、再出国等过程中不同场域下所产生的复杂问题，这其中涉及国家与民间社会、族群关系、民族政策、地区和谐等相关理论。第三，本书通过研究红河流域特殊群体的历史发展，进一步关注社会变迁与文化变迁之间的关系，最终深化对特殊群体文化认同的认识。因此，研究在这三方面都具有较强的理论意义。

现实意义：第一，关注归国华侨群体所面临的现实问题。比如围绕侨场发展、体制改革、危房改造、社会保障、土地确权、文化传承等，在描述和分析基础上提出合理的解决方案，这对于当地现实问题的解决具有一定的指导意义。第二，充分认识归国华侨及对其相关研究所处的特殊地位。比如，随着云南辐射两亚中心建设的实施，有着特殊海外背景的归国华侨群体在其中必将起到重要的纽带作用；对归国华侨群体的研究对于当前国内出现的民族问题、宗教问题，国际社会出现的“中国威胁论”“再中国化”等问题的思考，民族地区社会和谐、世界和谐等都具有重大的启示意义。

英国社会人类学家马林诺夫斯基在《西太平洋的航海者》前言中这样说：“民族学正处在一个不是悲剧性的也是十分尴尬的境地。正当它整理好作坊，打造好工具，准备不日开工时，它要研究的材料却无可挽回地急剧消散了。”① 但是尽管如此，田野考察还是要继续，因为“历史为我们呈现出了一套新的文化、实践和政治结构，人类学者应该借此机会使自己的学科焕发生机”，“文化在我们探询如何去理解它时随之消失，接着又会以我们从未想象过的方式重新出

---

① （英）马林诺夫斯基：《西太平洋的航海者》，梁永佳、李绍明译，北京：华夏出版社2002年版，“前言”第1页。

来”①。就红河流域归国华侨的历史与发展现状来说，有必要对他们进行纵向和横向交叉性的研究，这是当今我们避免以上所说的民族学“悲剧性”重演的主要手段，因而这就突出了本书研究的必要性。同时，借助一些新的理论和方法，在田野调查的实践中，我们能对一种新的历史和文化进行一定的“建构”，这是本书研究的可能性。本书研究的必要性和可能性，决定了本书研究的必然性，而这种必然性，或许也能彰显出本书研究的重要意义！最后用著名的华侨华人研究专家陈志明教授的一段话进一步凸显本书研究的意义：“目前有关东南亚华侨的课题结构，远远不能适应中国与东南亚国家与日俱增的联系的需要。一些更值得关注的课题领域如中国国内归国华侨群体研究、中国的华侨政策和华人华侨与当地原住民的关系等，并没有真正得到加强。尤为重要的是，华侨研究还有不少重要的空白。几乎没有一位中国学者从事华侨的心态、社会行为和政治参与、华侨妇女以及总人口的研究。”② 虽然陈志明教授所说的关于归国华侨研究的状况已经过去十多年，但笔者认为，在今天的华侨华人历史与现实研究中，这种研究现状一直都没能得到根本性改善。

二、本书的研究目标

本书的目标之一是为云南红河流域归国华侨群体书写一部民族志。这是一部以红河流域归国华侨群体为研究对象，以这个特殊群体的产生、归国、安置、曲折生活、出国定居、发展现状等为纵轴，以族群的内外联系和上下互动为横轴，集“深描”和“复调”研究技术等于一体的族群民族志。本书的目标之二是关注不同场域下这个特殊群体不同的心路历程。主要是把人类学“人观”思想充分运用在对红河流域归国华侨群体的研究中，把握不同历史境遇下“他者”主观上所认识到的“个体”“自我”及“社会”等问题，其中特别关注这一群体在不同境遇下的生存智慧，从而达到理解他者、反思自我的目标。本书的目标之三是通过大量的田野调查及对调查得来的相关资料的分析整理，为红河流域归国华侨群体的发展及国家的侨务政策的制定等提供一些帮助或启示。正如历史人类学家王明珂所说：“我以结合历史记忆、历史事实与历史心性之长程历史研究为经，

① （美）萨林斯：《甜蜜的悲哀》，王铭铭、胡宗泽译，北京：生活·读书·新知三联书店2002年版，第141页。

② 陈志明、罗左毅：《族群认同与国家认同：以马来西亚为例（上）》，《广西民族学院学报》2002年第5期。

以人类资源生态与社会认同区分体系为纬，共同构成一种历史民族志研究。从某一角度来说，它仍是结合历史、民族志与现实关怀的书写。”① 在本书的研究中，笔者力求向这种研究目标靠近。

三、本书的主要内容

本书以红河流域归国华侨群体的社会和文化变迁为研究对象，在客观描述其社会变迁和文化变迁过程的基础上，运用社会学、民族学、人类学、政治学、历史学等相关学科的理论，探索归国华侨群体的生存策略和发展之路。

具体而言，本书共分为九章。第一章绪论主要介绍研究的个案背景、前期相关研究成果及评述、本研究所需的相关理论和方法、研究的主要内容、研究的重难点及创新点等。第二章主要关注甘庄华侨农场的自然环境及人文社会结构，彰显该地域亚热带、多民族的自然人文色彩。第三章主要回顾历史上几次华侨出国高潮、华侨在东南亚的社会文化生活、东南亚“排华”浪潮及其对华侨华人群体的影响、华侨华人在“落地生根”和“落叶归根”中徘徊的状态等历史背景。在此基础上，着重分析红河流域出现印度尼西亚和越南归国华侨的原因。同时借助三个老华侨的生活个案，从另一视角去探析红河流域出现归国华侨的问题。第四章主要描述和分析红河流域归国华侨群体归国之初所面临的境遇及其在此境遇中群体的思想动态。再现了这两个归国华侨群体在思想上、行为上、文化上等各方面所遇到的困境，分析了这些困境出现的原因，探讨了印度尼西亚和越南归国华侨与环境适应性差异等相关论题。第五章主要涉及归国华侨群体在红河流域定居后，伴随着社会文化变迁而受到的各种冲击及归国华侨群体对这些困难的不断调适等方面。在此基础上，分析红河流域归国华侨再移民的表现、动力及印度尼西亚和越南归国华侨再移民的差异等相关问题。第六章主要分析新形势下归国华侨在政治生活、经济生活、社会生活及文化生活上的种种表现，从宏观视角去认识红河流域归国华侨群体的现实生活。同时，通过对红河流域印度尼西亚和越南归国华侨群体的生活个案的描述，达到从微观视角去凸显他们现实境遇的目的。第七章重点关注红河流域归国华侨群体的认同问题。在对红河流域归国华侨中不同群体的认同现状进行问卷调查的基础上，进一步对所获得的问卷资料进行统

① 王明珂：《羌在汉藏之间——川西羌族的历史人类学研究》，北京：中华书局2008年版，“前言”第11页。

计、归类及分析，力图较为全面地把握红河流域归国华侨群体的地域认同、群体认同、民族认同及国家认同。第八章关注红河流域归国华侨群体不同的现实处境和发展之路，其中主要涉及归国华侨群体的发展问题、发展措施及发展远景三个方面。本书的研究认为红河流域归国华侨出现的主要问题在思想观念、教育发展及经济结构这三个方面。针对红河流域归国华侨群体面对的这些问题，笔者提出了相应的应对措施。笔者指出人需要不断向前发展，红河流域归国华侨群体主要应该向着文化自觉、经济发达、政治领先三个目标不断地迈进，最终成为一个自由、自主、自强、自尊的群体。第九章主要通过对红河流域归国华侨特殊群体历史发展现象的梳理，引发出归国华侨群体历史发展背后的逻辑。笔者主要是从国家和归国华侨群体的辩证关系，民族和谐和区域发展的辩证关系，红河流域归国华侨“家在何处”，以及历史、社会与心性四个方面入手总结本书的研究，以此加深和丰富对红河流域归国华侨群体移民相关问题的认识。

第五节　拟突破的重点、难点及创新点

一、本书研究的重点

本书研究的重点之一是在对红河流域归国华侨群体社会变迁和文化变迁进行全面把握和综合分析的基础上，探索归国华侨群体在不同时空转换下的动态发展进程，最终达到在描述、分析、反思基础上为其书写一部群体民族志的目的。本书研究的重点之二是关注红河流域归国华侨群体在不同场域下的实践和生存策略，梳理和体认其深层次的心路史，为红河流域归国华侨群体在新时代的发展提供历史和现实的依据。

二、本书研究的难点

本书研究的难点之一是国家与华侨群体、华侨群体与当地少数民族、华侨群体间的互动关系是共生共存、相互渗透的关系，它们并不存在绝对分明的界线。如何在相对的意义上将它们进行切分，彰显它们各自相对独立的存在，是理论分析上颇感棘手的问题。本书研究的难点之二是如何在坚持国家主流价值的前提下正确对待和评价海外排华史、国家对华侨群体发展的作用、归国华侨群体的再移

民等较为敏感的历史和现实问题。如何恰如其分地把握叙事和分析尺度，不仅在理论思辨上，而且在叙事技巧上，都难度极大。

三、本书的创新点

本书的创新点之一是内容新。本书是为红河流域归国华侨群体书写的一部整体民族志。虽然云南是国内著名的侨乡以及安置归国华侨的重要省份，但至今学界还没出现一部全面研究归国华侨历史与现状的书籍。因此，本书的研究能很好地填补云南在归国华侨研究方面的空白。本书的创新点之二是方法新。本书充分运用历史人类学相关的理论和方法去关注云南归国华侨所面临的民族性、边疆性、非家乡化、时代性等时空特点，从而达到对所研究对象的“地方性知识”的全面把握。本书的创新点之三是理论新。本书充分运用了人类学的“人观”思想，在尊重历史和社会事实的基础上充分注重他者的感受，突出了他者在研究中的地位；提出了归国华侨群体文化发展的理性模式；把推拉理论进一步细化，具体化。本书的创新点之四是观点新。本书认为，归国华侨群体特殊的发展史中蕴藏着其群体特殊的“心灵智慧”；归国华侨群体的命运与祖国息息相关，强大的祖国才是中华儿女坚强的后盾和支持；归国华侨群体与居住地各民族之间是一种共荣共融的关系，只要不断加强他们彼此间的认知及认同，就能更快地促进当地和谐社会的建构。因此，本书在研究内容、方法、理论及观点上都有一定的创新表现。

第六节　本书的研究思路和研究方法

一、研究思路

（1）总体研究思路。本书在收集、整理相关文献基础上，以人类学田野调查为主，采用深描和复调等研究手段，对红河流域归国华侨群体进行整体深描式调查分析，特别注重全球化、国家政治权力与民间社会之间互动等复杂背境对归国华侨群体的冲击和影响。尊重文化主体在文化选择、民族文化传承上的主体性，力图客观真实地揭示归国华侨群体正在经历着的现代性变迁，总结其变迁的特点和规律，思考如何在当代语境下有效引导归国华侨群体，重建和发挥其特有的海外背景和关系优势，以此促进云南辐射中心的建设。

（2）具体研究思路。文献研究：在参照国内外研究成果的基础上，通过文献研究方式，对与本书研究有关的材料进行认真梳理，以确定进一步研究应努力的方向。理论分析：查阅大量的历史学、社会学、人类学、民族学以及文化学的资料，比较准确地把握本书研究的关键概念、研究所需的理论以及各种概念和理论之间的关系等。实地调研：以红河流域两个华侨农场为基础田野调查点，云南其他地区华侨农场为补充田野调查点，运用民族学、人类学、社会学等的田野工作法，通过深度访谈、参与观察等途径，切实把握红河流域归国华侨群体的历史与现状，进而大胆预测这一特殊群体的未来发展之路。

二、研究方法

（1）理论研究方法。本书的理论研究方法可分为两个层次，即哲学方法论层次和具体科学方法论层次。在哲学方法论层次，遵循马克思主义的唯物史观，特别是经济基础决定上层建筑的原理，以此把握在特定时间、空间下归国华侨这一群体社会文化的流变。在具体科学方法论层次，以人类学、社会学、历史学等学科中的“大—小传统”“国家—社会”“场域—惯习”“社会变迁—文化变迁”“历史—逻辑”等互动关系为基本理论分析架构，将红河流域归国华侨群体置于这些互动格局中加以考察，还原这个群体在不同场域下生成、发展的真实原貌。

（2）实践研究方法。田野调查法：田野调查作为人类学研究的两大法宝之一（另一是民族志），对研究所需资料的收集、整理及分析工作起到基础性的作用。因此，本书主要通过实地观察、个案访谈法及问卷调查等具体的田野调查方法，对印度尼西亚归国华侨和越南归国华侨的历史和现实发展状况进行较为全面的把握。历史研究方法：用历史研究方法去着重分析红河流域归国华侨特殊群体的来龙去脉，其目的是通过时间的纵向研究视角掌握大量的相关资料，从而把研究建立在扎实的基础上。系统研究方法：运用系统理论将归国华侨所遭遇到的各种问题作为一个整体来进行分析，并从其各构成要素关系的研究中揭示出彼此之间的相互关系。这是从横向空间研究视角对相关研究资料进行归纳整理，把研究进一步深化。比较研究方法：依据一定的标准，对甘庄华侨农场内两个归国华侨群体——越南归国华侨和印度尼西亚归国华侨群体进行对比，从而确定研究对象彼此之间的异同，并在对各个群体内部因素的各个方面进行比较的基础上，把握群体的内在联系，认识群体的本质。

总之，针对红河流域归国华侨群体的历史人类学研究，研究的视角虽然较为狭小，但研究所涉及的面却十分广泛。比如，研究会涉及经济、民俗、历史、政治、民族等多学科。同时，研究还不可避免地会在一定程度上涉及东南亚“排华”以及归国华侨回国所遭遇过的“文革”等相关敏感问题。因此，从这两方面去看，研究工作是具有一定难度的。但无论如何，这一方面恰恰反映出了包括归国华侨研究在内的华侨华人学是一门综合性的、多学科交叉的“边缘学科”的特点；另一方面也间接体现了有关华侨华人相关研究的重要性。“在文明面临着‘特化’危险的今天，文化多元已经成为一种人类生存、繁衍和发展的必需。华侨华人正在以自己的生活实践着文化多元和文化共存的哲学，他们在保持和发扬中华文化的同时，也在接触、容忍、了解、欣赏、吸收其他的文化。”① 的确，“单一的世界文化将是乏味而令人担忧的，它缺乏多样文化中所具有的丰富性和多样性。一种标准化文化会导致适应能力的丧失，因而将来必定会产生危机。”② 总之，在红河流域归国华侨群体的历史人类学研究中，我们或许就能找到一种保存文化多样性和实现文化和谐的最好的发展模式，这就是本书最大的意义所在。最后，笔者引用华侨华人研究专家李明欢教授的一段话来结束这一部分的书写：“我们用心描述的，是这个特殊的社群如何在国家政策的引导下，在一块原本相对荒芜的土地上，建立起一个华侨农场的历史轨迹。我们尝试剖析的，是在这一特殊社区形成与发展的过程中，国家力量、周边社群与归国华侨内在的社会结构如何在矛盾、冲突与调适中，步步前行。我们力图探讨的，是这个特殊社群跨越国界回归故乡的集体历史记忆，如何作用于其认同意识的建构。我们深切关注的，是国家以‘农场’方式集体安置回归移民的成败得失，是历经 40 多年的移民集体安置工作给我们提供的经验、教训与启迪。”③

① 李安山、吴小安、程希：《中国华侨华人学——学科定位与研究展望》，北京：北京大学出版社 2006 年版，序言第 3 页。

② （美）威廉·A. 哈维兰：《当代人类学》，王铭铭等译，上海：上海人民出版社 1987 年版，第 589 页。

③ 李明欢：《社会人类学视野中的松坪华侨农场》，《华侨华人历史研究》2003 年第 2 期。

第二章　红河流域华侨农场概况

“归侨”是对归国华侨的简称，按照中国政府的现行政策规定，归国华侨主要是指受回归年代国内外政治、经济及文化等因素影响而从海外回国定居的华侨。因此，归国华侨由于受到国内外特定环境的制约，其发展也表现出特定的规律。在对归国华侨群体特殊的发展历史及其规律进行认识之前，我们有必要先对为安排因特殊原因回国的华侨群体而特定设置的华侨农林场进行一个鸟瞰式的介绍。由于在前面绪论部分，笔者已经对国内的华侨农场进行了简单介绍，因此，本部分笔者在对云南华侨农林场进行简单描述的基础上，着重对地处红河流域的甘庄和红河两个华侨农场的侨务志做一个较为详细的介绍，以此为本书的研究奠定坚实的基础。

第一节　云南华侨农林场概况

云南国营华侨农林场是安置云南归国华侨的生产基地，也是云南省侨务工作的基地。云南华侨农林场始建于 1960 年，到 1987 年全省共有 12 个国营华侨农场和 1 个国营华侨林场，分布在德宏、大理、文山、玉溪、曲靖、保山、临沧 7 个州市。[①] 13 个华侨农林场占地面积 47 万亩，分别属北亚热带、南亚热带、中亚热带气候。有短期作物耕地 74931 亩，用材林、防护林 149349 亩，橡胶 10480 亩，茶叶 7826 亩，果树 10778 亩，其他经济林 13908 亩，水产养殖面积 5488 亩。办有机制糖厂 4 座，精制茶厂 2 座和一批小型加工业、商业和服务业。拥有固定

---

① 由于在绪论部分已经对云南省的 13 个华侨农场进行了简单的介绍，因此，这部分主要是从其机构建制、体制改革以及经济总体情况进行简单的描述。

资产13216万元，流动资金1048万元。1987年社会总产值6457.88万元，其中工农业产值5517.18万元，实现净利润277万元。① 历次归国华侨难侨安置到场后，各场按照“热情接待，妥善安置”的方针和“一视同仁，不得歧视，根据特点，适当照顾”的原则及各项侨务政策，加强农场管理。

（1）创建之初的管理体制。1960年建立华侨农场时，其为中侨委的直属企业，委托云南省人民委员会侨务处管理。1962年曾一度归口农垦系统，1963年又恢复中侨委领导、云南省侨务处管理的体制。1968年省侨务处人员下放到“五七”干校，华侨农场由云南省革命委员会（以下简称革委）生产指挥组农林组管理。1969年中侨委撤销，所属企业、事业单位下放给省、市、自治区革委。1970年成立云南生产建设兵团，8个华侨农场改建为云南生产建设兵团独立一、二、三、四团及三师十四团二营。1974年云南生产建设兵团撤销，恢复华侨农场，划归云南省农垦局管理。从1978年7月起，华侨农场由云南省农垦总局划归云南省接待安置越南归国难侨领导小组办公室管理。同年10月，云南省革委侨务办公室成立，华侨农场归云南省侨办管理。

（2）1988年的体制改革。1988年，云南省的华侨农场全部移交给地方政府管理，华侨农场改革的序幕正式拉开。根据《中共中央、国务院关于国营华侨农场经济体制改革的决定》，以及云南省政府以云政发〔1988〕8号文正式批转省侨办的《关于我省华侨农（林）场领导体制改革的意见》，云南省决定对全省华侨农（林）场进行经济体制改革。其主要包括以下五个方面：一是改革华侨农林场的领导体制，把13个华侨农（林）场全部下放到所在县，由县人民政府领导管理。二是完善家庭联产承包责任制，兴办职工家庭农场。三是重新调整安排部分归难侨。四是进行职工住房改革。五是改革内部管理机构。②

（3）2000年华侨农林场的四项改革。2000年，云南省政府制定了《云南省人民政府关于全面推进全省华侨农林场深化经济体制改革的通知》（云政发〔2000〕211号），进而开展了华侨农林场的领导体制和管理体制、劳动用工制度、离退休人员社会保险制度及剥离场办社会职能四项改革。至2002年改革结束，云南省华侨农林场职工总数由改革前的13029人减少为1768人，10324名职工改制为

① 云南省侨务办公室等：《云南省志·侨务志》，昆明：云南人民出版社1992年版，第70页。

② 云南省侨务办公室等：《云南省侨务志》（第二稿），2007年，第21页。

场员，共支付一次性离职补偿金 8312 万元；7850 名离退休人员全部纳入基本养老保险统筹；共移交华侨农林场中小学校 41 所、医院 12 所、派出所 1 所，移交职工 937 人。①

第二节　甘庄华侨农场概况及其侨务志

一、甘庄华侨农场概况

甘庄华侨农场是云南省蔗糖、芒果生产基地之一。其位于元江哈尼族彝族傣族自治县青龙乡，地跨东经 101°53′～102°2′、北纬 28°38′～44′，地处甘庄和干坝两个山间小盆地内。距元江县政府所在地澧江镇 24 千米，距昆明市 240 千米，昆洛公路通过场区，交通方便。甘庄华侨农场属浅切割低山地形，地势东北高、西南低，由东北向西南倾斜。当地年平均气温 21.2℃，绝对最高气温出现在 5 月份，可达 39.9℃，绝对最低气温出现在 1 月或 12 月，可达 2.8℃。冬季温暖，夏季炎热。全场占地 15 万亩，90% 是山地，已开发利用 13.4 万亩，尚未开发利用的荒山坡 1.6 万亩中宜耕地 1600 亩、宜林地 3500 亩。1958 年初，云南省级机关及玉溪地区、元江县机关干部 500 人下放到干坝劳动锻炼，建立隶属于地方国营红光农场的干坝分场。同年 8 月，甘庄乡的傣族农民和丫口乡的彝族农民并入干坝分场，改称“国营甘庄坝农场”，场部设在甘庄大寨村。元江县所属的甘庄、假莫代、脊背、朋程、路通、丫口等 6 个乡的农民划归甘庄农场代管，由云南省农垦局主管。1960 年 4 月，农场安置印度尼西亚归国华侨，改建为甘庄华侨农场，甘庄、丫口两乡并入农场，直属中侨委领导，委托云南省侨务处管理。1961 年，漠沙华侨农场撤销，原安置在这个农场的印度尼西亚归国华侨调到甘庄华侨农场安置。1963 年 6 月，假莫代、脊背、朋程、路通 4 个乡从农场划归青龙公社领导。1969 年，干坝从农场划出，由玉溪地区办“五七”公社安置城镇居民。1970 年，成立云南生产建设兵团，甘庄华侨农场改编为独立二团一、二营，团部设在原甘庄华侨农场场部。1974 年，云南生产建设兵团撤销，恢复甘庄华侨农场，由云南省农垦总局主管。1978 年 7 月，甘庄华侨农场安置越南归国

① 云南省侨务办公室等：《云南省侨务志》（第二稿），2007 年，第 208 页。

难侨后，同年7月起划归云南省侨办主管，同时，干坝并入甘庄华侨农场。至此，甘庄华侨农场下设甘庄、红新、干坝3个分场。甘庄分场下设11个生产队16个自然村，红新分场下辖9个生产队10个自然村，干坝分场下辖9个生产队9个自然村。1988年，甘庄华侨农场和全省的其他华侨农场一起全部移交给地方政府管理，开启了华侨农场的第一次改革。① 2001年，甘庄华侨农场开始第二次改革，原农场男未满50周岁、女未满45周岁的固定职工办理一次性离职手续，解除劳动合同，身份变为场员，场员与农场不再具有劳动关系。同时，将华侨农场的基本职工养老保险纳入社会统筹，建立了农场、职工、场员共同承担的社会养老保险统筹制度。2009年3月13日，甘庄华侨农场并入青龙厂镇，农场的历史到此终止。对于广大场员来说，他们告别了数年来“工不工、农不农”的尴尬处境，彻底融入了地方。

一直以来，农场的经营方针多变，但主要经营农业。自1979年以来，农场的主要产品产量、产值、销售收入逐年上升。工农业总产值1979年为187.8万元，1980年为207.5万元，1987年为1150万元；全员平均产值1979年为577元，1980年为662元，1987年为4229元；销售收入1979年为241.4万元，1980年为294.7万元，1987年为2152万元。② 但1958—1984年的26年间，除1959年、1965年、1966年3年盈利4.6万元外，其余年份均处于亏损，其中1970—1984年累计净亏损716.5万元，1985年扭亏为盈，1985—1987年共实现净利润238.5万元，其中1987年获净利润111.8万元。③ 同时，甘庄华侨农场在抓生产建设的同时，还注意文化、教育、卫生事业的发展。到1987年末，全场共办有完全小学4所，在校学生1476人，配备教师76人；中学1所，在校学生422人，配备教师27人。农场业余体校先后为玉溪地区体育运动委员会培养各类运动员69名，向云南省输送7名运动员。农场职工医院设有病床62张，有医护人员48人。

---

① 由于农场从1988年开始改革，所以在本章节论述中，笔者引用的数据大多以1987年为例，因为这些数据能更好地反映农场改革前的状况，特此说明。

② 云南省侨务办公室等：《云南省志·侨务志》，昆明：云南人民出版社1992年版，第76页。

③ 云南省侨务办公室等：《云南省志·侨务志》，昆明：云南人民出版社1992年版，第75页。

二、甘庄华侨农场侨务志

甘庄华侨农场安置的归国华侨，主要来自印度尼西亚、越南、马来西亚、泰国这4个国家。1960年4月13日，农场首批安置印度尼西亚归国华侨，当年共安置231户1125人，其中男583人，女542人。1961年底，漠沙华侨农场撤销，安置在这个场的印度尼西亚华侨197户856人调到甘庄华侨农场重新安置。各年农场安置的越南华侨为，1978年998人，1979年460人，1983年497人，1985年199人。到1987年底，全场有1969户，总人口7024人，其中越南、印度尼西亚、印度、马来西亚、泰国归国华侨难侨2466人[①]，占总人口的35.1%；傣族、彝族、苗族、哈尼族、壮族、瑶族、白族、回族8个少数民族4600人，占总人口的65%；职工2719人，其中归国华侨难侨职工740人，占27%，少数民族职工1867人，占68%。职工中直接从事工农业生产的人员有2123人，各级管理人员有175人，技术人员有17人，教师有103人，医务人员有40人，服务性人员有151人，政法人员有5人。[②] 同时，随着党的侨务政策的贯彻落实，印度尼西亚归国华侨申请并被批准到港澳投亲定居的人数很多。截至1983年底，累计到港澳定居的人数为805人，到1987年底，累计达1227人。1987年底，在场实有印度尼西亚归国华侨667人（其中职工244人）。[③] 农场成员中共有16个民族，其中傣族2695人，占37.1%；彝族1640人，占22%；汉族2239人（包括印度尼西亚归国华侨及越南难侨中的汉族），占31%；苗族595人，占7.5%；土族45人，占0.63%；哈尼族34人，占0.47%；壮族32人，占0.44%；白族12人，占0.16%；京族12人，占0.16%；瑶族5人，占0.07%；回族5人，占0.085%；越南国人1人，占0.014%。(2005年数据)[④]

具体来说，甘庄华侨农场侨务工作主要涉及以下几个方面：

---

① 甘庄和红河华侨农场是以安置印度尼西亚和越南归国华侨为主的华侨农场，来自其他国家的归国华侨人数很少。因此，本书的研究对象主要是印度尼西亚和越南归国华侨，而不具体针对来自其他国家的归国华侨。

② 云南省侨务办公室等：《云南省志·侨务志》，昆明：云南人民出版社1992年版，第74页。

③ 甘庄华侨农场场庆筹委会：《创业之路（1958—1988）》（内部资料）。

④ 白明祥：《甘庄华侨农场入〈元江县志〉稿（1978年—2005年）》（内部资料），2011年。

（一）安置归难侨

1960 年 4 月 13 日，首批印度尼西亚归国华侨 231 户 1125 人（包括男 583 人、女 542 人）到达农场。由于当时归国华侨住房尚在施工建设中，他们暂时以户为单位，分散居住在并入农场的傣族职工家中。1962 年，各居民点逐步建成后交付使用，印度尼西亚归国华侨才从傣族家中搬出，乔迁新居。农场共建了立 3 个居民点，组成红专大队，下辖 5 个生产队。1961 年 12 月，根据当时省侨务处的安排将原新平县漠沙农场的印度尼西亚归国华侨并入甘庄华侨农场。于是共设 4 个居民点，组成新建大队，下辖 4 个生产队。

1978 年，甘庄农场安置越南归国华侨 998 人，1979 年安置人数增至 1458 人，1983 年继续安置 497 人，1985 年又安置 199 人。截至 1987 年底，在场越南归国华侨为 1683 人（其中职工 518 人）。越南归国华侨分期分批到场后，安置在干坝的 4 个居民点，编为第六、七、八、九生产队和新建分场的第八、九生产队。还有一部分安置在新建分场第二、三、六生产队和红专分场的小龙潭生产队，主要从事甘蔗、花生及杂粮种植工作。

此外，1966 年，甘庄农场还安置了马来西亚归国华侨 4 名和泰国归国华侨 1 名。

广大归国华侨来到甘庄农场后，首先想到的是如何把海外赤子的爱国之心化为报国之举。他们决心发扬老一辈华侨爱国、爱乡、艰苦创业的优良传统，用自己勤劳的双手建设美好的家园。农场刚建立时，生活条件十分艰苦，但是并没有动摇广大归国华侨的一片赤诚报国之心。归国华侨和傣族、彝族老职工一样不怕苦不怕累，在农场发展的各个历史阶段都做出了卓越的贡献。

（二）落实侨务政策

在归国华侨到甘庄农场之后，农场积极主动地落实好各项侨务政策，使归国华侨得到了很好的安置。在“文革”期间，党的侨务政策受到严重破坏，许多归国华侨侨眷蒙冤受屈，遭受打击和迫害。粉碎“四人帮”后，特别是党的十一届三中全会以来，党的侨务政策逐步得到恢复和落实。首先，对各种冤假错案进行了平反，使广大归国华侨的人身、财产、工作及名誉得到了最大限度的恢复。其次，不断落实归国华侨中的知识分子的政策，提高了归国华侨、侨眷中的知识分子的工资和福利待遇。再次，在坚持一视同仁原则的基础上，对归国华侨采取适当照顾的政策。比如，农场在对待归难侨、侨眷的入党、入团和参军、升学等问题上，和其他职工一视同仁。农场党委重视并积极提拔归难侨干部，在学校、医院及场办工商企业的招干、招工中，按照“一视同仁、适当照顾”的政策择优任命和录取。对于归国华侨及其家属在工作、学习及生活等方面出现的困难，农场尽可能给予照顾。最后，帮助归难侨职工勤劳致富。农场根据自身人多地少的情况，在实行家庭联产承包责任制的同时，积极鼓励有专长的归难侨停薪留职、离土不离乡去进行个体工商业活动。同时，1987 年成立了“甘庄华侨农场个体工商业劳动者协会”，促进个体工商业者真正做到“自我教育、自我管理、自我服务”。

（三）积极搞好侨联工作

1980 年，联合国难民署拨款修建了甘庄职工医院门诊部，面积达 1500 平方米，包括中西医门诊部、中西医药房、注射室、化验室、X 光室、手术室、会计室等部分；并购买了一批现代化的医疗器械，其中包括显微镜、彩色扫描仪、微波治疗仪、X 光机（300 毫米）、心电图机、脑电图机、电动手术床、眼科激光治疗仪、日产彩色电射器、烘干机等；还购买了救护车一辆，使当地真正实现了“一般疾病不转送、产检分娩不出场”。同时，为了更好地搞好侨联工作，甘庄农场于 1984 年 1 月 19 日成立了归国华侨联合会。侨联通过接收信件、接待来访，了解并帮助归国华侨、侨眷解决实际困难。比如，帮助归难侨处理好婚、丧、喜事；协助归难侨办理出国探亲手续；接待国外亲人来场探亲等。此外，为了帮农场侨联筹集资金，侨联于 1985 年初创立了侨联商店，并取得了非常可观的利润。比如，1986 年利润达到 16 万元，按规定上缴 3% 的利润作侨联经费，当年共交给侨联 5000 元；1987 年利润达到 23 万元，交给侨联经费 7000 元。[①] 2012 年，通过市县侨联牵线搭桥，由世纪金源（云南）集团的董事长、云南省侨联副主席庄哲猛先生捐赠 20 万元援建的元江甘庄中心小学“侨爱食堂”，于 2012 年 5 月 30 日顺利竣工，彻底解决了甘庄小学 600 余名师生就餐难的问题。2012 年 8 月，县侨联统筹安排，积极协调，热情接待了来自香港的 34 位同胞，向他们宣传了元江县经济社会发展现状、民族文化资源等情况，号召他们积极维护两岸和平统一、归家兴业，树立了良好的形象，赢得了他们的赞誉。

① 根据甘庄华侨农场场庆筹委会编写的《创业之路（1958—1988）》（内部资料）整理而成。

第三节　红河华侨农场概况及其侨务志

一、红河华侨农场概况

红河华侨农场位于云南省中南部玉溪市元江哈尼族彝族傣族自治县县城南郊，地处东经101°59′、北纬23°34′，距元江县人民政府所在地澧江镇3千米，距玉溪市176千米，离昆明276千米。场区位于昆明—打洛公路左侧2千米，场部有公路与之连接，交通方便。红河华侨农场素有“天然温室”之称，以繁育、推广水稻、番茄良种，发展冬早蔬菜，水稻稳产高产而在云南省国营华侨农场及全国华侨农场中享有盛誉。红河华侨农场属典型的干热河谷气候，夏秋高温多雨，冬春干旱风大，年日照时数2292小时，年平均气温23.8℃，大于18℃的高温日数达9个月以上，极端最高气温为42.5℃，极端最低气温为-0.1~0.9℃；无霜期360~364天，基本终年无霜。全场占地8000亩，场区处于元江河谷盆地南沿，哀牢山脚。80%的土地为山坡，坝区占20%，1987年末有短期作物耕地1110亩，长期经济作物420亩，水产养殖面积76亩，居民点、沟渠、道路及其他公共设施占地300亩，其余为荒山，封山育林。

红河华侨农场的前身是1952年元江县办的县农场。1954年县农场与云南省公安厅办的劳改农场合并建成地方国营元江农场。1960年地方国营元江农场安置印度尼西亚归国华侨，1961年3月，经省人民政府批准，地方国营农场场部搬迁，原场部及两个直属生产队被划出集中安置归国华侨，建成国营红河华侨农场，直属中侨委领导，委托省侨务处管理。1970年3月，云南生产建设兵团成立，红河华侨农场改为建设兵团独立二团三营。1974年9月，生产建设兵团撤销，恢复红河华侨农场，同时建立党委，由云南省农垦总局主管。1978年安置越南归国难侨，同年7月划归省侨办管理。同时，农场附近的老虎箐、鲁倮两个傣族农村生产队根据群众要求，经省人民政府批准并入农场。1983年，鲁倮生产队农民要求退出农场，经省侨办批准划出农场，归所在地乡人民政府管理。1988年6月，根据中央〔85〕26号文件精神，华侨农场改革，由省侨办移交地方人民政府管理，但由于改革不彻底，一直延续原体制，直至2000年6月，云南省政府下发〔2000〕211号文件，全面深化华侨农场经济体制改革，建立了县属县管、管人与管事相结合的华侨农场领导体制；改革用工制度，建立归口管理；建立场员、职工养老保险制度等。国营红河华侨农场改称元江县红河华侨农场、元江县红河华侨实业有限公司，实行两块牌子一套人马的管理机制，属农业企业。农场场部机关设有两科一室（财务室、生产经营室、办公室），实行定编、定责、定岗，管理人员 12 人。农场下辖两个农业管理片区，每个片区聘用兼职管理人员 3 人。截至 2005 年底，红侨华侨农场总人口为 1005 人，其中离退休职工 245 人、退休场员 29 人、在职职工 36 人、场员 307 人、归难侨 220 人、侨眷 187 人。

建场初期，确定了“粮油自给，重点发展亚热带水果和经济作物”的经营方针，在发展双季稻、实现粮食自给自足且有适当储备的同时，引种发展其他经济作物。1988 年，全场社会总产值 72.98 万元，其中，第一产业 68.92 万元，第二产业 4.06 万元；国内生产总值 19.37 万元，其中，第一产业 18.35 万元，第二产业 1.02 万元；职工平均收入全年 982 元，全场人均纯收入全年 478 元。[①] 总的来说，红河华侨农场从 1961 年建场以来，除 1965 年盈利 2.19 万元外，其余年份均亏损。1974—1987 年的 14 年间，累计亏损 313.45 万元，其中 1987 年亏损 16.15 万元，与 1980 年的亏损 27.75 万元相比，下降了 42%。[②] 虽然红河华侨农场建场以来一直处于亏损运作状态，但在国家、云南省及地方政府的帮扶下，场部文化、教育、卫生事业还是得到了逐步发展。建场初期，兴建了 1 所初级小学，1981 年发展为完全小学，1983 年小学附设初中班。1987 年，小学在校学生有 232 人，初中班有学生 76 人，配备教师 20 人。农场还设有电影放映组、图书馆、灯光球场，为开展职工业余文体活动提供了方便。建场初期，建立了医务室，1981 年扩建为农场卫生所，配有医护人员 7 人，设病床 5 张。

二、红河华侨农场侨务志

（一）归难侨安置情况

1960 年安置印度尼西亚归国华侨 831 人，1963 年从原漠沙华侨农场调往甘庄华侨农场安置的印度尼西亚华侨中调 270 人到红河华侨农场重新安置。1965 年，将昆明华侨补校归国华侨学生及零星回国的缅甸、日本、柬埔寨归国华侨

① 《红河华侨农场侨务志（1988—2005 年）》（内部资料）。

② 云南省侨务办公室等：《云南省志 · 侨务志》，昆明：云南人民出版社 1992 年版，第 79 页。

30人安置到红河华侨农场。1978年6月4日，红河华侨农场安置第一批越南归国难侨252人，1978年下半年安置越南归国华侨400名，年内，共安置了越南归国华侨652名，安置点在距县城约3千米的老虎箐村。1979年，安置627人，其中直接从口岸接来420人（越南籍人34人）。安置后出生17人，调出97人，外流未归175人，场中实存338人。1978年、1979年两年内，共安置越南归国难侨718人。由于各种原因，安置后又先后转其他场安置110人，办理出境手续和外流出境263人，其中被批准去第三国投亲的有35人。到1984年尚有难民81户345人，其中劳动力137人、非劳动力208人，青少年143人，在中国出生的儿童31人。到1987年末，先后有879人经批准到香港、澳门、西欧、北美定居，与亲友团聚；一部分到省外对口安置，与亲属团聚。到1987年末，农场总人口有378户1270人，其中印度尼西亚归国华侨343人、越南归国难侨332人、泰国归国华侨1人，归国华侨难侨人口占总人数的53%；傣族人口140人，占总人口的11%。全场职工616人，其中归国华侨难侨职工312人，占职工总人数的51%。职工中直接从事生产的人员486人，管理人员39人，技术人员5人，中小学老师21人，医务人员7人，服务性人员50人，政工人员5人。在归国华侨难侨职工中有26人担任各级干部，7人担任教师。① 根据上级有关规定，红河华侨农场1988年3月至1989年8月间，分别将符合条件的难侨34户167人调整安置到不同的省区和市县。其中，云南省元江县醴江镇15户60人、云南省玉溪市红塔区8户51人、云南省峨山县2户17人、云南省开远市3户17人、云南省昆明市2户9人、贵州省1户6人、广西壮族自治区2户6人、福建省1户3人。②

1978年越南难民到场后，农场立即派出安置人员，将并入农场的农民队多余的土地和农场部分土地共239亩划归难侨队用于生产自救，修通了两千米的山坡公路，接通了食用水源，安排他们的生活、住房和孩子入学、入托，组织他们生产、赶建新房等。在安置点办起了集体食堂，设立了小卖部、医务室、图书室，修建了沐浴室，办起了政治夜校，设置了宣传栏、学习园地。定期组织难侨学习我国的宪法、党的各项方针政策，对其进行爱国主义教育，激发难侨的爱国

① 云南省侨务办公室等：《云南省志·侨务志》，昆明：云南人民出版社1992年版，第78页。

② 《红河华侨农场侨务志（1988—2005年）》（内部资料）。

热情。为了安定难民的思想，农场领导多次深入难民中做细致的思想工作，在生活上给予关心照顾；同时在党的培养下提拔难民中的积极分子到场队担任领导，并对口安置了一批教师、医生和技术工人；政府允许并批准有条件的难民去第三国投亲，使他们享受到了与老归国华侨同等的待遇。此外，还鼓励和支持他们开展私种私养及其他家庭副业；为有技术特长的难民创造条件，到县工商管理局办理个体营业执照，开展理发、缝纫、照相、修表、食馆、五金修理等业务，既解决了他们的困难，又使农场增加了收入。到 1978 年 11 月，农场先后发展党员 4 人、团员 37 人，4 人参加中国人民解放军，6 人读大专院校，23 人读中专，调到全省有关工矿、学校工作的有 22 人，适龄入学率达百分之百；有 90% 以上的难侨思想安定、学习努力，劳动出勤率达 93.2%，经常参加学习的人数达 93.2%。

（二）侨务政策

农场党政领导按照“一视同仁，不得歧视，根据特点，适当照顾”的侨务工作原则，落实党的侨务政策。第一届侨联期间，为归国难侨解决了落户问题，帮助归国难侨解决第三国居住问题，为归国难侨解决夫妻团聚难的问题。

1966 年“文化大革命”开始，党的侨务政策得不到落实，1975 年初到 1977 年，在上级的领导下，又成立了华侨农场和新的党委，恢复了侨务机构，重新落实了党的侨务政策。政府拨专款 119.4 万元建住房，发展多种经营，添置农机具，配置安家物资，并发给生活补助费，使难侨得到妥善安置。对归难侨的提干、入党、升学、住房、生活补助、计划生育、承包任务、劳保福利、文化生活、职工教育等方面的困难尽量给予解决落实，凡是能解决的都及时给予解决，暂时解决不了的说明情况通过努力逐步解决。中央实行对华侨农场免税 5 年的优惠政策，使农场增加了活动力，逐步摆脱贫困。

（三）外出定居管理

农场难侨出国定居、探亲访友，由本人提出申请，经农场党委研究后上报元江县外管科，再经元江县外管科审查后上报省公安厅批准。农场安置归国华侨、难侨后，根据政府关于亲属团聚、对口安置的政策，到 1987 年末，先后批准 879 人到香港、澳门、西欧、北美定居，与亲属团聚，一部分到省内外对口安置或与亲属团聚。1988 年至 1990 年，根据投亲靠友的归难侨意愿，重新安置归难侨 37 户 167 人（元江县 15 户 53 人、玉溪市 8 户 58 人、峨山县 2 户 17 人、昆明市 6

户15人、开远市3户13人、贵州省1户4人、广西壮族自治区1户4人、福建省1户3人），其中，自谋职业34户160人，对口安置2户4人，投亲靠友1户3人。

（四）接受外援

1985年，农场接受联合国难民署5万美元的援助，建教学楼900平方米及教学设备，解决了306名儿童读书难的问题。

1986年，农场接受联合国难民署4万美元的援助，其中修建鱼塘3.4万美元，购卡车1辆6000美元。兴建的鱼塘15000平方米，解决了6名无技能难民的就业问题。同年10月，因特大洪水灾害，受援4万美元，其中3万美元用于修建和重建难民住房800平方米，1万美元用于恢复生产、购买香蕉苗、购买化肥及难民临时生活费。

1990年，农场争取到2.1万美元援助，用于开发种植甘蔗、购买抽水机等设备项目。

（五）侨情联络

1981年9月25—26日，红河华侨农场召开第一届归国华侨代表大会，来自各队的正式归国华侨代表32人（其中女代表6人）、特邀代表3人共35人参加了会议。党委副书记刘忠庆同志主持会议。大会学习贯彻党的十一届六中全会《关于建国以来党的若干历史问题的决议》的精神以及全国侨联副主席蚁美厚同志在全国侨联座谈会上的讲话，会上成立了红河华侨农场归国华侨联合会，选举产生了第一届侨联委员会，李汉炎、李良瑞、王万云（女）、林进文、温华荣、劳惠义（女）当选委员，周宴如任主席，杨锦荣、蔡生昌任副主席。由于种种原因，当时的侨联主席、副主席相继去了香港，侨联成立一年多就基本停止了活动。1988年下半年在农场党政领导的关怀和支持下，正式成立了侨联筹备小组，于1988年11月25日按照侨联章程选举程序正式选举出主席1人、副主席2人、委员4人共7人组成的第二届侨联委员会，主席为蒋芳文，副主席兼秘书长为李良瑞。

1988年6月，农场由省政府主管改为地方政府主管，侨联配合农场党政领导组织全场职工学习党的侨务政策，支持农场完成体制改革。配合农场党政领导组织全场归难侨学习中央和省有关归难侨的政策，并根据归难侨投亲靠友的意愿，重新安置归难侨37户167人到昆明、玉溪、峨山、贵州、福建等地落户。1993

年 8 月，农场召开第三届归国华侨联合会，选举产生了第三届归国华侨联合会主席、副主席、秘书长，主席为蒋芳文，副主席兼秘书长为颜桂风（女）。2002 年 7 月 16 日，农场召开第四届归国华侨联合会，选举产生了第四届归国华侨联合会主席、副主席、秘书长，主席为颜桂风（女），副主席兼秘书长为庄其贤。

红河华侨农场的归国华侨联合会围绕农场的中心工作，对全场归难侨宣传党的方针、政策，认真抓好《中华人民共和国归侨侨眷权益保护法》（以下简称《侨法》）的贯彻落实，做到依法护侨。具体的工作举措有：每年至少进行两次《侨法》宣传；认真做好信访工作，对能答复的给予及时回复；对涉及政策问题的积极上报相关部门给予及时解决；每年热情接待来自越南、加拿大及港澳台同胞回大陆探亲；在医疗费上，归难侨职工每人每年比国内职工多享受 5000 元；在宅基地分配时，归难侨有加分的优惠政策，并每户补助 5000 元；扶持归难侨发展第二、三产业，如开办“农家乐”等；每年组织一次归难侨、侨眷妇女免费体检；解决定居在境外的离退休归难侨老人去世后的丧葬费问题；解决归难侨子女上学难问题；为贫困归难侨解决城镇低保问题；每年春节来临之际，都要走访慰问 20 ~ 30 户贫困归难侨及侨眷家庭，并为他们送去慰问金；解决归难侨、侨眷居住区的巷道建设，实现了户户门前通水泥路，充分发挥了桥梁纽带作用。①

时间流逝，红河流域甘庄和红河华侨农场已有近 60 年的历史。在这近 60 年的发展中，两个华侨农场经济、政治、文化、社会等各个方面都发生了巨大变化。以下的一些数据就是笔者能找到的有关两个华侨农场发展概况的最新数据，这些数据就是当前红河流域归国华侨群体的最新概况。截至 2016 年末，甘庄、红河两个华侨农场土地面积 115. 9 平方千米，总人口 8679 人，其中归国华侨侨眷 2916 人（甘庄华侨农场有归国华侨 1158 人、侨眷 1386 人，其中印度尼西亚归国华侨 41 人、越南归国华侨 1097 人；红河华侨农场有归国华侨 122 人、侨眷 250 人，其中印度尼西亚归国华侨 45 人、越南归国华侨 77 人），占华侨农场人口总数的 31. 82%。低于当地最低生活保障线人数 439 人（甘庄华侨农场 371 人、红河华侨农场 68 人），已纳入当地最低生活保障人数 346 人（甘庄华侨农场 278 人、红河华侨农场 68 人）；参加基本养老保险 3984 人（甘庄华侨农场 3406 人、红河华侨农场 578 人），参保率 100%；参加各项医保 8546 人，参保率

① 以上信息根据《红河华侨农场侨务志（1988—2005 年）》（内部资料）整理而成。

99.55%；主要种植甘蔗、芒果、青枣、香蕉等热带经济作物，共有计税耕地面积9896.5亩、果园6.6万亩左右，人均计税耕地1.24亩，农业人均年收入6800元。①

① 唐光清：《侨乡文化》（内部资料），2017年7月26日。

第三章　红河流域归国华侨群体的出现

“海水到处，就有华人”，这是一个流传很广的说法，它生动地反映了华侨华人到处迁徙流动的现实。陆益龙指出：“迁徙或迁移行为是人类社会乃至自然界的一种普遍的现象，正是在迁徙或迁移的过程中及其影响下，人类文化和物种在不断地丰富和发展。”① 的确，今天生活在海外的3000万华侨华人，就是在迁徙或迁移中书写着一个一个的神话和传奇。比如，一大批的海外华商的出现、获得诺贝尔奖的华人面孔、被意大利媒体称为“不死的中国普通淘金者”的华侨华人，乃至“今天美国人智慧掌握在华人的脑袋里，美国人钱财掌管在犹太人的腰包里”的感叹……海外华侨华人在世界舞台上取得的一个个辉煌的成绩，使同为炎黄子孙的我们感到骄傲和自豪，并为他们那种不屈不挠的奋斗精神所折服。我们在羡慕他们辉煌的今天的同时，却很少熟知他们的过去。有一位华人作家这样写道：“……感谢我们的祖先，没有他们当年的刻苦耐劳，就没有今日的繁荣美丽。每一块砖瓦，每一根木头，哪有不沾染祖先血汗的。”② 归国华侨的出现，是整个华侨华人迁徙流动的组成部分，因此，在研究归国华侨的出现之前，有必要对华侨史，特别是东南亚华侨史进行一个鸟瞰式的描述。

第一节　印度尼西亚和越南华侨华人史

一般来说，华侨华人的历史大致可以分为四个时期：（1）古代时期（公元

① 陆益龙：《嵌入性适应模式——韩国华侨文化与生活方式的变迁》，北京：中国社会科学出版社2006年版，第1页。

② 苗芒：《坚守》，新加坡：新加坡维华文化服务社1956年版，第10页。

前3世纪至公元16世纪）。华侨出现于秦汉，当时已有中国人移居朝鲜半岛、日本和安南（越南）等地。唐宋时间，到海外的中国人越来越多，在海外逐渐形成了华侨聚居地。明代中国移民更盛，在越南等地不断出现唐人街。这个阶段的华侨华人以经商居多，也有从事手工业、农业和渔业者。（2）近代时期（17世纪至20世纪10年代）。西方殖民者的扩张，改变了非洲、亚洲、拉丁美洲社会的性质和经济结构。鸦片战争后中国开始沦为半殖民半封建社会，世界市场的打开、清政府的腐败，导致了华工移民潮的出现。辛亥革命前，中国维新改良运动和民主革命兴起，进一步促进了海外华侨社会的觉醒，华侨开始卷入中国革命的浪潮之中。（3）现代时期（20世纪10年代至1955年）。辛亥革命、第二次世界大战后，亚、非、拉等国家民族独立运动的兴起，促使华侨社会更深入地卷入现代世界激流之中。中国人出国人数达最高潮，海外华侨人数激增，华侨职业更加广泛，华侨社会也逐渐发展和成熟。（4）当代时期（1955年至今）。1955年后，90%的华侨加入当地国籍，转变身份为华人，海外华侨社会向华人社会过渡。华侨华人意识也由“落叶归根”向“落地生根”转变，但在转变中，却经历了很多波折，特别是东南亚地区不时发生的排华运动，更是让这一过程变得更为复杂和艰难。① 这是华侨华人史宏观的分期法，在这个宏观分法的基础上，学界对于非洲华侨史、东南亚华侨史进行了更为深入的探讨。本部分笔者主要以东南亚华侨史为例来说明世界华侨史在具体地区进一步发展的历史。正如朱杰勤教授所说：“研究华侨史固然不限于东南亚，但要我们写一部全世界的华侨通史，目前实在困难。因此，我们应该由小到大，由点及面，有计划、有步骤、分国别地进行研究和编写，而以东南亚华侨史为试点。这是由于：第一，东南亚华侨（华人）最多，估计有1700余万人；第二，在地理上，东南亚地区和我国最密切，在政治、经济、文化上发生关系亦最早。随着国际形势的发展和团结反霸的需要，我国与东南亚各国的关系更加密切。”② 基于东南亚华侨史在整个华侨史中的地位和作用，再加上笔者所研究的归国华侨群体主要来自于东南亚印度尼西亚和越南两个国家的客观现实，在这里主要是概述一下印度尼西亚和越南华侨史。

---

① 周南京：《华侨华人问题概论》，香港：香港社会科学出版社有限公司2003年版，第10～11页。

② 朱杰勤：《华侨史》，桂林：广西师范大学出版社2011年版，第9页。

一、印度尼西亚华侨史

印度尼西亚华侨的出现是在公元前后，“早期移民与对外贸易相伴而生”[①]。汉代开始发展海外贸易，商船往往需要在一些东南亚国家停泊以采粮补水，而印度尼西亚地处印度洋与太平洋的交通要道，商人的贸易往来一般只在此作短暂停留，但也不排除有人留而不归的可能。因为华人乘风帆下南洋，若错过返航的季风只能留下居住等来年再回，而有些人则为了采购土特产和舶来品或看管货仓，不得不留守，这些人被称为“住藩”。唐朝的华侨人数虽然依旧不算多，但那时中国国力强盛、国际威望高，中国人总是自称“唐人”，把自己在海外的居住地称为“唐人街”。“华侨大批移居印度尼西亚，并形成社区是在宋朝。”[②] 宋时陆上交通受阻，而指南针等航海技术的出现直接促进了中国到印度尼西亚的海上通道的通畅和发达。元明时期出现了第一次移民高潮，这与中国与印度尼西亚两国间的海上交通、贸易往来和外交有着密切关系。元朝政府向下洋商人“抽分”（征税），允许和鼓励人民下洋。明代郑和七下西洋，几乎每次都访问爪哇与苏门答腊，客观上也推进了移民进程。“公元16世纪的明朝中叶至19世纪鸦片战争前300年间，印度尼西亚华侨人数急剧增加，活动区域扩大。”新航路开辟后，“荷兰殖民者侵入印度尼西亚，为了获取大批劳动力，荷兰殖民者采取威逼利诱的欺骗手段诱拐华工出洋”[③]，出现第二次移民高潮。荷兰殖民者认为“世间没有一件事是华侨所不能胜任的”[④]，基于这种认识，直至“红溪惨案”前，他们对于华侨移居印度尼西亚始终采取鼓励政策。“东印度公司还在印度尼西亚实行盗人和贩卖奴隶的制度，经常到中国东南沿海掳掠中国居民到印度尼西亚为奴。”[⑤] 另外，明朝灭亡后，中国南方各地反清复明运动的失败使移居东南亚国家的人增多。“1683年，康熙帝统一台湾后，稍开海禁，准许持有执照的商民出

① 薛秀霞：《印度尼西亚华侨移民的历史考察》，《宁波大学学报》2001年第3期。

② 薛秀霞：《印度尼西亚华侨移民的历史考察》，《宁波大学学报》2001年第3期。

③ 薛秀霞：《印度尼西亚华侨移民的历史考察》，《宁波大学学报》2001年第3期。

④ 北京大学文学研究中心、东方学研究院：《东方研究》，银川：宁夏少年儿童出版社2010年版，第218页。

⑤ 薛秀霞：《印度尼西亚华侨移民的历史考察》，《宁波大学学报》2001年第3期。

海贸易”[①]，许多“闽广闲人浮海为业者，利其土产，率潜处番疆，逗留不返”[②]。公元19世纪上半叶至20世纪上半叶为近代华侨大发展时期。鸦片战争后，清政府与西方国家签订不平等条约，国人出洋不受限制，再加上外国资本主义的入侵，中国自给自足的自然经济遭到严重冲击，破产农民、手工业者纷纷外出谋生，自此出现第三次移民高潮。当然，在当时移民队伍中，虽不乏自由之身出洋谋生者，但大部分都是因破产、失业而直接或变相地以“契约劳工”（又称“苦力”或“猪仔”）的身份被出卖、诱拐、胁迫甚至绑架到海外，其构成了近代华侨的主要成分。“这种苦力贸易从19世纪起一直维持到20世纪中期才结束，1930年后移民逐渐减少。”[③] 因此，总的来说，我们可以将印度尼西亚华侨史分为如下三个时期：公元前后至公元15世纪，这是印度尼西亚华侨出现到初步发展的历史阶段。公元16世纪至19世纪上半叶，荷兰殖民者侵入印度尼西亚，为了获取大批劳动力，荷兰殖民者采取威逼利诱的欺骗手段诱拐华人出洋，出现第二次移民高潮。公元19世纪上半叶至20世纪上半叶，这是具有近代意义的华侨大发展的时期。鸦片战争后，清政府与西方国家签订不平等条约，国人出洋不受限制，再者，外国资本主义的入侵，中国自给自足的自然经济遭到冲击，破产农民、手工业者纷纷外出谋生，自此出现第三次移民高潮。

二、越南华侨史

正如朱杰勤教授所说，在968年以前的一千多年里，越南是中国版图的一部分，内地人移居到越南或越南流寓于内地都不算侨民。所以，我们研究越南华侨史，必须从宋代开始。[④] 从10世纪中期的宋初越南立国（宋开宝元年，968年）至19世纪中期法国侵略越南为第一阶段，可称为早期越南华侨史。“宋初开始，就陆续有中国人移居越南。宋末和明末，还出现了两次较大规模的集团移民。”[⑤] 这一时期的越南华侨，或单独形成一个聚落组成典型的华侨社会，或同当地人杂居，也有一部分华侨娶当地女子为妻，其侨生子女后来通称为“明乡人”。“这

---

① 薛秀霞：《印度尼西亚华侨移民的历史考察》，《宁波大学学报》2001年第3期。
② （清代）张廷玉等：《清朝文献通考》，北京：商务印书馆1936年版，第297页。
③ 薛秀霞：《印度尼西亚华侨移民的历史考察》，《宁波大学学报》2001年第3期。
④ 朱杰勤：《东南亚华侨史》，北京：中华书局2008年版，第6页。
⑤ 尹志平：《略述越南华侨史各时期的基本情况和特点》，《印度支那》1985年第1期。

表明，华侨与越南民族融合的过程已经开始。"[①] 此时华侨移居越南以政治原因为主——在战争中被掠入越南、新旧王朝交替时流亡到越南、农民起义失败后转入越南等，亦有经济方面的原因——小商贩因经商移居越南、农民因贫困破产入越南谋生、在人口买卖中被贩入越南等。19 世纪中叶至 1949 年中华人民共和国成立为第二阶段，即近代越南华侨史。这一时期华人移居越南的人数急剧增加，越南华侨社会也发生了明显的变化，其主要表现是中越混血的"明乡人"有了较大增长。这一时期华侨大量移居越南，主要是经济方面的原因：鸦片战争后，劳动人民就业无着、生活艰难，于是相约到海外谋生。而此时正值法国侵入越南并在越南开矿办厂、经营种植园、修路等，需要大量的劳动力。政治方面的原因主要是太平天国失败后进入越南的农民起义军余众，以及抗战爆发后东南沿海人民纷纷逃往越南避难。1949 年中华人民共和国成立前后属于现代华侨史范畴。1949 年冬，国民党军 3 万余人夹带大批百姓入越，1953 年军队撤往台湾，随军百姓多数留在了越南，其中许多人在越南广宁省的矿区谋生。[②]

华侨在移居地生存繁衍的过程中，在融入当地文化的同时又坚守中华文化。一方面入乡随俗，是华人取得居住权后进行各种社会活动的前提，真可谓是"语番语，食番食，衣番衣，读番书"。但另一方面华侨也保留着自己的文化习俗。首先，在语言教育上，华侨子弟依旧上华人学校，接受与大陆几乎一样的中文教育。一位印度尼西亚归国华侨回忆：音乐课上，老师教他们唱"解放区的天是明朗的天"。在节日习俗上，华人坚持保留自己的传统节日和庆祝活动，春节欢庆、清明上坟、端午赛舟、中秋赏月等，华侨华人都是一样不落。总之，华侨华人的民俗文化既体现传统的民族特色，又吸收了当地各民族文化精华，如越南胡志明市"统一"剧团的剧目既包括粤剧和潮剧，同时移植改编了一部分越南改良戏的剧目。

第二节　印度尼西亚归国华侨群体的出现

印度尼西亚是一个多民族、多语言、多宗教的国家，曾遭受外国殖民者长达

① 尹志平：《略述越南华侨史各时期的基本情况和特点》，《印度支那》1985 年第 1 期。

② 尹志平：《略述越南华侨史各时期的基本情况和特点》，《印度支那》1985 年第 1 期。

三个半世纪的殖民侵略和统治。在经历了漫长而又曲折的民族融合和国家统一后，到今天，国际上一些经济学家曾这样认为，印度尼西亚经济发展势头强劲，有可能成为21世纪初亚洲又一个新兴工业化国家。[①] 但是，民族融合和民族团结等一系列问题一直是印度尼西亚国家建设中所要面对的最严峻挑战。印度尼西亚是世界上华侨华人最多的国家，有的学者认为有1100万华侨华人，有的学者认为有800万人。长期以来，印度尼西亚排华似已成传统，不管始于何种缘由，一旦当地局势引发为暴力行动或群众性骚乱，其矛头就会迅速转向华人，而唐人街或华人商业区往往就会“首当其冲”，成为群众愤怒的发泄目标。但总的来说，在殖民者来到印度尼西亚之前，印度尼西亚当地统治阶级与当地人民和华侨的关系是比较融洽的。主要原因在于：中国和印度尼西亚长期的友好关系，华侨不仅促进了中国和印度尼西亚之间贸易的繁荣，也推动了印度尼西亚地区间的贸易发展，华侨带去的先进的生产技术为开发当地经济做出了重大贡献，印度尼西亚利用华侨促进与中国封建王朝的关系。[②] 17世纪初荷兰殖民者来到印度尼西亚，在殖民政府草创时期，推行招徕、利用华侨政策，为其在印度尼西亚统治服务，但当其殖民统治得到稳固之时，则对华侨进行限制、排挤和迫害。其中发生在1740年7月的“红溪惨案”就是殖民者华侨政策的突出表现。据统计，巴达维亚城内遇难华侨近万人，被洗劫、焚烧的华侨房屋6700家。荷属东印度杂志曾这样记载：“凡属中华民族的人，不论贫富、老少、有罪无罪，凡是被遇到的人，都遭无情杀害。”[③] 可以说，忌讳华侨人数众多和经济力量增长一直是这类事件的重要因素之一。[④] 印度尼西亚华侨的命运就是在当地意识到自身的发展离不开他们的时候就好，在当地对其经济生活中的重要作用和精明强干的能力产生忌讳时就差。1960年，大批印度尼西亚归国华侨的回国就是在这样的循环背景下出现的。

华侨华人研究专家周南京教授曾对世界上排华运动的原因进行过如此的总结：首先，19世纪中叶世界资本主义市场形成以后，经济利益驱使美洲、东南亚、澳洲的矿场主、农场主和铁路公司老板从中国、印度、爪哇等地招募大批契

---

① 贺圣达、王文良、何平：《战后东南亚历史发展》，昆明：云南大学出版社1994年版，第324页。

② 唐慧：《印度尼西亚历届政府华侨华人政策的形成与演变》，北京：世界知识出版社2006年版，第33~34页。

③ （荷）沃尔伏：《千岛之国》，丁川译，北京：世界知识出版社1955年版，第78页。

④ 吴凤斌：《东南亚华侨通史》，福州：福建人民出版社1994年版，第61页。

约劳工前去劳动。这些劳工完成其历史使命之后，等待他们的命运就是被排斥、迫害和驱逐。其次，排华运动是东南亚各国政府长期实行种族（民族）歧视与排华政策的必然结果。再次，华侨与所在国原住民之间缺乏沟通，民族偏见难以消除，原住民极易受到外界煽动，造成排华骚乱。最后，中外关系恶化是排华的重要因素之一。① 但就1960年印度尼西亚排华事件导致印度尼西亚归国华侨出现的原因而言，笔者认为主要有以下几个方面。

一、印度尼西亚《总统第10号法令》与排华活动是直接原因

1955年中国和印度尼西亚两国政府签订了关于解决双重国籍问题的条约，这就间接促进了印度尼西亚当地华侨社会向华人社会的过渡。但恰在中国—印度尼西亚关系顺利发展和印度尼西亚华人社会建构的关键之时，1959年印度尼西亚颁布了《总统第10号法令》。在印度尼西亚军人集团、穆斯林集团和民族资产阶级右翼压力下，苏加诺总统为了转移印度尼西亚人民的不满，于1959年11月18日签署了这个排华法令。其主要内容包括：华侨（实际上主要是针对华商）在一级（省）、二级（县）自治区和州的首府以外的小商、零售商必须在1960年1月1日以前停业，大批华商及中介商也必须在此以前停止向他们提供货物；停业的小商、零售商如欲迁往新地点，必须获得国内贸易局的批准；印度尼西亚民族企业家或印度尼西亚人组织的合作社有权利获得转让及接管外侨小商、零售商企业及场所，各地乡长在军事当局协助下可成立村长任主席的委员会来接管。

这个法令的颁布，致使一部分以小商小贩身份存在的华侨遭到了失业的冲击，引起了印度尼西亚华侨社会和中国政府的强烈不满。据雅加达《新报》报道，全印度尼西亚外商共有114875家，华商占109466家，其中小商及零售商大部分住在乡村地区，计有83783家，占76.6%。② 受这个法令打击的华侨小商人数量在50万人以上。③ 一部分华侨不能在乡镇谋生，势必就要退至县市，但许多地方政府又颁布法令，禁止华侨移入市区，这样就使华侨陷入了走投无路的惨境，过着难民的生活。约有10多万华侨被迫离开印度尼西亚，返回中国大陆，

① 周南京：《华侨华人问题概论》，香港：香港社会科学出版社有限公司2003年版，第52～53页。

② 郭梁：《东南亚华侨华人经济简史》，北京：经济科学出版社1998年版，第165页。

③ 温北炎：《试析印度尼西亚对华人的政策》，《东南亚研究》1987年第4期。

此外还有一些华侨逃到香港、新加坡、马来西亚等地谋生。[①] 同时，当时印度尼西亚少数政界人士掀起一股排斥华侨的浪潮，到处关押、驱赶华人，封闭华人商店，一时乌云弥漫，中国和印度尼西亚关系受到严重威胁。《总统第10号法令》和排华运动造成了十分严重的后果，除了给印度尼西亚经济和社会秩序造成严重混乱之外，也使华侨社会遭受到了严重的打击，并且严重损害了中国和印度尼西亚由于中国政府支援苏加诺政府平息“印度尼西亚共和国革命政府/全面斗争约章集团”的武装叛乱而建立起的友好关系。

二、印度尼西亚政府当时实施的限制、排挤华侨政策是导致华侨回国的根本原因

虽然苏加诺总统执政时期的华侨华人政策在总体上还是比较温和的，特别是在其在任期间，中国和印度尼西亚很好地解决了双重国籍问题。但从其各个阶段的政策来看，却充分反映了当时印度尼西亚政府对华侨的不信任、排挤和压制，而且政策的限制、排斥色彩一个阶段比一个阶段更浓厚。比如，国籍政策上，由拉（采取“被动制”争取华侨入籍）到推（采取“主动制”阻碍华侨入籍）；经济政策上，刚开始团结（革命时期），后来限制（议会民主时期），最后发展到消灭（有领导的民主时期）；文教政策上，刚开始放任（革命时期），后来宽容（议会民主时期），最后发展到严厉（有领导的民主时期）。[②] 当然，印度尼西亚各个阶段华侨政策的变动是国际上冷战格局下美帝国主义在东南亚的插手、印度尼西亚国内殖民政策的影响、华侨社会的强大等多种原因导致的结果。生产力决定生产关系，经济基础决定上层建筑，马克思的唯物史观充分地说明了当时印度尼西亚政府实施限制、排挤华侨的根源所在，而这个根源就是为了保障印度尼西亚国家及原住民的经济利益。苏加诺总统曾说过：“一个国家的经济发展，是不能和它的政治斗争分开的。印度尼西亚曾经为反对政治殖民主义进行过激烈的斗争，今后还要进行反对经济殖民主义的斗争。”[③] 从这一段话中，我们就可以看出印度尼西亚政府的外侨政策大都直接针对华侨的经济活动。

---

① 唐慧：《印度尼西亚历届政府华侨华人政策的形成与演变》，北京：世界知识出版社2006年版，第148页。

② 唐慧：《印度尼西亚历届政府华侨华人政策的形成与演变》，北京：世界知识出版社2006年版，第127页。

③ 梁隆俊：《战后印度尼西亚的华侨、华人经济政策》，《南洋问题》1986年第2期。

印度尼西亚获得政治独立后，一直在争取经济独立，政府对原住民采取了各种经济政策扶持，力图培育一个强大的原住民资本家阶层。在“有领导的民主”时期，1957 年底，印度尼西亚政府掀起国有化高潮，将 90% 以上的种植园、60% 以上的外贸企业、246 家大型工厂和矿业企业，以及荷兰的银行、船运公司收归国有。[①] 此举摧毁了荷兰资本在印度尼西亚的统治，改变了印度尼西亚的经济结构。但无论是在殖民统治以前还是殖民统治时期，印度尼西亚华侨凭借着自己吃苦耐劳、勤俭节约、可靠的商业网络和丰富的经营管理经验，逐渐在印度尼西亚经济领域中占据了重要位置。特别是在印度尼西亚独立后，华侨在和原住民的直接经济关系中，更是体现了独有的经济智慧，因而“华侨控制印度尼西亚经济”的论调甚嚣日上，连苏加诺总统也认为“中国人对印度尼西亚经济生活的控制是一个严重问题”[②]。当时印度尼西亚政府这样的“华人观”，再加上印度尼西亚国内政治斗争复杂多变的催化，使苏加诺政府不仅颁布了《总统第 10 号法令》，而且采取了一系列排华措施。例如，限制华文学校、华文报刊、华人企业，从而酿成多起严重的排华事件。[③] 尤其是阿沙阿特运动，更是对排华起着推波助澜的作用。作为印度尼西亚极端民族主义者，阿沙阿特这位在 1950 年曾任印度尼西亚联邦共和国代总统的人物，在印度尼西亚社会具有相当的影响力。他发表了这样的言论：“至于华侨，在经济中有巨大势力，实足阻延印度尼西亚民族企业和原住民企业的发展。”[④] 其认为：第一，华裔集团在经济领域（特别是在贸易领域）的排他性势力阻碍了印度尼西亚企业家在经济各个方面的进步；第二，在经济生活中，不可能区分谁是中国籍侨民，谁是按照现行国籍法已取得了印度尼西亚国籍的华人（其意为中国籍侨民和取得印度尼西亚籍的华侨后裔，不应有所分别，而应一律视为外侨）；第三，印度尼西亚原住民公民在经济领域的一切

---

① 鲁虎：《印度尼西亚华人资本的历史与发展》，北京：中国档案出版社 2000 年版，第 56 页。

② 此说法出自苏加诺对《日本时报》记者的讲话，转引自中国新闻社编《印度尼西亚华侨情况资料》，1959 年 11 月 28 日。

③ 丘正欧：《苏加诺时代印度尼西亚排华史实》，台北：“中央”研究院近代史研究所 1995 年版。

④ 周南京、梁英明、孔远志、梁敏和：《印度尼西亚排华问题》，北京：北京大学亚太研究中心 1998 年版，第 249 页。

活动中，包括他们在与外国人特别是华侨竞争中，应受特别的保护。[①] 于是，在他的鼓动下，有些地方提出将华侨经营谋生的所有行业，比如药店、家具店、自行车店、缝纫店、洗衣店、制鞋店等，全部夺过来转入印度尼西亚原住民手中。1958 年 9 月，印度尼西亚民族经济会议召开，进一步肯定了这一运动，为后期的大规模排华埋下了伏笔。

三、印度尼西亚华侨自身特点是导致归国华侨产生的重要原因

华侨华人在印度尼西亚历史久远，他们在印度尼西亚社会中展示出了自己明显的民族特点。首先，中华民族意识强。中华民族是个历史悠久、民族意识强烈的民族，由此产生的民族自豪感使华侨虽远离母国却无法割舍其与母国的联系，加上受传统家族观念和宗亲思想的影响，华侨民族主义思想一直都很强烈，这种民族主义思想在中华人民共和国成立后达到了一个新的高潮。这种民族主义客观上刺激了印度尼西亚领导层和原住民的民族情感，他们认为华侨不愿融入当地主流社会，华侨的民族主义是“排他主义”的一种表现。而当印度尼西亚原住民主体民族上升为统治民族后，便产生了一种民族自大感，长期以来积蓄的强烈排外意识就演变成一种狭隘的民族主义，于是有意无意趋向于盲目排外，这是主观原因。而客观上则是因为，虽然解决华侨双重国籍问题的条约已经签订，但由于印度尼西亚国内政治方面的原因，这项条约推迟到 1960 年 1 月 20 日才开始实施。尽管条约的签订时间已经有 4 年多，但大多数华侨仍未能下定决心放弃中国国籍。据研究印度尼西亚华人问题的美国学者乔治·威廉·斯金纳的估计，在 20 世纪 60 年代初期，有 60 万～80 万土生华人选择了印度尼西亚国籍，同时约有 170 万华人仍然保留外侨身份，其中包括一些既不愿承认中华人民共和国国籍而又不打算加入印度尼西亚国籍的华侨。[②] 华侨加入印度尼西亚国籍的情况表明了其对祖国那份割舍不下的情感，但这种情感却间接伤害了印度尼西亚原住民的感情。

其次，华侨社会自身存在状况招致当地人的嫉妒和反感。华侨在经济上取得的成功，使得当时的印度尼西亚商业部长认为：“民族商和外侨商人在商业上的

---

① 周南京、陈文献、林六顺、郑民：《印度尼西亚华人同化问题资料汇编》，北京：北京大学亚太研究中心 1996 年版，第 465 页。

② 梁英明：《战后东南亚华人社会变化研究》，北京：昆仑出版社 2001 年版，第 34 页。

力量对比存在着畸形的现象，这就造成了分配报酬中也有畸形的现象出现，所以政府采取措施，使之循着印度尼西亚化的途径走向平衡，使印度尼西亚民族在整个商业领域占有合理和举足轻重的地位。"① 这在一定意义上说明了当时印度尼西亚政府对于华侨经济在当地地位的认识，这种认识也可以从印度尼西亚排华活动产生后对于印度尼西亚社会的打击看出来。客观地说，华侨经济确实在印度尼西亚人生活中占据重要位置。比如《总统第10号法令》实施后，印度尼西亚当地原住民就强烈要求政府把华商放回原居住地，他们说："没有这些华商，我们的生活已经发生了困难。"② 因而印度尼西亚进步作家普拉姆迪亚·阿南达·杜尔也发表了这样的认识："以1959年《总统第10号法令》为集中表现形式的这种（驱逐华侨资本）运动，是我们截至目前做过的蠢事之一。"③ 华侨在经济上取得成功的同时，华侨社区中却存在各种有失自律的不良现象，比如，华侨内部存在民族优越感、炫富思想、奢侈攀比等现象，而这些现象一旦和当地人的贫困生活形成强烈反差时，就容易招致当地人的嫉妒和反感。

再次，政治原因导致海外华侨社会处于严重分裂状态。由于众所周知的历史、血缘、地缘，特别是中国政治的现实原因，海外华侨社会处于严重的分裂状态，特别是中华人民共和国成立后，海外华侨分化为"亲台湾"派和"亲大陆"派，两派相互争夺学生，经常发生对抗，甚至斗殴。印度尼西亚政府也正是利用这种政治纷争，向华文学校开刀。1958年，印度尼西亚一些地方发生由美国支持的反对中央政府的军事叛乱，台湾当局及当地一些侨界亲台人士在某种程度上卷入其中。印度尼西亚军事当局当年即发动一场排华运动，封闭亲台侨团、侨校及几乎全部华文报刊。④

除此之外，导致华侨回归中国的原因就是当时中国政府采取的一些政策及其实践。比如，中华人民共和国的成立，国家独立和民族兴旺本身就对广大的华侨华人具有无穷的吸引力；在中国百废待兴的建国初期，新中国政府大力争取爱国

---

① 《印度尼西亚排华与反排华斗争参考资料》，北京：中国新闻社1959年版，第5页。

② （日）李国卿：《华侨资本的形成和发展》，郭梁、金永勋译，福州：福建人民出版社1985年版，第180页。

③ Pramoedya Ananta Toer , *Hoakiau di Indonesia*, Jakarta: Penerbit Garba Budaya, 1998: 187.

④ 唐慧：《印度尼西亚历届政府华侨华人政策的形成与演变》，北京：世界知识出版社2006年版，第146~147页。

华侨，鼓励华侨子女回国升学，为社会主义建设服务；1955 年，中国和印度尼西亚签订了关于双重国籍问题的条约后，中国政府鼓励海外华侨尽可能根据自愿原则选择当地国籍。但印度尼西亚独立后的民族主义情绪高涨，对华侨的限制和排斥愈演愈烈，而中国作为一个主权国家又不得不对自己的海外侨民进行保护。种种现实导致到 1960 年底，约 94000 名难侨从印度尼西亚撤回国内，1961 年又有大约 1 万名难侨回国。[①]

四、当时复杂的国际环境是导致归国华侨产生的外在条件

第二次世界大战以后，随着“北约”和“华约”的相继成立，两大阵营的对峙局面正式形成，而处于两大阵营之间的新兴民族主义国家则成为两大阵营极力争取的对象。从这些新兴的民族主义国家内部来看，其国内复杂的种族、政治和多元文化背景及社会正处于百废待兴的状态，势必导致这些新兴民族主义国家内部存在着诸多矛盾，最终导致其社会处于极不稳定的状态中。因此，可以这样说，刚刚独立的印度尼西亚无论是 20 世纪 50 年代对华人经济的打击，还是 20 世纪 60 年代的排华浪潮，都与当时十分复杂的国际政治斗争的大背景紧密相连。比如，美国为谋求世界霸权，通过经济援助等收买、拉拢印度尼西亚等东南亚的民族主义国家，散布所谓中国利用“过多”的人口“向外扩张”和“利用华侨进行颠覆活动”的谣言，让他们来反华排华，破坏它们同社会主义国家的关系，这实际上是美帝国主义国际冷战政策的一部分。[②] 内部的矛盾受到外部环境的刺激及推动，就导致了印度尼西亚 20 世纪 60 年代的大规模排华运动。当然，正如有的学者概括的那样，出现排华事件主要有三大原因：美国等西方国家对印度尼西亚民族主义国家威逼利诱、印度尼西亚民族主义国家统治集团自身的两面性，以及转移人民对于印度尼西亚经济恶化引起的不满和矛盾。[③] 当然，笔者认为，其根源还是民族主义国家统治集团摇摆不定的两面性日益向右发展。

因此，印度尼西亚华侨归国是多方面力量综合导致的。在这其中，最为关键的还是印度尼西亚政府及其一些原住民过于盲目的民族主义。当然，这种民族主

① 《中国新闻》，1961 年 12 月 10 日。

② 童蓉：《二十世纪五六十年代中国政府安置印度尼西亚归国华侨政策研究》，暨南大学 2011 年硕士学位论文，第 20 页。

③ 杨建：《一九五九年印度尼西亚排华事件与广东归国华侨安置》，《广东党史》2005 年第 1 期。

义的产生一切都来自于其对自身利益的保护与考量。面对这种情况，早在1959年12月9日，中国外交部长陈毅代表中国政府就全面解决在印度尼西亚的华侨问题，向印度尼西亚外长苏班德里约提出了3项建议：（1）要求印度尼西亚政府尽快同我国政府互换关于华侨双重国籍问题条约的批准书，使这一条约早日生效和付诸实施；（2）要求印度尼西亚政府切实保护那些自愿保留中国国籍或者选择印度尼西亚国籍而未获批准的华侨的正当权力和利益；（3）中国政府准备根据那些无法谋生或者不愿意继续留居在印度尼西亚的华侨的意愿，安排他们回国生产，希望印度尼西亚政府能够负责分期分批地遣送这些华侨回国。① 尽管当时印度尼西亚政府百般阻挠一部分印度尼西亚华侨回国，但在我国政府的坚强领导下，9万多印度尼西亚华侨还是在1960年底顺利地回到了祖国。

第三节　越南归国华侨群体的出现

中国和越南山水相连，历史上两国间曾存在过藩属关系，因而有相似的文化背景和佛教社会环境，这有利于华人融入当地社会。在历史上，确实曾经有大量中国移民在越南境内定居，并早已完全融入当地社会。但是，在第二次世界大战结束后，由于政治上的原因，越南的华人一度遭到无理的排斥，遭受了比东南亚其他国家的华人更为巨大的痛苦，从而导致许多华人离开这个国家。1955年中国和印度尼西亚在亚非万隆会议期间签订解决双重国籍问题的条约以后，中国政府一直申明此条约同样适用于其他国家解决有这种双重国籍的华侨华人问题。早在1956年，中国共产党和越南劳动党在达成的协议上就曾规定，越南华侨按照自己的意愿加入越南国籍后，可以享有与越南其他公民同样的权利，华裔公民的语言、文字、风俗习惯均应受到尊重。然而实际上，无论是在越南南方还是北方，当局都在不同程度上对华侨实行强制同化政策，包括强制华侨加入越南国籍、强制华侨采用越南语拼写自己的姓名、封闭原有的华文中学等。1975年后，越南当局对华人的歧视和强制同化政策更是变本加厉，并在20世纪70年代末期

① 方方1960年2月5日在福州的报告，转引自杨建《一九五九年印度尼西亚排华事件与广东归国华侨安置》，《广东党史》2005年第1期。

大规模驱赶华人。[①]

为什么越南会背信弃义发动大规模排华行为？相对于印度尼西亚华侨，越南华侨华人的人数、经济能力及不同民族间的文化差异等因素都难以成为越南排华的理由。比如，越南华侨华人的经济实力就不会对越南政府和原住民产生太大的威胁。据朱杰勤教授分析，越南华侨商人足迹遍布越南全国，在经济上有一定的地位和作用，但百万富翁寥寥无几。这主要是因为：第一，西方殖民者在东南亚殖民地中施行的殖民政策，以法国最为严酷；第二，越南农产品以米为大宗交易品，而华人从事米业亦很多，可是在米的对外贸易方面，又有泰国和缅甸与之竞争，不能“善价而沽之”；第三，华侨出洋抱着个人奋斗的心理，不合群，不重视组织的力量，一遇到大的竞争，自然无力抵抗；第四，越南华商缺乏庞大的经济组织，资本单薄而分散，这势必会影响到他们企业的竞争力。[②] 由于华人移居越南历史久远，文化上相似，越南人民和华侨世代相处，通婚混血，使得许多华侨与越南人难以区别。但就是在这种情况下，1977 年底后，大批华侨被越南逐回中国，令人百思不得其解。“大部分被逐的华侨是劳动人民，他们在返国途中受尽折磨，有些被打致伤。他们长期劳动所得的私人所有物遭强迫没收，甚至当他们离开越南国境之前，携带的小量私人日用品行李也在途中被掠夺。结果，当他们进入中国国境时，大多数除了身上的衣服外，别无他物。许多老人及小孩备受饥饿、疾病的苦楚，景况十分可怜。”[③]

世界上没有无因之果，也没有无果之因。周南京教授在探讨东南亚排华运动的起因时曾这样说道：“应该说，形成东南亚排华运动的原因是综合性的，即种族（民族）、社会、政治、经济、文化教育、宗教、生活方式、道德价值观等因素都起了作用，而其中的经济矛盾是最主要的矛盾。”[④] 在这种认识下，其后他又进一步阐释了世界上排华运动的原因：（1）19 世纪中叶世界资本主义市场形成之后，经济利益驱使美洲、东南亚、澳洲的矿场主、农场主和铁路公司老板从中国、印度、爪哇等地招募大批契约劳工前去劳动。华工成为这支契约大军的主力。然而，当他们完成自己的历史使命之后，等待他们的命运却是被排斥、迫害

---

① 梁英明：《战后东南亚华人社会变化研究》，北京：昆仑出版社 2001 年版，第 262 页。

② 朱杰勤：《东南亚华侨史》，北京：中华书局 2008 年版，第 169 页。

③ 沈已尧《海外排华百年史》，北京：中国社会科学出版社 1980 年版，第 133～134 页。

④ 周南京：《风雨同舟——东南亚与华人问题》，北京：中国华侨出版社 1995 年版，第 439～440 页。

和驱逐。(2) 排华运动是东南亚各国政府长期实行种族（民族）歧视与排华政策的必然结果。(3) 华人与所在国原住民之间缺乏沟通，民族偏见难以消除，原住民极易受外界煽动，造成排华骚乱。(4) 中外关系恶化是排华的重要因素之一。[①] 因此，对于越南这样一个与中国有着源远流长的友好关系的国家来说，其大规模排华行动导致的大量归国华侨出现的缘由，相对于印度尼西亚排华而导致归国华侨的出现来说，则显得更为简单——是国际政治关系在越南的反映而已。

越南华侨问题原是个长期积累下来的复杂问题。由于越南被苏联煽动，食言背信，言行不一，而演变成严重问题。当地的很多华侨，按照血统来说，是中国人；按照出生来说，是越南人。1955 年中国与印度尼西亚签订有关解决双重国籍问题条约，这就为解决其他国家华侨国籍问题提供了可行的途径。但在 1956 年，西贡吴庭艳集团制定的《国籍法》强迫越南南方华侨入籍。在其后的十几年间，越南北方河内政府及越南南方解放阵线，与中国政府立场一致，对吴庭艳集团制定的《国籍法》加以反对，但也同意以后越南华侨国籍问题应当由中越双方协商，以自愿选择的原则解决。1975 年 4 月 30 日，越南南方解放。南北统一后，越南当局食言背信，把吴庭艳的决定承继下来，反复强调在越南南方不存在华侨，只存在华裔族越南人，进而将越南南方华侨定义为资本家，是阶级斗争的对象，要进行“社会主义改造”。这就为其排华找到了借口。越南排华还与当时苏联的挑拨和支持有关。

1977 年初，越南当局以“净化边境”为名义，强迫在边境地区居住的华侨向内地迁移，接着又公开驱赶他们回国，用尽各种卑劣的手段。“一九七七年初，越南方面在与中国毗连的省份推行‘净化’边疆地区的方针，把很早以前从中国迁居越南的边民成批驱赶回中国境内。同年十月，越方即开始在越南西北地区的黄连山、莱州、山梦等省驱赶华侨，以后又逐步扩展到大批驱赶越南北方各地的华侨。中国政府为此曾一再劝告越南政府采取措施，制止驱赶华侨的行动，维护中越友谊。但是越南方面非但不听劝告，反而在全国范围内制造了更为严重的排华事件。成千上万的华侨被越方从陆路运至中越边境的老街、同登、芒街等地，然后赶回中国；也有大批华侨被迫从海上乘小船回国。近两个月来，被驱赶

① 周南京：《华侨华人问题概论》，香港：香港社会科学出版社有限公司 2003 年版，第 53～55 页。

回国的华侨数目逐日增加，四月初每天数百人，四月下旬每天增加到数千人。到五月底总数已超过十万人。”[①] 1978 年，越南当局针对大多数是小商贩的南方华侨，以“社会主义改造”为名，没收他们的生产、生活资料及财产。随后，又驱赶大批越南南方华侨进入荒无人烟的“新经济开发区”，让其自生自灭。[②] 最终，不堪忍受折磨的华侨纷纷申请离开越南，从陆路、海上去往不同的国家。

这次排华造成越南华侨华人 200 多万人从越南出走，回到中国大陆的华侨就达 50 万人之多。

总之，不管是印度尼西亚归国华侨的出现，还是越南归国华侨的出现，都是特定时代背景下的产物，个中原因都具综合性。但总的来说，红河流域，乃至云南和中国华侨农场的出现，几乎都与 1960 年中国与印度尼西亚关系紧张、1965 年印度尼西亚“九三〇”事件导致的排华、1967 年缅甸排华和 1978 年越南排华事件有关。对于这些难民型归国华侨来说，他们对于祖国的实际情况不了解，对回国完全没有或缺乏思想准备，回国之后多被安置在华侨农场、工厂从事体力劳动（他们多数人在境外并无此经历），生活上极难适应。当然，对于印度尼西亚和越南归国华侨来说，其对安置地的适应情况有所不同，主要是他们海外的生活历程和回国时代不同导致的。

第四节　红河流域老归国华侨生活史自述[③]

归国华侨的出现是多方面因素综合影响导致的。在翻阅有关归国华侨历史的档案文献中，笔者偶然发现了两份红河流域印度尼西亚归国华侨的自述资料，这些资料从生活史的层面间接地反映了东南亚华侨华人史，也在一定程度上说明了他们回归祖国的缘由。因为历史和逻辑具有一致性。历史开始的地方，逻辑也就

---

① 成都军区政治部联络部、云南省社科院东南亚研究所：《越南问题资料选编：1975—1986（上）》，1987 年，第 176 页。

② 孔结群：《重建家园：在祖国不在家乡——以消雪岭华侨茶场越南归难侨为例》，暨南大学 2008 年硕士论文。

③ 本部分前两个印度尼西亚老华侨的自述材料来自玉溪市档案馆档案资料（1963 年 11 月），第三个和第四个越南老华侨和印度尼西亚老华侨的自述材料来自笔者的田野调查，特此说明。

开始了。同时，人为什么活着？活着的意义何在？怎样使我们的生活变得更有意义？这些不仅仅是人的世界观、人生观和价值观等思想观念的问题，更是能使人采取各种实践行动的思想指引。从这个意义上说，历史、逻辑、实践对于归国华侨群体来说是“三位一体”的，因而红河流域归国华侨的生活史是和其归国行动有机结合在一起的。把这两份印度尼西亚归国华侨口述档案和对红河流域二位老华侨调查而得来的口述史结合起来分析，我们就能较为清晰地了解红河流域归国华侨群体出现的历史及原因。

一、我的一生——记归国华侨蔡天雨的自述

（一）我要读书

1896 年，我出生在福建省漳州市的一个贫民家里。父亲是个码头工人，母亲是个裹了小足的家庭妇女，兄弟姊妹共 7 人，我是最大的一个。由于家里贫穷，我十多岁了却还没有读过一天书，我每天看着那些有钱人家的子女，背着书包，来来去去，羡慕极了。有一次，我向父母提出要读书的要求，父亲问我：“你肚子吃饱了吗？肚子没吃饱，怎能去读书。”母亲见我读不成书，心里很难过，就安慰我说：“孩子，不是爸爸不让你去读书，而是家里的弟弟妹妹无人带，以后等他们长大了，你再去读书。”

13 岁那年，有一天，母亲问我：“我们想把你卖了，你愿意不愿意？”我说：“卖给别人我不愿，要把我卖给学校的老师我才好读书。”后来，果然把我卖给一家书馆的老师做书童，专门替他家挑水、做饭、洗衣服、扫地，连老师的便桶都要我倒。除了吃碗剩饭连理发的钱都没有，从此我便踏上了挣扎生活的征途，哪里还有机会去读书。我一看到今天读书求学的孩子，就联想起我的童年是多么的不幸。

（二）未去南洋先欠账

家庭的生活越来越困难了，恰好我伯父在南洋的一个亲戚的店内需要人，就写信来叫我去南洋。可是没有钱怎么办？经过这位亲戚和水客的交涉，同意去到南洋由他（指伯父那位开店的亲戚）还。因此，我还没有到达印度尼西亚，就欠下债了。去到以后，自然就到他的店中帮工还债，一直做了两年都没有一文工资。可是这位亲戚的生意倒是越来

越大了。在井里汶市又开设了一家商店，就把原在古立安乡村这个店折算给我，让我替他做。规定卖多少钱就上交多少，我需要什么货，全部由他供给。我就当起了“过路财神”。又做了几年，他的汽车、洋房都有了，可是我仔细一算，除了交给他的，我什么也没剩下。于是我就到井里汶市去找他商议。去到城里，一家大商店把我吸引住了，店内的人员就和我聊起了生意经来。聊着聊着，才知道我亲戚的商品全是从这里批发去又转手给我的，尺寸之隔而批零之差，价格几乎相差一倍多。这时，我才恍然大悟，下决心不干了。亲戚见无法挽留我，也只好同意，但要我把账算清。谁知怕鬼出门就遇鬼，怕冷偏遇吹冷风。这个店的货物，原来折价给我时正是百物高涨，而到我要算账时，恰恰各货落价，货物虽然比原来增多，但却不值价。做了几年，不但两手空空，还欠下一笔债。经过多方面调解，看在是亲戚份上，他才同意以后我做生意赚钱再行偿还。

（三）东拼西凑起家

这事使我心灰意冷，一直在我伯父家住了半年多，什么事也不想做，也没有能力去做。之后我岳父和伯父看我光吃不做也不是办法，就东拼西凑了150盾钱给我，我于是开始做点咖啡、白糖的小买卖。吃一堑，长一智，我吸取了一些经验教训，生意也有点起色，本钱也逐渐增多。之后我又增添了棉布、棉纱等品种，生意也就越做越大了。几年光景，除了还清债务外，还赚得四五千盾，我就在古立安创下家业，修起两座房子，自己开了商店。

（四）回国三月一瞥

由于生意做起来了，也赚了一些钱，生活也过得不错，1938年我就回国省亲。这时，国内正是抗日战争时期，一踏进国门，就看到四处的宣传标语，什么“精诚团结”啊、“抗战到底”啊……给人中国很有希望的感觉。可是我一回到家里，一了解各方面实际情况，当时心就冷了一半。满目凄凉，处处皆非，国民党的军政人员好像臭虫、蝎子一样，到处涌来涌去，一路烧杀抢劫，乱成一团，让人看了都感到恶心。各种风闻瞬息万变，时而说“某地吃紧”，时而又说“主动撤退”。人们越来越惶恐不安，漳州市大街上，白天都有抢人的，到处是死尸，遍地是血，这听说跳河自杀，那又听说服毒自杀，白天黑夜到处都吵吵闹闹……工厂停工了，商店关门了，工人失业了，买不着大米了，钱也贬值了。妻子怨丈夫、父母卖儿女，真不像一个人的世界。我一回到家里，就到处风传南洋的番客回来了，一定很有钱。我不得不给当地的乡课长重重地上了一贡，就连大街上的流浪儿童、清道夫、打更夫都来找我要钱，真是门都不敢多出。原本我打算去漳州修一座房子，也开一家商店，看到这种情况我想都不敢想了，不到 3 个月时间，我就偷偷地又跑回南洋了。

（五）几起几落迭遭罹难

我重返印度尼西亚，继续在古立安做生意。1942 年日军尚未进入当地，到处兵荒马乱，我就想收手不干搬到大城市去。谁知当地的军政官员不准我停业。他们说："太平盛世你在我们这里做生意，赚了我们印度尼西亚人的大钱，现在你不做了，我们人民需要的东西靠谁来供应？要做下去，我们负责保护你们的安全。"在这种动乱年间，他们能给我们什么安全呢？成天都是一批一批的军政宪兵警察、乡卫队员、地痞流氓等到我商店，借的借、赊的赊、要的要、拿的拿，简直成了抢人，多年的辛勤不到几个月就全没了。

日本进驻印度尼西亚，社会秩序稍稍安定，就命令各行各业照常营业。当时分配我的店卖些药品，由于货源有限，就规定定量销售。那种社会的军政官员变得真快，昨天是印度尼西亚的宪政官员，是官保自家；今天又变成了日本人的宪政官员，还是官保自家。可是他们来买药时，就是不安定量，要多少买多少，拿去转手卖了自己赚钱，我商店的药品几下就卖光了。当地老百姓买不到药了，就反映到日本人那里去，这些官员反而诬陷我把药卖到了黑市，真是有冤无处申，有苦无处诉，含着眼泪只往自己肚子里吞。我被抓进日本监狱，挨打受骂不算，还要家人拿钱去赎人，之后永远不准我经营西药生意。

这时我唯一剩下的家产就只有两袋香料，价值 30 多盾。就凭着这点本钱，我又做起了生意，千辛万苦总算挣扎着又挨过来了，由 30 多盾赚到了几千盾（日本币）。可人在家中坐，祸从天上落。1945 年，日本投降了，我的东西大部分卖完，日本币宣布停止使用，我的几千盾日本币就完了，我的家产就这样又完了。

日本帝国主义刚走，荷兰帝国主义又来，又是大骚乱，我就暂时没做生意了，把剩下的一点东西变卖掉，买柴米油盐准备应变。荷兰军队打到古立安时，到处杀人放火，人人胆战心惊。我不敢住在家里，就带着一家大小赶往深山，一直在山上住了7个多月，带去的一点粮食早已吃光，最后只有吃木薯野菜。我的第三个孩子由于经不起生活的折磨，活活病死在深山，我村里的房子又被烧得精光。一气之下，我的精神失常了，后来经过多方医治，病是医好了，可是左眼睛瞎了，这是我终生难忘的仇恨。

（六）最后我认输了

1950年以后，我的生意一帆风顺，棉纱、棉布、咖啡、白糖、香烟等样样都做，货物进进出出不再像过去那样一个货郎担、一个小摊子地做，而是汽车来来往往，商铺前面是门市，后面是仓库，不单搞零售，而且兼做批发。住房都有好几处，四五年间就赚了几万盾，大儿也结婚了，还分给他一份家产另起生意。1955年，我很想回国度晚年，但又看到生意十分顺利，所以举棋不定。于是我到一家神庙里求签问前程，是回国好呢，还是不回国妙，结果签书上说："置身正是逍遥天，何不自苦困黄泉。"我当时的理解还是留在印度尼西亚好，就打消了回国的念头，继续经营生意。

大环境好的时候，我生意做得特别大的是香烟业务，井里汶的厂商和我建立了固定的合作关系。这个厂的推销员为了少些麻烦，每次送货来都要大钞，不要小钞，他将每天的销货都换成大钞。1958年有一天，这位销货员又送货来了，他不但不收新送来的这批货的钱，就连原来的欠款已经准备好的4600多盾的大钞也不要，只说没有关系下次再算就走了。第二天电台、报纸到处都在讲大钞减成小钞了，1000盾只当100盾，100盾只当50盾用。跌下这一跤，还没爬起来，又碰上1959年的反华排华，我大儿子被抓进监牢，他的房屋商店全部被烧光，我再也没有什么想头了。至此，我才真正明白，在这人吃人的社会里，我只能彻底认输了，一切装鬼弄神都是骗人害人的勾当。我不由想起在一些老年华侨中流传的几句话："今日西来明日东，人生恰似采花蜂，采得百花成蜜后，到头终归一场空。"这也算是我在印度尼西亚生活四十多年的总结，最后我只有两袖的清风，拍净身上的灰尘，带着满脸深深的皱纹回国了。

二、一把辛酸一把泪——记归国华侨林祖守仁的四十年

我是福建省清县人，今年51岁，8岁开始劳动，48岁从印度尼西亚回国，在旧中国和资本主义的社会，整整度过了40年。在这40年里，充满着我的辛酸和血泪。

（一）走投无路跑南洋

我的父亲是靠种田过活的。旧中国就有这样的怪事，耕田的人没有田种。所以，我父亲不得不向地主陈万青租来五亩水浇田。双方议定每亩每季纳租三百斤粮，半年酌加，旱年不减。我父亲明知一亩上位田正常年是一季才能收四百斤粮，这种情况下还要纳租三百斤，除去地主的就没有自己的了。可是种田的人不种田，又做什么呢？于是不得不忍痛租下来，心想凭着一家人的辛勤劳动来勉强度日。所以，我8岁就跟父亲开始劳动了。掌犁没有牛，学耕田没有耕机，十分辛苦。谁知种下地主的田，就好比一把绳子挎在自己的脖子上，跪也跪不下，活也活不了。一连几年天旱，一年的收成不够一年交租，这时我父亲就请地主查明实情，酌情减免。天下的地主哪会体恤劳动人民的心情，反而说："租子一颗不能少，你不愿意做，就把账算清。"就这样，生活都无法维持，好如一条牛陷在烂泥塘，越陷越深，一直做了5年，实在做不下去了，我父亲才再次提出退佃，陈万青见我家也无多少油水，就同意算清账退佃。算盘一响，我家的家当全部算光才算把账还清退佃。一家四口人天天要吃怎么办？东想西想家里还剩下一只木桶，就把这只木桶拿去卖了做本钱，买卖水果。我家接近海，父子两人冒着生命危险又到海边捕些鱼来卖。旧社会里穷人总是出不了头的，做小生意又不好做，遇上地痞流氓，光吃不给钱，还不能说，说了之后就连担子都给你砸了，当时的旧中国就是这样的黑暗。不到一年时间，我们的一小笔本钱，又弄得精光，生活完全陷入绝境，一家人哭成一团。上天无路，入地无门，不得不将我寄托给一个姓林的邻居认其为义父。从此，我改名换姓，由陈祖蓬改为林祖宗保，随他去南洋谋生了。离家那天，母亲、我和弟弟三人哭得泣不成声，彼此往来相送，半天都没走出门。大家都担心着，此去何处安身，此去何时再见面，真是泪眼人观泪眼人，断肠人

送断肠人。

（二）贫病交加熬日月

这位“好心”的义父，把我带到了印度尼西亚的泗水。到泗水的第二天我们就分道扬镳，各奔前程。这时我只有18岁，一个举目无亲的穷孩子，要在资本主义的社会里生活下去，可比登天还难。东奔西走，我总算找到了一份工作，给一家冰棒厂卖冰棒，每天早上从这个厂领来一些冰棒去卖，卖完后再把钱交回去。为此，我跑遍了整个泗水的城市和乡村，受尽了人间的歧视和欺凌，结果只落得每天吃碗稀饭，穿一身破衣裳，晚上无家可归露宿在街头。就这样一天一天地熬过了两年，才由卖冰棒的一位同伴介绍到一家卖陶瓷器的商店当小工，烧火、做饭、挑水、劈柴、扫地、搬货无所不做，从早上的五六点一直做到晚上的九十点，有时累得都伸不直腰来，整整做了一年多，只是吃碗饭，没有一文工资。后来慢慢才有了5盾钱工资，我就一文一文地积攒起了80盾。由于受不了这家店的折磨，我就以这80盾做本钱自己经营起小生意来，卖肥皂、香烟、棉布等，沿街叫卖，到处为家，凭着自己的辛勤劳动，艰苦过活。几年以后就逐渐赚了1000多盾钱。生活刚有一点起色，谁知又招来病魔，一病就是就一年多，1000多盾钱花得一干二净。就在我病得要死交不起房租被房东赶出来的时候，本地一位印度尼西亚大妈到处求人找关系，才找到一间仓库的层底给我安身，并像照顾自己的亲人一样照顾我，我这才死里逃生，捡回一条生命。

（三）官匪一家，鱼又吃虾

病愈后实在是没办法，我在井里的乡村里还有一个亲戚，怀抱希望，我去投靠这位亲戚。可这位亲戚有多个兄弟，和我话不投机，也不同情我。好说歹说，他总算同意我留下来做苦力。过了一段时间，这位亲戚觉得我很笨，说我和当地的民族语言不通，又不会做生意，要辞退我。好在天无绝人之路，这时候，正直当地闹土匪，这位亲戚一是为了逃命，二是为了去做更大的生意，于是做一个顺水人情把店里的货物抵给我经营。约定我每月偿还15盾，一年还清。并规定还清债务前，不准我吃好饭好菜。在那些年，经营惨淡，很是艰辛。有一次，这位亲戚到店里查看，见我在吃一点鱼干，便破口大骂，要我当场还清债务。我百般乞求，他才同意比原定的时间早两个月还债。

由于社会秩序不好，有钱人家和大商店都搬到大城市里去了，在这小小的乡村就只有我一家商店。我冒着生命危险一直经营下去，生意也逐渐好了，几年后还清了债务，还积攒了一些本钱。我将近30岁才结婚，开始过上安逸的生活。可是谁知好景不长，1942年日军南进，我们全家出逃，商店被抢光，我也被日本人抓了。我的妻子东奔西走营救我，才找到当地一位警察，花了200多盾才把我救出来。命是保住了，可全家一无所有了。

（四）家破人亡，妻离子散

40年来，命运给了我什么呢？就在我去南洋的第三年，家里的生意垮了，父亲一病不起去世了。我去南洋的第四年母亲被活活地饿死了，弟弟则到处给人家做活。日本帝国主义入侵中国的时候，弟弟在乡村活活地被日本人用刀砍死了，原来的一家四口，就只剩下我一个人在南洋。我被日本人抓后，妻子受了惊吓，再加上为了救我又累着，最后流产了。我被营救出来还没见到她，她就死在血泊中。家也破了，人也亡了，我怕最小的女儿养不活就给了别人。1960年，我回国时特意去看看她，可是她的养父不准我接近她。连自己的亲生女儿都不能亲近，我只能站在街边远远地看了她一眼……

（五）社会主义胜天堂

东风吹起千层浪，海外孤鬼有了娘。1960年春，我带着家人回到了祖国，自从我踏上祖国土地，不知有多少个夜晚睡不着，不知流了多少泪水，祖国的一切充满了我的内心。没有地主的压迫，没有贪官污吏，没有人剥削人，物价平稳，社会安定，人人劳动，个个平等。祖国有一个好、百个好、千个好、万个好……要不是我亲身经历，还以为是神话，幸福的日子真是做梦也没有想到。人人都说天堂好，我说社会主义国家胜天堂。为了做好社会主义这座“天堂”，让全部的社会劳动人解放，在这社会主义的“天堂”里过上幸福的生活，再也不过苦日子，我什么都愿意做。

三、越南老华侨杨先生的生活史自述

我是云南马关县人，1977年回国在河口县安家，1978年来甘庄农场。我今年67岁，30岁回到中国。在此之前，我在越南供销社上班。华侨在越南一般主要是做会计、生产队长和医生等职业。回国后，我干过几年水利工程，后来做农活。家里有40亩地，主要是种芒果、玉米和甘蔗。本地人对越侨很友好，互相尊重，没有发生过什么矛盾，比较团结。我祖父母过去越南，我在越南读了3年越南文军校，会越文、汉语。以前在越南读书是越南供伙食，还发钱，每月8块。胡志明时期，当局对华侨政策好，对中国华人有照顾。我父亲是胡志明时期的军人，当时，全世界承认胡志明的军队是一个国家正规的军队。在胡志明的带领下，胡志明军队赶走了法国人，解放了北方。越南南方当时由美国占领，1969年到1975年，胡志明军队打败美国，越南南方得以解放。我父亲帮胡志明政府打仗9年，获得过二等功功勋章，不过遗失了。我父亲的功章、勋章都被越南政府收回，说是给我父亲换新章，全收走后再也没有归还。我父亲在越南威望很高，每到国庆节都被请去吃饭。国家让对国家有贡献、有功劳的人的子女上干校。1977年，越南政策由原先的和中国关系好，转变为和苏联一条线，转而对中国采取敌对行为。1979年2月17日，中国采取反制措施，中越边境自卫还击战开始。我因妻子待产没去当兵做翻译。

我们从越南回国，国家成立接待站来接待越侨。我们坐班车，戴大红花，学生敲锣打鼓将越侨送到干坝。房屋上写好名字，我们直接入住，家里床、被、桌、碗等，什么都有，一应俱全。每天去栽种甘蔗，敲钟吃饭。每月发工资21元，老人、孩子还有生活补助费至少7元，当时大米每斤才1角4分，足够生活。当年有2000元钱可用两三年。刚回来时，生活条件不错，心里高兴，十分激动。国家还请大家到当地大饭馆吃饭，大家心存感激，没想到受难后，还能受到国家这么好的待遇。中国稳定，更换货币不影响老百姓生活。越南七八年就换一次货币，规定一段时间内不换全部作废，导致很多老百姓换不到新越币，旧币就当纸烧掉，老百姓血汗钱就这样作废了。中国则相反，比较稳定，老百姓不会吃亏。

回国后我也曾经想出国，因为老婆生孩子再加上当时管制难侨不让出去，最后没有去。我现在居住在干坝侨新村，生活比较满意，老两口有3000元退休工资。侨办的、侨联的过年前都会来慰问困难户。我现在参加了归国华侨老年协会，任老年协会委员会委员。重阳节我们都会唱歌跳舞，每人每年交费 24 元。我们经常去越南探亲、看朋友，有两个表妹和 4 个老朋友在越南。清明节去越南上坟，因为母亲葬于越南。此外，还经常回老家马关。越南老百姓栽种的农作物、水果从河口市场上卖给中国人，想吃越南的水果也很容易买到。

四、印度尼西亚老华侨郑先生的生活史自述

我祖籍福建莆田，1949 年出生在印度尼西亚的中爪哇岛，家族在印度尼西亚到我这一代已是第七代。在印度尼西亚时家里是做小生意的，开有杂货店。我是家里的独子，家里人不让我学印度尼西亚语，到 11 岁我回国时，已在印度尼西亚中华学校上了 3 年学，在印度尼西亚时学习的是繁体字。我是印度尼西亚排华因“国籍问题”回的国，如果入印度尼西亚国籍就可以继续留在印度尼西亚做自己的事情。当时我的外公外婆、爷爷奶奶都留在了印度尼西亚，只有我和父母回到了中国。决定回国的华人先集中在印度尼西亚当地的县上，然后集中回国。回国时我们把财产转给了留下的家人，该带的都带了。从印度尼西亚回国后，我从小学一年级开始学习简体汉字，六年级时“文革”爆发就没有继续读书了。“文革”前和亲戚有书信来往，“文革”时期中断了，现在留在印度尼西亚的亲戚生活比较好。

我妻子也是印度尼西亚归国华侨侨眷，岳母是 18 岁回的国，后生了我妻子。回国后，1990 年我在华侨农场当过农场生产队队长，1992 年做过甘庄侨联秘书长，2005 年退休。我妻子是农场农业工人，以前种甘蔗，现在退休工资 2000 多元。侨联春节都会来慰问我们。刚回国时，当地人怕我们，我们结婚第一选择是印度尼西亚归国华侨，第二选择是越侨。现在经常和海外亲戚联系，他们也经常回来扫墓、旅游。有的回来待一个多月，有的待四五天。甘庄有 3 个陵园，他们一般都是在清明节时候回来，过年很少回来。有的出去了 20 多年后回来，感叹甘庄变化太大。

我有两个儿子，都在红塔集团元江片区烟库上班，一个当保安，一个当搬运工。两个儿媳妇，一个是越南归国华侨侨眷，一个是当地傣族。但大儿子和越侨子女结婚 7 年后离婚了，现在找了一个傣族姑娘，

生了一个孩子。媳妇在娘家居住，儿子也是在亲家家居住。现在我们经常和亲家唱歌，大家玩在一起。过年过节，互相往来，互送东西。

通过以上4位老华侨的自述，我们可以看出印度尼西亚和越南归国华侨回国的原因：祖国情、国外政局和政策不稳定、国际关系影响侨居国发起排华事件等。而这些原因在一定程度上印证了笔者上文对于两个归国华侨群体出现的原因分析。除此之外，关于华侨回国定居的动因，学术界通常从“推力”（指侨居地的排斥因素）和“拉力”（指祖国的吸引因素）两方面加以说明。学者黄小坚认为，这种分析虽不无道理，但存在着明显的缺陷。因为它仅仅考察了客观社会环境对人口迁移的影响，而忽视了对移民主体自身文化、心理、思想和政治认同的具体分析。① 在上面4位老归国华侨的自述中，我们可明晰地看到其在文化、心理、思想和政治各方面的变动，并从中看出其坚定的政治认同。

---

① 黄小坚：《归国华侨的历史和现状》，香港：香港社会科学出版社有限公司2005年版，第85页。

第四章　红河流域归国华侨群体对环境的适应

环境包括自然环境和社会环境，是人们生存和发展的前提和基础。自然环境主要是指与人类社会所处的地理位置相联系的各种自然条件的总和，包括地形、气候、土壤、森林、山脉等；社会环境主要是指与人生活和发展相关的经济、政治及文化要素的总和。移民群体对于环境的适应情况，会直接影响到他们在安置地的生存和发展，这对被学界称为“边缘性群体”的红河流域归国华侨来说也不例外。因此，对于环境的适应，不仅指对自然环境的适应，也指对社会环境的适应。但就社会环境来说，著名的归国华侨研究专家黄小坚对20世纪50年代以后回国的当代华侨，特别是聚居于城市和华侨农场的归难侨们对于回归地环境的适应做过研究。他主要从归国华侨与迁入地社会的排斥、归国华侨在回国之后的政治遭遇、归国华侨的经济生活、归国华侨的社会流动以及归国华侨的人口迁移几个部分，对归国华侨对社会环境的适应进行了较为详细的论述。① 基于此，本章主要是从红河流域归国华侨回国之初的担忧、国家对归国华侨的安置、归国华侨与当地环境的冲突及对环境的适应、印度尼西亚和越南归国华侨环境适应的差异等几个方面入手，探析红河流域归国华侨回国之初所面对的种种现实及他们对此的实践行为。

---

① 黄小坚：《归国华侨的历史和现状》，香港：香港社会科学出版社有限公司2005年版，第233～292页。

第一节　国家对红河流域归国华侨群体的安置

在印度尼西亚不断排华的关键时刻，党和国家制定出了切实可行的政策，要求国内各省、市、自治区和有关部门认真做好迎接和安置归国华侨的工作，进而为印度尼西亚归国华侨们的顺利回国铺平道路。比如，认真做好对归国华侨和归国华侨学生的安置和接待工作；中央决定以中侨委和广东省委为主，吸收中央其他有关部门参加，在广东成立“归国华侨接待委员会”；为了在经济上加重打击印度尼西亚反动派，同时为了支持祖国的社会主义建设和照顾华侨财产不致受到太大的损失，鼓励华侨尽量将国家建设需要的物资等输入国内，运到口岸后中国按国际价格以人民币收购，并且免征关税；要求各级有关党委通过这次陈毅代表中国政府对印度尼西亚政府提出的关于全面解决华侨问题的建议，对全体归国华侨、侨眷、归国华侨学生及有关工作单位的干部和群众进行一次生动的、深刻的爱国主义和社会主义教育。同时，要求新归国华侨和有关部门一道团结互助，完成接待和安置工作，并以自己的行动参加到祖国的社会主义建设中去。[①] 云南是华侨出入境的口岸之一，又是全国安置归国华侨、受难华侨的重要基地。中华人民共和国成立之后，根据中央有关政策和指示，云南省先后接待、安置归国华侨、受难华侨 10 万多人。1960 年印度尼西亚政府排华，大批华侨回国，中央决定把云南作为安置归国华侨的基地之一。在中共云南省委、省人民政府的领导下，成立了云南省接待安置归国华侨委员会，下设办公室具体负责接待安置有关事宜。中侨委提供资金在云南新建了 5 个国营华侨农场，并创办了昆明华侨补校作为安置归国华侨和归国华侨学生的基地。1960—1961 年云南省接待、安置了印度尼西亚归国华侨一共 11000 人，安置在甘庄、红河、太和、平远街、漠沙（1961 年撤销，归国华侨调入甘庄农场）等国营华侨农场 5800 余人，云南锡业公司 1500 余人，东川矿务局 650 余人，其余 2500 人分别安置在省外贸局外运公司及商业系统等单位和昆明华侨补校。在 1978—1981 年三年间，云南省先后接待了东南亚的归国华侨共 6. 2 万人（包括从广西分配而来的），除送往广东、福建、广西安置 2. 3 万人之外，其余约 3. 9 万人（包括老挝移民）都安置在云南省

① 中国共产党中央委员会：《关于准备大量接待归国华侨的指示》，1959 年 12 月 20 日。

[其中，13个华侨农（林）场2.46万多人，农垦农场5400多人，红河、文山两州11县7000多人，云南省属企事业单位56人]。[①]

一、安置情况

和全国其他几十个农场相比，云南华侨农场安置的归国华侨人数算是较多的。据档案资料介绍，截至1967年，云南省安置归国华侨人数为17272人。其中，甘庄华侨农场1785人，红河华侨农场1108人，平远街华侨农场1064人，稼依华侨农场340人，太和华侨农场1751人，宾居华侨农场678人，陆良华侨农场966人，遮相华侨农场219人。全国41个华侨农场共安置归国华侨73011人。[②] 而1978年出现的越南归国华侨，主要被安置在全国各国营华侨农场中。其中，广东省安置约11万人，广西9万人，云南4万多人，福建3万多人，江西0.13万人左右。[③] 由此可见，云南省在安置印度尼西亚和越南归难侨上做出了重大贡献。

对于红河流域元江县甘庄、红河华侨农场和新平县漠沙华侨农场来说，其安置归国华侨的情况如下。[④]

甘庄农场：1960年4月13日，首批印度尼西亚归国华侨231户1125人（男583人、女542人）到达农场。由于当时归国华侨住房尚在施工建设中，他们暂时以户为单位，分散居住在并场的傣族职工家中。1962年，各居民点逐步建成后交付使用，印度尼西亚归国华侨才从傣族家中搬出乔迁新居。农场共建了3个居民点，组成红专大队，下辖5个生产队。1978年，越南归国华侨分期分批到场后，安置在干坝分场4个居民点，编为第六、七、八、九生产队和新建分场的第八、九生产队。还有一部分安置在第二、三、六生产队和红专分场的小龙潭生产

---

① 云南省侨务办公室等：《云南省志·侨务志》，昆明：云南人民出版社1992年版，第43~44页。

② 广东省委统战部：《国务院转发“中侨委军代表关于下放直属学校、企业和接待安置归国华侨、归国华侨学生工作的请示报告”》（广东省档案馆馆藏资料），1969年。

③ 邵泰、刘显广：《关于印度支那难民迁移问题》，《亚太经济》1986年第3期。

④ 由于在第二章对红河流域归国华侨的介绍中对两个农场华侨的安置情况有所介绍，所以这里只进行简单说明，借此为下面的分析打下基础。由于归国华侨人数时刻发生变化，难免会出现统计数据出现误差的情形。特别是在归国华侨一部分群体再移民事件发生后，归国华侨及侨眷人数的统计就更为困难了。因此，基于统计资料的来源和时间等方面的不同，本书中对于归国华侨数据的统计也就有一些出入，特此说明。

队，主要从事甘蔗、花生及杂粮种植工作。

红河农场：1960 年安置印度尼西亚归国华侨 831 人，1963 年原漠沙华侨农场调往甘庄华侨农场安置的印度尼西亚华侨调 270 人到红河华侨农场重新安置。1965 年昆明华侨补校归国华侨学生及零星回国的缅甸、日本、柬埔寨归国华侨 30 人被安置到红河华侨农场。1978—1979 年，共安置越南归国华侨难侨 718 人。①

截至 2013 年 6 月底，两个华侨农场共有 7592 人，其中归国华侨 1057 人、侨眷 1487 人，约占到农场人口总数的 33.51%。其中，红河华侨农场目前有 124 户归国华侨家庭、375 名归国华侨和侨属，其余归国华侨先后到第三国和港澳地区定居。2009 年农场改革，红河华侨农场并入乡镇成为红侨社区，但多年来人们还是习惯称自己为“农场场工”。甘庄农场辖 35 个村民小组、11 队，其中甘坝有 9 个队，归国华侨主要集中在甘坝六队、七队、八队和九队。②

新平县漠沙农场华侨的基本情况，我们可以从以下材料中看出：

> 我县对这批接待和安置在漠沙华侨农场的归国华侨的接待工作至 10 月 8 号已基本结束，现在共接待和安置的归国华侨是 187 户、849 人。其中按户分，职业是小商 107 户，占 56.25%，木匠 29 户，占 14%，裁缝 10 户，占 5.2%，修自行车的 6 户，占 3.1%，手工业 5 户，占 2.6%，工人 4 户，占 2%，照相和皮匠各 3 户，各占 3.1%，教员和司机各 2 户，各占 1%，制冰、牙医、修钟表、酿酒、农民、职员、制糖、荷兰军各 1 户，各占 0.5%，其他 4 户占 3.1%。这批归国华侨是印度尼西亚反华排华时，祖国派轮船接运的第 6 批，主要是来自印度尼西亚的东爪哇和中爪哇及玛琅等地。③

除此之外，为了便于对归国华侨进行集中管理和帮扶，进一步使归国华侨群体更好地适应回国生活，因而在尊重大多数归国华侨意愿的基础上，考虑到各个

---

① 云南省侨务办公室等：《云南省志 · 侨务志》，昆明：云南人民出版社 1992 年版，第 78 页。

② 这些数据是笔者根据相关地方和内部资料总结而成。

③ 中共新平县委统战部：《关于漠沙农场归国华侨接待和安置情况工作报告》（玉溪市档案馆档案资料），1960 年 10 月 19 日。

华侨农场的资源和人口情况，云南省和玉溪地委（地区一级机构后来撤销，改为市，后同。编者注）决定撤销新平县漠沙华侨农场，把原在漠沙华侨农场的归国华侨集中并入元江县甘庄华侨农场。当时具体的安置准备和安置情况如下：

> 根据云南省、玉溪地委关于撤销国营漠沙华侨农场并入国营甘庄华侨农场的指示，现对迁场过程中的几个主要问题计划报告如下：
>
> （一）迁场时间：为利于生产、工作和便于对归国华侨做思想工作，减少波动，好突击整修车路按期完成，省调给足数的车辆，归国华侨195户878人连同大件行李及公物，拟争取由十一月初开始迁移至同月下旬连续若干批迁完。
>
> （二）整修车路和修建渡口码头，河口对岸至农场对岸车路33公里，经今年雨水冲刷塌方损失甚重。初步检查，共约需填方挖方三千立公方，整修路面21公里，新建、修建石、木桥2座，大小涵洞7处。
>
> （三）关于车辆运输安排，归国华侨人员和行李估计装75车次，公物（生活、生产用具等）估计装10车次，两项合计85车次。
>
> （四）沿途接待站设置，由农场至扬武，拟在河口设餐站、医疗小组（为防止意外，仍应准备垫盖100套）；新平县城设食宿站，准备垫盖150套，医疗小组由县医院负责，扬武设茶水站、医疗小组。
>
> （五）经费预算：共需7787.40元（不包括整修车路、桥梁、涵洞用料等）。
>
> （六）关于漠沙劳改农场和华侨农场财务清理问题，应采取责权协商、公平合理、等价交换、以账抵账等办法予以处理。财务清理过程，双方应在利于团结、利于生产的原则上协商处理。迁场时间（统筹）、对华侨生活安排，劳改农场仍应继续予以协助，以利妥善安置归国华侨的共同任务。①

漠沙华侨农场的归国华侨181户785人分成5个生产队和1个木工队。一队有30户133人，二队有18户98人，三队有31户134人，四队有32户145人，

---

① 中共新平县委统战部：《关于新平县国营漠沙华侨农场迁场往元江县甘庄若干问题的计划》（玉溪市档案馆档案资料），1961年10月16日。

五队有50户204人，木工队有20户71人，后有11户从四队抽出组成新编六队。以上队分别安置在甘庄的7个自然村、8个生产队。甘庄一队安排漠沙四队，甘庄八队安排漠沙一队，甘庄五队和六队分别安排漠沙三队和二队，甘庄二队和十队安排漠沙五队，甘庄三队安排漠沙木工队，甘庄七队安排新编六队，共准备住户208户，实住数190户左右。贫侨多，缺铁床的较多。[①]

考虑到甘庄和红河华侨农场的土地资源和人口比例，为了更好地促进两个农场的协调发展，1962年，云南省人民委员会华侨事务处同意了甘庄和红河华侨农场关于从甘庄华侨农场迁移200名归国华侨到红河华侨农场的决定。具体批复文件如下：

红河、甘庄华侨农场：

经地委同意，拟将甘庄华侨农场新建大队归国华侨出200余人，迁至红河华侨农场，但迁移的具体人数尚需根据红河农场的土地、劳力等情况，由你们进一步研究确定，迁移时间定在红河农场房屋等准备就绪后。迁移前，有关迁移事项不要过早向归国华侨宣布，以免引起思想波动。迁移时要做好职工的思想教育工作，不能出意外事故，要保证安全，并只限于一个队的成批迁移，双方均不准挑选。请元江县委督促两地积极做好有关事项的准备工作；并请红河农场与甘庄农场共同研究，提出具体可行的搬迁方案，于本月20日前报地、县委并报我处审批。

云南省人民委员会华侨事务处

1962年12月14日[②]

以上就是关于红河流域归国华侨安置的相关情况和过程，至此红河流域甘庄和红河两个华侨农场归国华侨的安置工作基本结束。后来，随着国家侨务政策的改变，红河流域归国华侨群体的安置工作还发生了一些变动，这在以后的论述中将有所涉及。

---

① 《漠沙华侨移迁甘庄华侨农场的安置情况》（玉溪市档案馆档案资料），1961年12月13日。

② 《云南省人民委员会华侨事务处关于从甘庄华侨农场迁移200名归国华侨到红河华侨农场的通知》（玉溪市档案馆档案资料），1962年12月14日。

二、安置原则

对这些归国华侨的安置原则，国家采取的基本政策是根据他们回国前的目的和愿望进行安排。主要有四种方法：一是回出国前原籍所在地；二是投靠国内亲友；三是对于原籍不清楚、国内亲友少的进行集中安置；四是自愿选择。当时安置归难侨的具体原则是：根据国家的需要和个人的志愿，妥善安排归国华侨的工作，大多数归国华侨安置在南方的国营华侨农场。华侨学生和具有学习条件的职业青年，依据其学龄和文化程度安排就学，经济有困难者国家给予助学金。归国华侨中有愿意回原籍同亲属团聚者，由有关人民委员会和人民公社妥善安置。对归国华侨的生活，各地应当给予照顾。① 当然，在这些原则的指导下，国家和各个省区按照当时的具体情况进行了一定的调整。早在1960年7月7日，云南省委、省人事局、省劳动局、省冶金局、省教育厅、省卫生厅、省农垦局、省粮食局、省侨务处发出了《关于归国华侨分配原则、工资福利、生活待遇等问题的规定的联合通知》。通知对归国华侨的分配，是根据中央“集中为主，分散为辅”的安置方针，结合归国华侨的社会职业情况，由省接委办公室统一进行的。小商小贩、农民、一般店员职员以及一般手艺工人一律分配到农场安置；一部分司机、修理工也分配到农场进行安置；其他具有冶金、采矿、选矿、钻探、化验分析、机电等专长的技工和一部分司机则分配到工矿企业进行安置；教员和具有初中及以上文化水平的学生由教育厅负责安置；随家长到各安置点的小学生，由各安置单位安排他们读书；医务人员由卫生厅安置。对分配到云南省进行安置的华侨，其直系亲属分配到其他省份进行安置或在国内原籍家乡有直系亲属，若本人要求和其亲属团聚，允许他们返回原籍或接亲属来安置单位。关于工资福利的规定是：国营农场的新归国华侨工资，全劳动力平均每月不超过20元，半劳动力不超过10元。由于归国华侨开始落户，底子薄，而且暂时还不习惯农场劳动，因此在入场后的头6个月，根据各地标准给予适当的生活补助，入场后头3个月每人每月平均6~8元，后3个月全劳动力不给予补助，其余人员每人每月4~6元；6个月后一般不再给予补助，个别子女多、生活困难的酌情给予补助。安置在工矿企业的归国华侨的工资，根据工矿企业同工种的标准进行评级定薪。每人平均发安家费70元，安家费交给安置单位，由安置单位掌握一部分供调剂使用，

① 《国务院关于接待和安置归国华侨的指示》，《侨务报》1960年2月。

其余部分发给个人。就是按照这样的安置原则，玉溪地委和玉溪人民政府、元江县委和元江县人民政府把印度尼西亚归国华侨很好地安置到了甘庄和红河两个华侨农场。

三、接待安置标准

1960 年起，我国开始大量接待和安置从印度尼西亚、印度、缅甸、越南等国回国的华侨。中侨委（后为国务院侨办）根据这些国家华侨的实际情况，先后制定了接待安置开支标准，并会同中央有关部委下达接待安置任务，核拨专款和物资。云南省侨务部门根据中央下达的接待安置任务和经费开支标准，按每年实际接待和安置的人数向中侨委编报计划和预算，并按各地、各单位的接待安置人数核拨专款和物资，从而使各地、各单位接待安置归难侨的工作得以顺利进行。接待安置所需的主要经费开支标准如下：

（1）1960 年接待安置印度尼西亚归国华侨时的开支标准：从进入口岸起到工作岗位的接待费标准（包括旅店、伙食、文娱、医药、行李搬运、衣物、交通等），平均每人 124 元；对其中生活有困难的酌情给予补助；经济条件好的，费用自理。安置费的标准：安置在国营华侨农场的，房屋基建费按每人 6 平方米（包括宿舍、食堂、仓库、商业供应点）、每平方米造价 25 元（因云南地处边疆，交通不便，基建造价高，每平方米造价 40 元）计算。安置归国华侨学生的小学，按学生所占校舍面积计算，每个学生 4 平方米，每平方米 30 元（云南 40 元）；另每个学生有设备及进场费 40 元。小型医院和卫生所，按床位计算，每个床位平均建筑面积 10 平方米，造价 30 元。农场生产投资每亩 25 元（云南开荒费比其他地区可略高）。生产流动资金（包括种子、肥料、小型农具等）每亩 20 元。归国华侨进场后，除按劳动力发给工资外，头 3 个月每人每月给予生活补助费 6 ~ 8 元，后 3 个月每人每月补助 4 ~ 6 元，6 个月后一般不再补助，个别子女多、生活困难的酌情补助。安置到工矿企业的，安家费平均每人 70 元，安置后生活有困难的，由所在单位解决。安置在养老院的，房屋基建费按每人 7 平方米、每平方米造价 30 元计算。自愿返乡的和经济条件好的，费用自理，有困难的酌情补助。因遭受迫害在国外流离失所、生活无着而返国的华侨，平均每人补助 60 元。据统计，1960 年至 1977 年国家拨给华侨农场的基本建设投资共计

4447.97 万人民币。[①] 由此可见，国家在安置华侨回国时和在华侨到农场后的房屋建设、文体医疗等方面付出了巨大的人力、物力和财力。

（2）1978—1985 年接待安置东南亚归国华侨难侨的经费开支标准：接待费 180 元。因被越南驱赶的难侨大量涌入，口岸和农场住房紧张，需在农场建盖临时房屋，所以农场安家费中除按人数拨给每人建房费 600 元之外，增加临时建房费 80 元、安家费 60 元、生活补助费 60 元。生产建设投资和生产流动资金 900 元。安置在城市工矿业及渔业合作社的，生产建设和流动资金由单位自行解决，其他各项标准与农场相同。安置在农村人民公社的每人 1115 元，其中接待费 30 元、衣物补助费 50 元、安家费 60 元、建房费 300 元、生活补助费 114 元、文教费 31 元、生产补助费 500 元。[②]

总之，历次归国华侨、难侨安置到场后，各场按照“热情接待，妥善安置”的方针和“一视同仁，不得歧视，根据特点，适当照顾”的原则及各项侨务政策，加强管理，管好用好政府拨给华侨农（林）场的专款和接侨物资，为安置到场的归国华侨、难侨建盖住房，配置安家物资，补助生活费用，进行生产建设，扩宽就业门路，兴办文化教育、医疗卫生事业……红河流域归国华侨的安置也不例外，在党和国家、各族群众的帮助下，针对红河流域归国华侨的安置工作顺利进行。而对于印度尼西亚和越南归国华侨采取的这种集中安置在农场的方式，其积极意义是十分显著的。比如，有利于几十万归国华侨安置工作的尽快完成；是对海外排华势力的一次成功反击；有利于归国华侨群体尽快地适应农场环境；充分展示了中国政府对于海外华侨华人的关爱，彰显中华儿女一家亲的情怀。此外，我们也不得不承认，由于受各种因素的限制，我们在对归国华侨进行集中安置的过程中也存在这样那样的问题。比如，没有很好地顾及文化和民族差异、思想政治工作开展得过急过快，以及归国华侨群体的生产生活方式适应问题、集中安置所带来的相关问题等。但毫无疑问，对于这种安置方式，正如有的学者总结的那样：“是在特殊的历史条件下做出的选择，即使我们付出了巨大的代价，但是我们清楚地看到，这是一种更为人道的安置方式。”[③]

---

① 国务院侨务办公室政策研究室：《侨务法规文件汇编》（内部资料），1989 年，第 106 页。

② 云南省侨务办公室等：《云南省志·侨务志》，昆明：云南人民出版社 1992 年版，第 45～46 页。

③ 张静、杜斌：《中国为什么不设难民营》，《中国社会导刊》2002 年第 5 期。

第二节　红河流域归国华侨群体对环境的担忧

各级政府在安置归国华侨工作上做了大量工作，这使得红河流域归国华侨群体得到了妥善的安置。但对于任何一个人或者群体来说，从一个熟悉地方到另外一个对他们来说是完全陌生的地方，心里难免会有些许担忧。同样的，归国华侨对农场环境也有所担忧。当然，对于越南归国华侨来说，由于归国后国家经济社会正在逐渐改善，农场环境也随之得到了改善，因此他们对环境的担忧要少一些；而印度尼西亚归国华侨归国时内外环境较复杂，他们对于环境的担忧则显得更为突出。一般来说，红河流域印度尼西亚归国华侨最为关心的问题主要包括：(1）食堂问题；(2）学校问题；(3）困难户的照顾问题；(4）医院问题；(5）工资问题；(6）建设华侨新村的问题；（7）劳动生产问题。当然，除所有归国华侨都可能遇到的一般困难之外，每个华侨农场遇到的困难也有所不同。在田野调查和文献资料收集的基础上，本部分主要以印度尼西亚归国华侨为研究主体，以新平漠沙华侨农场和元江红河华侨农场为研究个案点，重点阐述两个归国华侨群体到农场前后对于环境的担忧，进而把握他们当时的思想状态和动态。

具体而言，被分配到新平漠沙华侨农场的归国华侨在群体到农场前，他们在思想上主要是有“四怕”：(1）怕农场小房子少，自己会住大集体房。他们到县上时，好些人都问带队干部，农场是否大？房子多吗？是不是几十户在一起住大房子？(2）怕场内无灯会摸黑。很多归国华侨问：“我们听说云南落后，不知农场什么样子？是否会有灯？”（3）怕生病无处医。因途经贵阳时天气突然变冷，故感冒的人很多。归国华侨就问：“是否到农场地也会这样生病？病了是否会有医院看病?”(4）怕无商店，买不到东西。他们在昆明已参观了百货大楼，县里也组织了参观，但仍有部分归国华侨问：“这里倒是有商店，不知农场是否一样有商店?”

来到农场后，他们在思想上主要是有“十怕”：(1）怕生病。归国华侨们最为担心的就是“病了怎么办？这里医院也没有（因为只有一个医务室），是否就要听天由命了?”(2）怕天冷。到农场后，很多归国华侨一遇到干部就问：“这里会不会下雪，有没有北京冷，我们没有棉衣能否过冬?”（3）怕开会。每次开会时，就有人说：“会太多，妇女没时间给小孩洗衣服、洗澡了。”（4）怕无学校。他们都很担心子女上不了学，天天问干部："哪天办学校？小孩不上学怎么办?"（5）怕工作分配不了。主要是部分有专业技术的华侨，他们问："能不能按职业分工?"同时，有个别青年还担心失业。（6）怕带回的物资卖不了。行李先到场的人担心物资无处卖，要求将应售物资留在昆明，并询问寄广州、福建等地的邮费等。（7）怕行李运送不到。因为行李运送较慢，而且有部分损坏损失的现象，再加上已进入冬天，他们提出要求："我们出国几十年，在外几辈人，现在这点行李就是我们的家底，要求政府重视，快给我们运来。"一部分归国华侨甚至天天跑去江边询问行李到没到。（8）怕社会主义的计划供应短缺。如，怕干活吃两餐身体会受影响，有的队长反映："增产节约我们是响应的，但是要求以后再定量。如第三食堂是两个队同办，曾发生过两队要争着先吃饭的事情。"又如，他们怕饼干卖完了就不会再有了，发生过互相争买打架的事，有的借到钱就大买饼干。（9）怕有困难得不到解决。当时很多归国华侨担心今后生活比较困难，特别是子女多的怕劳动收入少不够开支，问以后有困难是否补助之类的。（10）怕归国华侨之间和归国华侨与当地民众之间的关系处理不好。由于在外侨居地不同，归国华侨群体在文化上有差异，所以担心彼此关系处理不好。同时，由于对当地少数民族和汉族不太熟悉，他们担心自己在日后生产和生活中受欺负。

对于被分配到甘庄华侨农场和红河华侨农场的归国华侨群体来说，在来到农场之前，他们心中的担忧和漠沙华侨农场归国华侨的担忧基本一致。到农场后，他们也遇到了一些新的问题。特别是红河华侨农场的归侨，由于遇到一些特殊情况，其产生了与漠沙农场归国华侨不一样的担忧。这些担忧主要是体现在以下几个方面：（1）定点问题。归国华侨到场后数次搬家，农场又宣布华侨农场要改建在曼林，引起了80%～90%的归国华侨思想波动。一怕没水用；二怕风沙太大；三怕过红河，怕红河水大，过不来或回不去；四怕生病后送不到医院；五怕离城远，买东西不便；六怕小孩上学过红河掉到河里；七怕坟墓多、鬼多。其中，他们对无固定住所、无固定耕作区、经常搬家等意见很大。（2）吃饭问题。部分归国华侨居住地没有固定食堂，只是两个帐篷，下雨刮风吃饭就成了问题。蔬菜又少，加之常搬家，菜地也随之抽走，只能自给三分之一。不少归国华侨对于自己以后的吃饭问题有些担忧，希望农场解决他们的吃饭问题，好让他们安心在农场劳动。（3）布票问题。当时国家实行粮票和布票定额，归国华侨普遍反映7尺布票不够，又不能用钱购买，做的衣服不够穿。（4）疾病问题。归国华侨普遍感觉有些水土不服，一部分小孩患痢疾，还有个别小孩因此死亡，这更加使华侨担心当地的医疗卫生等问题。

面对红河流域归国华侨们的这些担忧，在安置他们之前，云南省委和玉溪地委做了十分周密的安排，这从前文对于归国华侨的安置情况中就可以看出。而对于归国华侨到场后的各种担忧，各个农场主要采取以下措施来打消他们心中的各种顾虑和担心，坚定他们对于祖国的信任和对农场的热爱：

（1）给归国华侨介绍中华人民共和国成立十年来的伟大成就。主要是给他们介绍中华人民共和国成立前的情况和成立十年来的新变化，在工业、农业、交通运输、文教卫生等方面的光辉成就。

（2）以漠沙农场为例，介绍了农场6年来开展建设的新面貌。具体将漠沙农场6年来在各方面的变化做了对比，由场长介绍和各个团黑板报宣传相结合，以此坚定归国华侨对于农场建设的信心。

（3）进行社会主义基本制度教育。比如对农场归国华侨介绍粮食统购统销政策和按劳分配原则等，使归国华侨们对社会主义各项制度有所认识。

（4）前途远景教育。介绍国家和农场的美好远景，组织场员参观云南省内一些先进团体和单位，以此让归国华侨们对未来充满期盼和展望。

（5）劳动光荣教育。宣传在不同社会制度下的劳动目的和劳动性质，树立归国华侨劳动光荣的意识和自力更生的思想。

（6）号召场员间团结互助。宣传团结互助是祖国人民的优良传统，启发他们要进一步发扬这种精神。

当时在各个华侨农场中，流行着这样的奋斗口号：“青年奋勇带头，妇女积极参加”“老年不甘落后，主动争取上山”“不怕山高路远，动员不愿下山”“劳动情绪高涨，四十一亩收光”。绝大多数华侨服从祖国的需要和分配，立志将自己的力量积极贡献给祖国的社会主义建设。他们安下心来积极修整新的家园，积极要求分给工作和劳动工具，积极参加生产劳动，学习建设祖国的本领。总之，通过各级政府和场部干部以及广大归国华侨的共同努力，红河流域绝大多数归国华侨很快地适应了当地生活，坚定了爱国主义信念，消解了心中的绝大部分担忧，从而积极地参与农场的各项事业，短时间内使农场得到了长足发展。

在各级党委和政府的关心和帮助下，红河流域归国华侨群体得到了较为妥善的安排。不管是在笔者对归国华侨群体的调查中，还是在相关档案资料的记载中，这都得到了充分的证实。从当时中共新平县委统战部关于漠沙华侨农场接待安置等情况的总结报告中，我们可以看到归国华侨群体回国安置的基本情况，以及党和政府对于归国华侨群体的关心和帮助。这份总结报告首先介绍了漠沙华侨农场安置归国华侨群体的基本情况：

> 共安置187户844人，其中男427人、女417人。16岁以上的成年人有372人，占总人数的41.3%，6岁以上的学生285人，占33.6%，5岁以下的小孩187人，占总人数的22.1%。学生中侨生占大多数，据初步统计，国内出生的是104人，占总人数的12.3%，国外出生740人，占总人数的87.7%。在总人数中还有印度尼西亚籍妇女25人。

其次，报告还对安置在漠沙华侨农场的归国华侨群体的思想政治教育工作进行了总结。报告指出，绝大多数归国华侨服从祖国的需要和分配，愿意将自己力量积极贡献给祖国的社会主义建设。大多数归国华侨都较为安心，要求回原籍及要送亲人回家或接亲友到场团聚的不多，要求较突出的只有6户。总之，80%以上的华侨能安定下来，在这里建设自己的新家园。具体表现：（1）安下心来积极修整新的家园。（2）积极要求分给工作和劳动工具。（3）积极参加生产劳动，学习建设祖国的本领。这些成绩的取得，得益于针对农场职工开展的思想政治教育工作。比如，在思想政治教育工作中，大小会议的宣传教育与串联访问相结合、正面教育与参观和回忆对比相结合、正面宣传教育与解决具体问题相结合；工作中坚持抓两头带中间的方法。当然，除了归国华侨群体很好地适应了当地环境的情况之外，报告还提到了农场及职工生产和生活中遇到的其他问题。比如，组织生产和领导生产的相关问题、评工资和生产补助的相关问题、关于组织学习和开办学校的问题、生产安排问题、对几个具体问题的处理情况和今后意见等。[①]

正是在党和国家、当地各族群众的帮助，以及归国华侨群体自身的不断调适下，红河流域归国华侨群体不仅被很好地安置了下去，而且他们还很快地适应了当地的自然和人文环境。这对于归国华侨群体们迅速投身于华侨农场生产、生活，起到了较为重要的作用。

---

① 《中共新平县委统战部关于漠沙华侨农场接待安置后对归国华侨进行政治思想工作和组织生产等情况的报告》（玉溪市档案馆资料），1960年11月15日。

第三节　红河流域归国华侨群体与环境的冲突

从近现代中国历史来看，华侨回国定居后均无一例外地与居住地的社群产生排斥现象。排斥的内容、程度与其侨居背景、回国年代、所在地区的社会政治经济状况有关，也会因其定居方式的不同而形成差异。当然，作为矛盾的统一体，有排斥就有融合，归国华侨与迁入地社会的融合现象也自始至终地贯穿在排斥现象中。虽然国家和当地各级政府在归国华侨安置前后做了大量周密的工作，且工作也得到了广大归国华侨的认可，但是对于在国外生活已久的归国华侨们来说，回到祖国不是回到故乡，而是来到他乡，其不可避免地会遭受一定程度上的“文化冲击”和“文化休克”。红河流域归国华侨也不例外，他们在到场前后心理上的那些担忧并不是空穴来风。在定居农场的生活中，他们的确面临着和其他地方被安置的归国华侨一样的困难，比如思想观念的差异、经济利益的冲突以及婚姻、社会关系的封闭等方方面面，不过这些困难会在不同地区、不同时期以不同的形式表现出来。

元江毗邻东南亚，属亚热带季风气候区，是典型的河谷坝子气候，四季如夏，热带动植物物种丰富。由于自然环境与东南亚的自然环境颇为相似，国家于20世纪50年代末60年代初在元江县建立了甘庄和红河两个华侨农场来接待和安置归国华侨、难侨。但由于当时处于新中国的建立之初，再加上元江很多地方属于未开发地带，和归国华侨以前的居住地相比较，元江坝子显得十分偏僻和贫穷。当地曾有句谚语“要下甘庄坝，先把老婆嫁”，足以说明当时甘庄恶劣的自然环境及社会贫穷状态。印度尼西亚和越南归国华侨于20世纪60年代初到70年代末在红河流域定居下来，他们回国初期和日常生活中首先要克服的困难就是适应当地环境。在这个适应过程中，两个群体表现出了不同的实践行为。总的来说，印度尼西亚归国华侨比越南归国华侨面临的困难更多，他们的定居生活更为艰辛。

就自然环境来说，回国后的印度尼西亚、越南归难侨实际上只有极少部分被安置在企事业单位、工厂，大部分都是被分配到农场的。初到农场，归国华侨举目四望就被眼前的景象所震惊了。甘庄农场越南归国华侨张女士回忆道：“我以为进了深山野林子，满眼荒地，杂草齐腰，交通闭塞。”红河农场印度尼西亚归国华侨李老先生说："到处都是坟墓啊，当时我家屋后就是一片坟墓。"由此可见，归国华侨刚回国时生活条件较差。红河农场黄先生说："1960 年的红河华侨农场还是一望无垠的荒地，农场里没有任何现代化的机械，对职工的管理较严，无论刮风下雨都要扛着锄头、铁锹按部就班地集体出工。"

就居住环境而言，刚到农场时，由于当时归国华侨的住房尚在施工，他们只能以户为单位暂时分散居住在农场的一些傣族职工家中，面临着生活习惯上的诸多不适。比如，印度尼西亚归国华侨十分讲卫生，基本上天天要洗澡更衣，但当时的农场居住条件根本达不到他们的这种要求。

而在生产上，农场里没有现代化机械，成百上千的职工在集体管理之下，无论天气多么恶劣，他们都要扛着锄头、铁锹按部就班地出工。红河流域与东南亚自然条件大致相同，虽然生活条件比较艰苦，但归国华侨们对侨乡气候适应性还是比较强的。但印度尼西亚归国华侨们在归国前几乎都是从商，极少从事农业生产，而那时农场主要种植水稻、蔬菜等作物。初到华侨农场进行农作物种植时，印度尼西亚归国华侨很难掌握种植技术。对于印度尼西亚归国华侨来说，新的生活就这样开始了：每天天一亮，就拿起锄头、砍刀在莽莽原始森林里除草开荒、翻土种菜；慢慢习惯脱下美丽的纱笼，换上宽松的长裤去田地里深一脚浅一脚地劳作。这种高强度的体力劳动，对很多回国不久并且从未从事过农业生产的归国华侨来说可谓是"脱胎换骨"的大磨炼。他们第一次种庄稼，学着二十四节气，面朝黄土背朝天地劳作。这种日出而作日落而息的生活虽然陌生而艰苦，但为了生活他们不得不努力学习各种劳动技能。作为回国定居的归难侨，其所处的环境对他们而言，是处于完全"同质"与完全"异质"的矛盾之间。他们所"保持和延续从祖籍地继承而来的生活方式、风俗习惯、价值观念，一旦回归祖国，既产生回归母体般的共鸣，又发现离开母体生长的文化已经发生了变异，因而产生隔阂与无所适从"①。但是他们以独特的方式适应当地文化，在既熟悉却又陌生的调整中挣扎。

在日常生活中，比如饮食方面，印度尼西亚与云南的饮食大同小异，同样喜辛辣，只是在一些细节上不同，比如印度尼西亚华侨习惯用手抓饭吃，印度尼西亚的特色菜有咖喱鸡、印度尼西亚杂菜龙巴等。在语言沟通上，归国华侨在印度

---

① 孔结群：《重建家园：在祖国不在家乡——以消雪岭华侨茶场越南归难侨为例》，暨南大学 2008 年硕士论文。

尼西亚虽然上过中文学校，但是上学的时间比较短，没有全面、透彻地学习过中文。因此，在他们初到农场时与人交流不便，当地人与他们相互抵触、互不来往，随着时间的推移才慢慢开始交流。李某的妻子，地道的印度尼西亚人，1960年随丈夫回国。据她回忆，刚到农场时最让她难以适应的是语言交流。另一位黄先生的妻子从未有从事农耕劳作的经验，对她来说，初到农场的日子无疑是一种煎熬。第一次下地干活她还穿着印度尼西亚传统服装纱笼，这让她被蚂蟥咬得够呛。但是最让她难以适应的还是语言，"听不懂当地人的话让我上街吃碗凉粉都变得很困难"，她这样跟笔者说。

在政治上，印度尼西亚归国华侨自1960年归国，经过6年的努力奋斗，生活正当有所好转之时，却发生了"文化大革命"。由于推行"极左"的侨务路线，国内的侨务工作带上了浓重的政治色彩，使国内侨务政策遭到空前的歪曲，许多归国华侨、侨眷受歧视、打击和迫害，归国华侨的正当权益受到严重侵犯，侨汇政策遭到破坏、侨房遭侵占、归国华侨教育受到严重影响等。[①] 红河流域印度尼西亚归国华侨群体作为归国华侨中的一分子也受到了极大打击，"文革"所带来的各种负面影响使他们对侨乡的社会生活感到失望，他们当时迫切希望去生活环境较好的地方谋生。

在文化上，归国华侨落户甘庄、红河农场，他们在重建家园的过程中，因生活习惯、行为方式等与当地的农场职工、周边的农民迥异，群体间的文化差异迅速突显。正是这种文化上的差异导致归难侨与当地职工、周边农民缺乏交流，彼此产生偏见与误解。"甚至在很长一段时间里，农场附近的村民都不敢与华侨打交道，在他们中间流传着'华侨很野蛮，打死人不用偿命'的流言。"[②] 此外，农场里的孩子也是分开玩耍的。在归国华侨刚到农场的一段时间里，归国华侨与当地群众彼此间的偏见、误解成为影响双方互动的障碍，群体间的心理边界划分得清清楚楚。

在思想上，当时（1958—1966年）中国国内侨务工作的任务是"一切为了加速社会主义建设，继续调动侨眷、归国华侨、归国侨生的积极因素"，主要手

---

① 郑甫弘：《"文革"时期的国内侨务和归国华侨侨眷生活》，《南洋问题研究》1995年第2期。

② 张雄：《归国印度尼西亚华侨　祖国熟悉的陌生人》，《南方人物周刊》2012年9月6日。

段是“加强对侨眷、归国华侨进行社会主义教育”。[①] 这一时期，有关归国华侨、侨眷的方针政策主要是两个：一个是“一视同仁，适当照顾”，一个是“从同出发，以同化异”。“一视同仁，适当照顾”，即归国华侨、侨眷要与全国人民一样参加社会主义革命和建设，但考虑到他们与国外有各种联系，劳动习惯有待形成和生活习惯不同等特点给予适当照顾。“从同出发，以同化异”，即侨务政策必须服从国家的整体政策，服从全国人民共同的社会主义国家的整体政策，侨眷、归国华侨局部利益必须服从全国人民共同的社会主义利益，在一定时期内消化归国华侨、侨眷的特殊性问题，强调侨务政策对归国华侨、侨眷进行教育改革的最基本的一面。为了强化归国华侨的社会主义意识，主要是采取了三个方面的措施：第一是进行劳动观念的教育。要求每个侨眷、归国华侨都应该尽自己的能力从事劳动，努力提高生产技能，成为自食其力的劳动者。第二培养集体观念。第三破除迷信，勤俭持家。[②] 这种社会主义改造和教育对农场的印度尼西亚归国华侨产生了深刻的影响，好的一面是，使他们能够很快树立自力更生、艰苦奋斗的作风；但是社会主义改造和教育政策不仅在经济生活上给归国华侨施加了一定的压力，还改变了他们对中国的印象，导致其心理混乱。归国华侨有国外生活的经历，且受到所在国的思想影响，因此他们对待问题的态度和感受比只在国内生活的一般人复杂得多。[③]

1978 年，第二批归国华侨来到红河流域的红河、甘庄华侨农场，这部分越南归国华侨大部分从越南北部回来，侨居越南时主要住在广宁、海防等地，在国外时属于中下层华侨。越南归国华侨在越南侨居地主要是城市居民和农村居民两种。一部分越南归国华侨刚到农场时极不适应当地的自然环境，而对当地的社会环境则适应得很快。例如，张某，49 岁，个体经营户，祖籍广西。他说刚到甘庄农场时，极不习惯当地生活，交通不便，感觉甘庄就像原始森林一样。一些归国华侨在越南时，主要是从事农业生产，商人或工人则很少。初到农场时，大多归国华侨很快适应了农场的种植生活，但是也有个别归国华侨不会做农活，需要

① 庄国土：《华侨华人与中国的关系》，广州：广东高等教育出版社 2001 年版，第 277 页。

② 庄国土：《华侨华人与中国的关系》，广州：广东高等教育出版社 2001 年版，第 277 ~281 页。

③ （日）奈仓京子：《“故乡”与“他乡”——广东归国华侨的多元社区、文化适应》，北京：社会科学文献出版社 2010 年版，第 173 页。

有人在旁边教。由于越南在历史上是中国的“藩属国”，所以越南的生活习俗基本上与中国相一致。如都过春节、端午节等。在饮食方面也是大同小异，喜食稀饭，喜欢吃清淡的食物。归国华侨在越南上过中文学校，且家人都会教说汉话或客家话，所以大部分越南归国华侨在回国后能够与当地人进行简单的交流，但是也有不会说中文的归国华侨。例如，毛某，56 岁，种植户，祖籍广东江门，刚回国时不会说中文，吃饭、干活都有人在旁边翻译。在越南时其家人从事商业活动，所以初到农场时他不会做农活，生活很艰辛。尽管在华侨农场里有很多不适应的地方，但是随着与当地人交流的不断深入，他也渐渐地学会了当地的方言及普通话。

总之，印度尼西亚归国华侨比越南归国华侨面临的困难更多，这和两个群体在国外的生活状态及回国的时代背景不同有关。除此之外，黄小坚教授对于归国华侨的分类也给我们从整体上去解释印度尼西亚归国华侨和越南归国华侨与环境的冲突提供了一个宏观的分析视角。黄教授指出，对归国华侨中的不同阶层或群体而言，由于政治、文化、教育、经济及社会背景的不同，一般而言，归国华侨类型主要分为传统型、参政型、难民型、投资型及专业型五种。传统型归国华侨一般是指那些在外侨居多年后，因年老思乡而回籍定居颐养天年者，学术界亦称之为“叶落归根”型。其特点为，回归者一般为在中国国内出生的第一代华侨；回归方式表现为自发、零散地返回原籍定居；在各个历史时期均存在。他们最难于融入侨居地主流社会，却较容易适应侨乡（故乡）的社会环境，即较易于融入祖国主流社会。参政型归国华侨指的是那些因受民族主义意识、爱国主义思想的影响，回国投身中国革命和建设的人群。这部分人群的特点为，多为血气方刚的华人学生和青年；回国方式表现为零星自发或结伴成群地回国参加革命工作，其中部分在国内有过年限不等的求学经历；时间大约自 19 世纪末至 20 世纪五六十年代。由于他们的民族主义意识、爱国主义思想比较强烈，具有使命感和责任感，并且具有较坚定的政治信念，他们较容易克服各种艰难险阻较快地融入祖国的主流社会。难民型归国华侨多因境外突发事件，或是战争、政治迫害、排华事件、经济状况恶化等无法继续在国外生存而被迫回国定居。其特点为，其受突发性政治、经济因素的影响而大量涌入国内，并对中国社会以及中国政府与侨居地当局关系产生较大影响。他们回国前对祖国实际情况一般不了解，对回国完全没有或缺乏思想准备，回国之后多被安置在华侨农场、工厂从事体力劳动（他们多数人在境外时并无此经历），生活上极难适应。他们回国后往往保留着侨居国的许多生活方式，海南岛兴隆华侨农场甚至存在“印度尼西亚村”，在那里保留着印度尼西亚的语言、服饰、音乐、饮食等风俗习惯。后来倒流出国者，难民型归国华侨所占比例颇大，这就不难理解了。[①] 此外，随着中国改革开放的不断深入，投资型归国华侨和专业型归国华侨这两种归国华侨类型也随之产生，并逐渐成为主要的归国华侨类型。投资型归国华侨指因回国从事农、工、商、路、矿以及金融、服务、房地产等各项事业的经营活动而在国内长期居留者。其特点为，回归者在海外积蓄有一定的资金；回国定居系经营所需，以盈利为目的；回归方式自发、零散；居留地一般在侨乡或沿海城市。专业型归国华侨指的是那些受过高等教育或专门教育，从事科技、教育、文化、卫生和体育等专业技术工作的人群。构成这一群体的，除了少量留学或在当地接受过高等教育的华侨子弟外，主要包括归国华侨学生和归国留学生两种。[②] 基于黄教授对于归国华侨类型的分类，红河流域归国华侨群体毫无疑问属于难民型归国华侨，只是印度尼西亚归国华侨相对于越南归国华侨来说，其回国定居的主动性更强，在侨居地面临的困难没有越南归国华侨那么大，他们在经济条件及职业上都比越南归国华侨稍微要好一些。

第四节　红河流域归国华侨群体与环境的适应

对红河流域印度尼西亚归国华侨和越南归国华侨来说，他们回国时与各方面环境的冲突显而易见，但是在这些冲突面前，他们没有退缩，而是发挥了自己的才智，在国家和当地民众的帮助下，很好地跨越了刚回国时所经历的“文化休克”和“文化冲击”。而这种“文化冲击”不仅来自于当地少数民族文化，也来自这两个特殊群体内部，但他们用自己的实践很好地诠释了他们身上那种敢于拼搏、勤奋进取的作风，进而得到了农场和各族群众的赞同。比如，1960 年 4 月 10 日和 4 月 18 日先后来到甘庄华侨农场的两批印度尼西亚归国华侨，共有 230

① 黄小坚：《归国华侨的历史和现状》，香港：香港社会科学出版社有限公司 2005 年版，序言第 4 ~ 5 页。

② 黄小坚：《归国华侨的历史和现状》，香港：香港社会科学出版社有限公司 2005 年版，第 72 ~ 82 页。

户 1172 人，他们分别来自印度尼西亚的 10 个地区。[①] 后来为了便于管理，玉溪地区将安置在新平县漠沙华侨农场的印度尼西亚归国华侨迁入甘庄华侨农场。从档案资料中我们可以看到，新平县漠沙华侨农场到 1960 年 10 月 8 号，共接待和安置归国华侨 187 户 849 人。其中大体按职业和户分，小商户 107 户，占 56.25%；木匠 29 户，占 14%；裁缝 10 户，占 5.2%；自行车修理师 6 户，占 3.1%；手工业者 5 户，占 2.6%；工人 4 户，占 2%；照相、皮匠各 3 户，各占 1.6%；教员、司机各 2 户，各占 1%；制冰工、牙医、钟表修理师、酿酒、农民、职员、制糖工、荷兰军各 1 户，各占 0.5%；其他 4 户，占 3.1%。他们主要是来自印度尼西亚的东爪哇、中爪哇及玛琅等地。[②] 在所有的困难面前，笔者认为对于印度尼西亚归国华侨来说，最关键的就是转化他们的心理标签，即如何把归国华侨的客体身份转化为主体身份；然后才是解决由于印度尼西亚归国华侨不擅长农业，以农场农业为主的生产方式带给他们的冲击。对于越南归国华侨来说，由于他们回国时间较晚，以及在国外生活方式等方面更接近国内，因此大多数能很好地适应红河流域农场生活。[③] 在国家、当地民族及他们自身几方面的共同努力下，红河流域归国华侨很好地适应了当地生活。

政府为了迎接和安置归难侨，在甘庄华侨农场兴建新房子，且在房子上写上归国华侨名字，不仅免费分配给归国华侨住，而且还配置了基本的生活工具和家具，如桌、椅、板凳、火钳等。元江政府为了让归国华侨尽可能快地在农场安顿下来并扎根发芽，根据本地自然情况，在盛产优质甘蔗的优势条件下建立了元江县糖厂，招收归国华侨成为工厂工人，把归国华侨编制入农场并称为在场职工，这些措施在一定程度上抚慰了归国华侨心灵。为了解决华侨子女的读书问题，甘庄农场先后开办了甘庄华侨小学，成立了甘庄华侨农场农业中学，解决了华侨子女读书问题，发挥了归国华侨中的师资力量。在对待归国华侨的政策上，农场严格执行中侨委、云南省侨务办的各项指示，正确看待和处理华侨的海外关系、华

① 《元江县公安局关于甘庄华侨农场的情况》（玉溪市档案馆档案资料），1960 年。

② 中共新平县委统战部：《关于漠沙农场归国华侨接待和安置情况工作报告》（玉溪市档案馆档案资料），1960 年。

③ 由于下一节笔者要对印度尼西亚和越南归国华侨对红河流域环境适应上的差异进行原因上的探讨，在此笔者对于越南归国华侨对农场生活的适应原因暂不做进一步的论述，本部分笔者主要是从宏观视角入手对印度尼西亚归国华侨适应当地环境原因进行概括，以及对印度尼西亚和越南归国华侨的适应表现进行展示。

侨的生活习俗，并积极号召当地傣族和彝族主动接纳归国华侨，同时开展一些文娱活动来改善和加强农场本地人与归国华侨的各种关系。华侨刚回国定居不久，中侨委就颁布了一系列文件帮助归国华侨群体更好地适应侨居地，并进一步得到发展。比如，1960 年 12 月，《中侨委关于国营华侨农场若干问题的意见》中提到国营华侨农场要为促进归国华侨群体发展而采取以下措施：

> （1）坚持自力更生、发奋图强、增产节约、勤俭节约的方针。（2）坚持贯彻执行“三包一奖”制度，即包户包工包成本、超产奖励的制度。（3）根据按劳分配、困难补助的原则，妥善处理工资和补助问题。（4）农场党委必须重视抓好生活。（5）加强对归国华侨的政治思想工作。（6）必须把农场的学校办好。（7）做好农场基地工作。（8）加强农场的保卫工作。（9）慎重处理农场在扩场并队工作中的问题。（10）妥善解决收购归国华侨的物资问题。（11）加强党的领导。①

农场的当地人主要是傣族和彝族，最初他们对印度尼西亚归国华侨的印象不是很好。“他们归国华侨好吃懒做，仗着海外有亲戚，几乎不怎么做活，还有点不愿意搭理我们本地人。”笔者采访的本地居民张某这样评论起初对印度尼西亚归国华侨的印象。但经过一开始的当地民族和归国华侨交往的淡漠期之后，他们在生产生活上的交流也逐渐多了起来。“后来他们（印度尼西亚归国华侨）经常找我们借农用工具，请教我们如何种芒果、甘蔗等，他们（印度尼西亚归国华侨）刚开始真是什么都不知道，我们看不过去，也经常主动帮他们。”印度尼西亚归国华侨刚到农场时，当地傣族居民积极响应国家和地方号召，主动腾出自己房屋给他们居住。当地傣族居民过自己民族的传统节日或是休闲娱乐时，都会主动邀请归国华侨参加。就是在这样的氛围中，归国华侨逐渐理解和适应了当地少数民族的生活习惯，慢慢地能听懂了当地少数民族语言。归国华侨和当地少数民族之间的友谊和团结逐步形成，这在一定程度上消除了华侨们回国时的陌生感，使他们能更好地适应当地生产生活。

对于归国华侨们来说，他们充分意识到了自己在最为困难的时期，是祖国接纳了他们，是甘庄和红河农场的人民帮助了他们。因此，在经历刚回国时的“文

---

① 《中侨委关于国营华侨农场若干问题的意见》（玉溪市档案馆资料），1960 年 12 月。

化冲击”和“文化休克”之后，他们很快就融入农场的建设中。广大归国华侨来到农场后，他们首先想到的是如何把海外赤子的爱国之心化为报国之举。他们决心发扬老一辈华侨爱国、爱乡、艰苦创业的优良传统，用自己的双手建设美好的家园。在 1960 年农场年终评奖结果中，500 多名归国华侨场员就有 247 人分别获得特等、一等、二等和三等奖。有 30 多名归国华侨积极分子被提拔担任生产队长、副队长等领导。就是归国华侨的这份对祖国的感恩之情、热爱之情使得他们克服了来自文化上的种种不适，很快融进了当地，并为农场发展做出了较大贡献。1962 年农场评比“五好场员”时，印度尼西亚华侨所在的红专大队评出场一级“五好场员”141 人，占总劳动力的 26%；另一归国华侨所在的新建大队，评出“五好场员”79 人，占总劳动力的 25%。上报云南省侨务处的“五好场员”中，红专大队有 17 人，占场一级“五好场员”的 12%；新建大队有 7 人，占场一级“五好场员”的 9%。①

除此之外，对于以中国华侨事务委员会和云南省侨务办公室等直接组织和领导归国华侨群体的机构来说，它们在红河流域归国华侨群体尽快适应当地环境的过程中也发挥了重要作用。比如，前文针对国营华侨农场建立之初面临的各种问题，中侨委就做出了意见指示（《中侨委关于国营华侨农场若干问题的意见》）。

当然，除了各级侨办在归国华侨群体适应农场生活的过程中起着直接帮扶的作用之外，党和国家也在积极地采取有效措施来缓解归国华侨职工生活上的困难。比如，1965 年 1 月，由于全国粮食供销价格飞涨，导致全国各级职工的生活受到了一定冲击，国务院就对此专门制定和颁布了《国务院关于发给职工生活补贴的几项规定》。印度尼西亚和越南归国华侨群体回国后，他们是以农业工人职工的身份存在于农场中的，因此，他们也理所当然地享受到了来自国家方面的政策优待，这对于当时的农场的归国华侨职工进一步适应农场生活也起到了促进作用。文件的具体内容如下：

由于粮食提价对职工生活的影响比较大，中共中央和国务院决定在粮食统销价格提高以后，对于收入低的职工给予适当的生活补贴。现将补贴方法具体规定如下：

（1）由于各地区粮食提价的幅度大小不同，各地区发给职工的生

① 甘庄华侨农场场庆筹委会：《创业之路（1958—1988）》（内部资料）。

活补贴也可以多少不同。提价幅度大的地区补贴多一点，提价幅度小的地区补贴少一点，提得很少的地区可不补贴。各地补贴的总金额，不得超过粮食提价的总金额。（2）生活补贴原则上按职工分配，不按家庭人口分配，每一职工的补贴，大体上相当于三个人的粮食提价金额。（3）十三级以上的干部或相当于十三级以上的干部不补贴，十七级到十四级的干部生活不困难的也可以不补贴，工人全部补贴。（4）集体所有制的手工业工人，凡是工资加年终分配高于国营工业同种工人的，不应补贴；凡是低于或者与国营企业同种工人持平的，可以补贴，但补贴的金额不应高于国营工业工人。（5）各地职工的生活补贴的具体金额，应当按照粮食提价当时的具体情况审定，审定以后不再变动，职工生活补贴与按月工资一起发给职工本人。（6）各省、自治区、直辖市可以根据本规定，定出各项地区的实施细则。（7）中国人民解放军军人的生活补贴，由解放军总后勤部另行规定。[①]

总之，大多数印度尼西亚归国华侨在国家和当地人民的帮助下，加上自身的不断努力，很好地适应了归国时所遇到的各种困难。印度尼西亚归国华侨开始真正地扎根于红河流域这块红土。

下面笔者就用当时归国华侨中的典型例子来说明归国华侨们是如何适应农场生活、为农场建设做出突出贡献的：

红专大队第一生产队“五好场员”邱石华（女），回国五年来，在农场干过很多不同工种的工作，包括建设、养猪、种水稻、炊事员、幼儿园教师、文化教员、治保委员、妇女主任等。不管分配她干什么工作，她都愉快地接受，而且争取把工作做好。她养猪的时候，小猪刚生下没有奶吃，她就给小猪喂稀饭。在幼儿园工作的时候，有时星期天她也上班，好让孩子的妈妈们休息。1964 年晚稻收割时，队领导分配她带领一批妇女场员用打谷机打谷和搞运输等重活。有的女场员没有干过，就不太愿意干，她就带头干。在她的带动下，谷打得快，草捆得

① 《国务院关于发给职工生活补贴的几项规定》（玉溪市档案馆资料），1965 年 1 月 19 日。

好，装谷箩也运输得快。分配给她做的工作，她会认真做好，有的是份外的事，她也争着干。比如，从场部开会回家，过路看见归国华侨郑安娘的秧还没栽完，她就下田帮她栽。发觉归国华侨陈得顺很晚了还没回家，她就找到田头去帮着打蔗叶，她也利用工余时间去管队里的鸡……1964 年冬，农场掀起了积肥热潮，大家四处找肥源，邱石华在山上找到了一块质高量多的绿肥地，她回队就发动全队的妇女上山一起去采集。有人说："她把可以独得的工分叫大家拾去了，真傻！"她说："大河没水小河干，自私自利是搞不好集体生产的。"年终评比时，大家都说她风格高。1965 年，邱石华被农场任命为红专大队第一生产队队长，并以特邀代表的身份光荣出席了云南省贫下中农代表会和农业生产先进单位代表会。在会议期间，她和其他代表听取了省委第一书记闫红彦所做的报告，交流了先进单位的经验，参观了省农展馆，受到了深刻的教育和极大的鼓舞。她激动地说："我由 1960 年从国外回到农场工作，先后到过昆明三次，感到祖国的社会主义建设发展很快，常常为我们有这样一个强大的祖国而高兴。我被特邀出席这次会议，特别是省委领导同志又接见了我们，感到很光荣，这是党对我们归国华侨的关怀和信任。"她表示，回场后要坚持学习马列主义，加强政治工作，团结全场职工，搞好生产，起好"三个队"的作用。①

越南归国华侨回国刚好是中国改革开放之初，改革的春风调动着越南归国华侨职工的生产经营积极性，提高了他们的经济效益，从而使他们的平均收入大幅度提高。干坝分场八队越南归国华侨职工熊光元一家五口，只有两个劳动力，承包甘蔗地 13 亩，收入 4426 元。此外，他家又另外开荒种甘蔗，额外收入 1000 多元。1986 年，他家纯收入达 5385 元。红专分场五队的越南归国华侨侯兴贵全家，也是只有两个劳动力，除种好承包的甘蔗地外，还利用农闲搞副业割山草，开荒种花生、地瓜等，年纯收入达 5457 元。红专分场二队的越南归国华侨田石英一家，1986 年承包芒果 22 亩，在农场科级人员的关心和帮助下，通过一年的辛勤劳动，1987 年产量达到 13500 公斤，总收入高达 13500 元，减去各

① 甘庄华侨农场场庆筹委会：《创业之路（1958—1988）》（内部资料），第 11 ~ 12 页。

种费用及上缴管理费后，纯收入 10845 元，他们家随之成了万元户。全家生活改善了，买了电视机、单车、手表、衣物等，还清了 1000 多元的贷款，剩余的钱存入银行支援国家建设。他表示已经尝到了承包的甜头，明年还要继续承包争取收入超万元，甚至几万元。①

从以上关于归国华侨们的典型事例可以看出，对于红河流域归国华侨群体来说，尽管他们在回国之初被安置在农场生活，其间遇到了各种各样的困难，但是在各方力量的帮助和他们自身的不断调适和努力下，他们中的绝对多数人都很好地适应了红河流域华侨农场的环境和生活。

第五节　红河流域两个归国华侨群体适应环境的差异

对于印度尼西亚和越南归国华侨来说，他们就像是从空中空投到农场的特殊人群，一落地就被农场当地人一下子包围起来。面对有着如此不同文化的人群对自己的包围，他们展示出了不同的态度和实践。总的来说，印度尼西亚归国华侨很难适应、嵌入进当地社会，而越南归国华侨则很好地适应、嵌入进了当地社会。究其原因，笔者认为应该主要从两个归国华侨群体在海外居住地的生活状态和回国时的具体历史状态入手去探析。

一、从两个群体在海外居住地的生活状态看

第一，出国渠道和方式不同。19 世纪中期，出洋人数增多。一种是自由劳动者，如城市或农村贫民无法维持生计被迫出洋谋生，或因逃避战祸而出国等。另一种是契约劳动者，即被迫签订出洋做工的协议并按手印，这种契约工人又被称为“猪仔”，因为他们所受的待遇与畜生无异。这些“猪仔”由“猪仔贩”骗到“猪仔馆”经澳门和香港运到东南亚各国，最后被“猪仔头”（买主）分配到各种植园或矿山做苦力。其实际上是以契约的形式把华工束缚于工作，用对待奴隶的残酷手段来对待华工。印度尼西亚华侨主要是通过“猪仔贸易”被强制卖到印度尼西亚做苦力而失去自由之身的中国沿海地区贫穷劳动人民，只有少数自

① 甘庄华侨农场场庆筹委会：《创业之路（1958—1988）》（内部资料），第 14～15 页。

由民是通过航行去到印度尼西亚投奔亲戚而定居下来的。如今生活在红河流域的大多数印度尼西亚归国华侨及其侨眷的祖辈、父辈们多是在19世纪五六十年代通过大规模的“猪仔贸易”出洋到印度尼西亚当苦力工人的。例如，李某，67岁，退休人员，祖籍是广东。其父就是经过“猪仔贸易”去印度尼西亚的，先后去过新加坡、马来西亚、泰国、老挝和越南，经过多地辗转后最终在印度尼西亚留居和工作。印度尼西亚独立后政府恢复了契约华工的人身自由并废除了这种非法的人身买卖。华工恢复人身自由后从事职业广泛，李某的父亲当时就在印度尼西亚经商。当时，他们的祖辈被“猪仔贩”押到船上，挤在密不通风的船舱底运往东南亚各国做契约华工，有人因被“猪仔贩”欺骗觉得生活无望而选择了跳海自杀；有人因船在热带洋面上行驶时不慎感染热带疾病而病逝；有人被饿死；有人被“猪仔贩”虐待致死；剩下的则顽强地活了下来。越南华侨大多是由于种种原因而被迫或自愿出洋谋生的自由民。鸦片战争后，中国经济不堪重负，劳动人民受到外国资本主义和封建势力的压迫，就业艰难，生活无望，于是主动到海外谋生。而此时正是法国侵略越南，并对越南进行殖民统治的时代，因而需要大量的劳动力，这为中国人出洋到越南谋生提供了契机。越南华人虽不像出洋至印度尼西亚做无限苦力的契约华工一样悲惨，但是在越南的生活还是十分艰苦的。在越南，华侨所从事的职业范围极广，对越南的发展做出了重大贡献。特别是在与越南人民一起反抗伪美集团统治的斗争中，涌现出许多可歌可泣的事迹。例如，杨某，65岁，农民，祖籍马关。其父是胡志明时期的军队领袖，带领胡志明政府军队打仗9年，其间带领越南民众赶走了殖民者，战功显赫，声望极高。

第二，职业结构的差异。印度尼西亚华人在国外时主要从事商业。在印度尼西亚的大部分华侨最早主要从事农业和矿业，这部分人以契约华工居多，从事商业活动的华侨多以零售商为主。随着荷印度尼西亚政府政策的变化，1870年在“自由主义政策”的影响下，印度尼西亚华侨也产生了积极从商的观念，华侨的工商业逐渐发展起来，到20世纪30年代进入发展较快的兴盛时期。华侨在印度尼西亚以兴办轻工业为主，例如制糖业、橡胶厂等。① 虽然在发展的后期遭到荷印度尼西亚政府的严重摧残，但是华侨商人阶层的发展在当时大大地提升了华

① 李学民、黄昆章：《印度尼西亚华侨史》，广州：广东高等教育出版社1987年版，第244～262页。

侨在当地的社会和经济地位，促进了印度尼西亚经济社会的发展。例如，颜某，57岁，退休人员，归国华侨侨眷，1960年随父母回国，祖籍是广东中山。其父在印度尼西亚时经营着一家杂货店，生活充实而富足。华侨在越南除了经商以外还广泛从事工业、农业、林业、渔业、手工业等[①]，主要以农业生产为主。华侨在越南积极开垦土地，对越南的发展起了不可估量的作用。同时，华侨中的小资本在法国资本的挤压和压制下艰难地发展起来，越南华侨在商业方面多以米业为主，棉花商人也多，但经济实力较为弱，大多经营小型工厂和商店。[②]

第三，政治地位的差异。印度尼西亚华侨在印度尼西亚政界中很少享有参政权、参军权，荷印度尼西亚政府实行以华治华政策，规定华人都不得提拔为公务员或官吏，在法律地位上也受到种种歧视，实行等级划分制，华人处于较低阶层。[③] 正是因为荷印度尼西亚政府长期歧视华人，华人不得参政、参军而只有走经商的路线，因此印度尼西亚华侨在印度尼西亚商界中具有很大的影响力。在印度尼西亚民族解放时期，华侨积极开展争取印度尼西亚独立的活动，联合当地印度尼西亚人共同反对荷兰的殖民统治，抵制日本帝国主义的入侵，如在澳洲成立了印度尼西亚立委员会[④]，对印度尼西亚的民族独立起了积极的作用。越南华侨在越南则拥有参政权、参军权。由于得到居住国政府政策的支持，华侨在越南参政的积极性高，从政范围广，因此华侨在越南政界享有很高的威望。例如，梁某，37岁，个体经营户，祖籍广东，归国华侨侨眷，其母在越南时是位小学老师。她告诉笔者，华侨与越南民族能和平共处，特别是在法国殖民统治越南时期，华侨与当地人共同抵抗殖民统治，这些都为华人在越南获取较高的政治地位打下了基础。

第四，文化教育差异。印度尼西亚华侨在教育方面长期受到歧视，甚至荷印度尼西亚政府曾一度经拒绝华侨子女入学。因此，华侨在印度尼西亚兴办华文学校，创办报刊发展新闻事业，但到了其发展后期，“荷印政府为巩固统治，防止

---

① 覃翊：《当代越南华人社会研究》，《世界民族》2009年第4期。

② 尹志征：《略述越南华侨史各时期的基本情况和特点》，《印度支那》1985年第4期。

③ 李学民、黄昆章：《印度尼西亚华侨史》，广州：广东高等教育出版社1987年版，第244~262页。

④ 覃翊：《当代越南华人社会研究》，《世界民族》2009年第4期。

华侨传播对侨居国不利的政治思想，对待华侨教育也从原先的拉拢转为后期的打击和迫害，对华文学校进行种种限制。如封闭华文学校、禁止华文书刊的进口等”[①]。总之，印度尼西亚归国华侨接受教育困难重重，很多华侨都只接受了短暂的华文教育。越南华侨在越南也创办了华文学校并积极学习越南文化，增加了越南文化的多样性。越南政府出于各方利益的考虑，对华文学校并没有进行大规模的打击，越南归国华侨在越南接受过完整的教育，对华文学习也比较好。例如，毛某，56 岁，祖籍广东，在越南接受过高等美术教育。因此，越南华侨受教育程度相对于印度尼西亚华侨要好。

第五，心理感受的差异。印度尼西亚华侨与印度尼西亚人之间由于民族信仰的不同，民族之间的矛盾也是显而易见的。印度尼西亚人信奉伊斯兰教，因而面对异教的华侨存在一定的民族歧视。同时，华侨在生活中也会遇到各种麻烦。他们在异国不得不接受这一现实，心理受到压抑。越南的宗教信仰基本和古代中国相似，因此，华侨在越南的生活可以说是基本不会因民族信仰问题而受影响，他们的心理、文化感受相对于印度尼西亚华侨较轻松。

二、从两个群体回国时的国内情形看

印度尼西亚归国华侨回国时正处于 1959—1961 年中国最为困难的时期，国家在物质条件十分艰难的情况下，拿出专门资金解决归国华侨回国的接待、安置问题，但相对于印度尼西亚归国华侨群体在印度尼西亚时的生活条件来说，还是显得捉襟见肘；国家在大规模接待归国华侨的经验和准备上还存在一些不足；对于红河流域归国华侨来说，他们还面临着和自身不一样的傣族和彝族等少数民族群体文化上的冲击。这些原因直接导致了印度尼西亚归国华侨在回国之初遇到了一些困难，但这并没有影响华侨对于祖国和人民的感激。例如，陈某，男，70 岁，在印度尼西亚出生长大，回国时 17 岁。他说：“国家政策好，真像母亲一般，给我们免费房子住和免费食物。刚到农场，我们真的是一穷二白，生活上一点办法都没有，祖国把我们的困难都给解决了。”而越南归国华侨回国之时，刚好是中国“文化大革命”后的调整时期，但中华人民共和国毕竟成立三十年了，相对印度尼西亚归国华侨回来时的经济条件已经好很多，特别是思想和社会环境

① 李学民、黄昆章：《印度尼西亚华侨史》，广州：广东高等教育出版社 1987 年版，第 390 页。

上更为宽松，再加上有 20 世纪 60 年代安置印度尼西亚华侨的经验，所以，大多数越南归国华侨回国时都得到了很好的安置。比如在住房上，农场以整个大家庭为单位，使许多家庭能够三代人七八口住在一个平房里。虽然房屋不算太大，但是大都是新建的，干净整洁，且生活用品一应俱全。越侨杨朝军老人玩笑道："一进屋什么都准备好了，像娶媳妇一样。"国家还实行归难侨商品分配计划，农场给每户家庭配有水桶、肥皂、床褥等生活必需品。头几个月，免费发放大米、猪油等食品。

通过上述比较，可以看出华侨在异国生存与发展的艰辛，但正是这种磨难，才促使他们在居住国不断努力发展，很好地立足并拥有辉煌成就。"艰难困苦，玉汝于成"，这是对他们艰辛生活的最好写照。但印度尼西亚和越南归国华侨不同的海外生活经历也导致了他们海外生活状态的不同。总的来说，在经济上，印度尼西亚归国华侨比越南归国华侨要富裕得多，而在政治和文化教育上，越南归国华侨就比印度尼西亚归国华侨要强得多。当然，这些差异直接导致了他们回国时对农场生活的心理感受不同。相对于越南华侨，印度尼西亚归国华侨对于农场的适应过程没有其后来到农场的越南归国华侨那么顺利，再加上紧接而来的"文化大革命"对农场印度尼西亚归国华侨群体的冲击，为以后印度尼西亚归国华侨在改革开放后的出走浪潮埋下了伏笔。

总之，相对于红河流域的其他民族来说，印度尼西亚和越南归国华侨在回国之初，毫无疑问的是作为一个特殊的"边缘化群体"出现的。通过一定时间的适应后，两个归国华侨群体中的大部分人已经适应了当地环境，但也存在群体中的一部分人难以适应当地环境的情况。红河流域归国华侨群体对于当地环境的适应状况，正如有的学者对"边缘性族群"具体的适应情况的研究一样，主要呈现出三种情况：第一种是"边缘性族群"在与主流社会族群的接触、互动的过程中，逐渐接受、吸收主流族群的政治、经济、文化理念或者日常生活方式，进而融入主流社会，摆脱其"边缘化"状态。第二种是由于两者在接触、互动的过程中，"边缘化族群"产生自我身份认同的不确定或者是固守自我身份，而暂处于"边缘化"的状态。第三种是由于"边缘化族群"缺乏与主流社会族群交往、互动的机会，而长期处于一种自我封闭的状态，进而导致其更加"边缘化"

的状态。[1] 因此，印度尼西亚归国华侨和越南归国华侨群体在对当地环境适应能力和适应实践上所表现出来的种种差异，恰恰为他们在后来的种种选择埋下了伏笔。

① 郑一省：《文化人类学视野下广西华侨农林场归国华侨研究》，北京：民族出版社2017年版，第5页。

第五章　红河流域归国华侨群体的再移民

在国家、当地政府、农场其他民众的帮助及归国华侨自身的不断调适下，大部分红河流域归国华侨适应了农场生活。但对于一部分归国华侨来说，他们则觉得刚刚定居下来的生活有些索然无味，因此，早在20世纪60年代末就有一部分归国华侨偷渡出国或者曲折去港澳。究竟是这些归国华侨不知道好歹还是另有原因？我想还是应该通过对红河流域归国华侨再移民的原因进行探析、区别比较，才能较为客观地认识归国华侨群体的再移民实践，进而认识他们、理解他们、尊重他们。

第一节　红河流域归国华侨再移民的实践表现

要准确地理解归国华侨的再移民行为，则首先应该对于移民及其文化有所了解。在此基础上，才能进一步分析红河流域归国华侨再移民的动力及不同华侨群体再移民的不同表现等相关问题。那么，什么是移民？学界对此众说纷纭，莫衷一是，很难有一个公认的确定认识。《英国大百科全书》对“移民”做了如下解释：移民通常是指居住地发生了经常性的变更的个人或团体。《美国大百科全书》对“移民”进行了这样的解释：广义的移民是指个人或团体有相当长的距离的比较经常性的迁移行动。[①] 而我国的《辞海》对“移民”下了这样的定义：

① 转引自刘志山、马云驰《移民文化及其价值》，北京：商务印书馆2010年版，第2页。

（1）迁往国外某一地区永久定居的人。（2）较大数量的、有组织的人口迁移。[①]这些对“移民”下的定义都存在这样或那样的不足，比如，移民究竟是到另一地方永久居住还是较长居住、居住地经常性变更的“经常性”的时间限定、移民数量多少等。结合以上认识，笔者对“移民”下了这样一个定义：一般来说，移民是指为了某种特定利益离开原居住地到其他地方居住了较长时间的个人或群体。从不同视角去看，移民有主动型移民和被动型移民、生存型移民和发展型移民、国内移民和国际移民、城市化移民和农业移民等。对于全世界的移民模式，学者们已经总结出了4种：移民的经典模式（主要是指移民国家美国、加拿大和澳大利亚等国家总体采取鼓励移民和给新来移民公民资格的模式）、移民的殖民模式（法国和英国等倾向于接纳来自前殖民地国家的移民）、客居工人模式（德国、瑞典和比利时等国采取暂时允许移民以劳工身份进入该国，但长时间定居后也不能获得公民资格）、非法移民（许多工业化国家移民法日益严格，但一些秘密地或伪装成“非移民”进入某个国家的移民经常能够在官方社会的掌控之外非法地生存下来）[②]。移民文化是指移民社会产生的观念形态文化，即移民社会中人们的精神活动及其产品，主要包括伦理道德、宗教、哲学、艺术、政治法律思想、教育观念等。移民文化具有显著的特征，充分体现了移民社会所形成的特殊价值观。冒险、拼搏、开拓、进取的移民精神是移民文化最核心的内容，也是最大的特点；移民文化还具有开放性、兼容性、先导性的特征。[③]

1978年中国正处于经济和社会的转型时期，经历了“文化大革命”十年浩劫后，百废待兴。中国实行改革开放，允许归国华侨到港澳地区及国外投靠直系亲属定居，印度尼西亚归国华侨群体利用这个契机大批出国谋生，其中一部分仍然憧憬着原来居住地生活的归国华侨返回了印度尼西亚。在国家侨务政策指引下，红河流域印度尼西亚归国华侨在1978年大都选择出国或去港澳地区定居，如今生活在红河流域地区的印度尼西亚归国华侨侨户还不及刚回国时侨户的三分之一。截至1983年底，归国华侨累计到港澳定居人数为805人，到1987年底，累计数达1227人。1987年底，在场实有印度尼西亚归国华侨人数为667人（其

---

① 辞海编辑委员会：《辞海》，上海：上海辞书出版社1989年版，第1973页。

② （英）安东尼·吉登斯：《社会学》，赵旭东等译，北京：北京大学出版社2003年版，第250页。

③ 刘志山、马云驰：《移民文化及其价值》，北京：商务印书馆2010年版，第8～12页。

中职工 244 人）。[1] 20 世纪 70 年代末 80 年代初，印度尼西亚归国华侨大规模出国或去香港地区定居，再加上归国华侨的海外关系深厚，逐渐在海外形成了一种海派文化。如今，农场归国华侨与海外的亲人依然保持着亲密的联系，每逢节假日大批的海外华侨都会回到红河流域探访亲友、拜祭先人。

越南归国华侨于 1978 年回国，此时中国开始施行改革开放政策，处于经济社会转型时期，国内侨务工作已得到恢复，因而他们回国后面临着相对稳定的社会环境，但受改革开放背景下移民浪潮的影响，越南归国华侨在农场里待上一段时间后，也有少部分凭借海外关系而出国或者回到祖籍广东、福建、广西等地发展。大部分经济条件好的越侨都出国至美国、加拿大定居。例如，毛某，56 岁，种植户，现居红河华侨农场。据他回忆，归国后不久，他的兄弟姐妹都去了美国，农场里只剩下他和妻子、父母亲。1992 年其父母亲被接到美国，农场里只剩下他们一家三口人。另一部分人寻找各种机会，回到了祖籍广西、广东等地区发展。还有一些归国华侨虽有出国的想法，但是囿于种种原因而没有成功。例如，杨某，67 岁，现居干坝九队，因当年老婆生孩子而没有出国定居。但同时，一部分出走的归国华侨或因入不了祖籍，或对外签证受阻又从广东、广西、香港、澳门返回农场。到 1987 年末，经批准先后有 879 人到香港、澳门、西欧、北美定居，与亲友团聚，一部分到省外对口安置与亲属团聚。[2] 大多数越侨选择在农场继续生活，越南的生活条件没有中国好是促使他们留下来的主要原因，但他们时时没忘与异乡、异国的亲人联系。因此，红河流域形成了归国华侨独特的内域文化。

总之，海派文化和内域文化就是对红河流域归国华侨再移民情况最好的说明。直到今天，甘庄华侨农场第一代印度尼西亚老华侨仅存五十来人，而甘庄华侨农场的越南归国华侨则大部分选择留在农场。笔者在红河流域调查所得的这个结果，和另一位在广东华侨农场调查的学者所得出的结论相反。在那位学者的调查中，她指出："越南归国华侨回国时间比印度尼西亚归国华侨晚，他们在农场的就业条件并不太好，在国内发展的机会并不多。越南归国华侨在国内也没有印度尼西亚归国华侨那样的联谊会活动，在国内的人际关系网络没有印度尼西亚归国华侨的那么发达，发展经济的途径和机会都没有印度尼西亚归国华侨那么多。

① 甘庄华侨农场场庆筹委会：《创业之路（1958—1988）》（内部资料）。

② 《红河华侨农场侨务志（1988—2005 年）》（内部资料）。

他们以为成功移民到经济发达的资本主义国家就能富裕起来，因此十分渴望移民，农场的越南归国华侨至今还不断移居第三国。”[①] 是什么原因导致笔者和另一位学者得出不一样的调查结果？笔者认为可以结合以上对红河流域再移民的情况的分析，着重对红河流域归国华侨的再移民的动力和导致不同群体再移民差异的原因进行探析，以此来对这两个不同的调查结果做出一个明确的回应。这种不同的调查结果很好地说明了人类学“地方性知识”的特点，这也恰恰是这个学科独特而又有魅力的地方所在。

此外，由于受时间和地域等多方面因素的限制，笔者一直没有机会采访到红河流域已经再移民出去的归国华侨，无法全面了解其在外面的生活状况，这不得不说是本书的一大缺憾。因此，笔者只好从其他针对再移民归国华侨的研究中去探析他们在外面的生活。基于大部分归国华侨再移民所去的地方是香港地区的事实，笔者则通过一本专门研究在港的印度尼西亚华侨的书了解他们在香港生活的基本情况。

一般来说，在香港的印度尼西亚华人大多在20世纪三四十年代出生于印度尼西亚各地，五六十年代回到中国大陆，七八十年代又陆续移居到香港。具体来说，20世纪70年代以来，印度尼西亚华人到达香港以后，他们面对的是一个苦乐参半的境况。一方面，开始于20世纪70年代早期的香港工业繁荣创造了大量就业机会，为新移民就业提供了保证。同时，香港作为一个享誉世界的现代化大都市，其自身所具有的自由和开放，为这些封闭已久的印度尼西亚华人提供了诸多与外部世界接触和交流的机会和自由结社的可能。在这样的环境下，他们很快恢复了与海外亲友的联系，同时也开始彼此走动，通过各种形式自我组织起来。另一方面，印度尼西亚华人与其他来自大陆的新移民一样，到香港之初遇到了种种歧视和冷遇。在当时香港的殖民地种族等级制度中，以英国人为主的欧洲人居于整个香港社会的最高层，他们是社会的精英，游离于香港本地的中国人社会之外。在中国人的社会当中，又以广东人为主体。而来自大陆操普通话和其他方言的新移民，自然受到来自欧洲人和本地社会群体的双重歧视。例如，他们的文凭不被港英当局承认。因此，尽管当时有些印度尼西亚华人受过很好的教育，其中不乏香港社会需要的专业人才，也只能从最底层的体力劳动做起。他们大多在电

---

① （日）奈仓京子：《“故乡”与“他乡”——广东归国华侨的多元社区、文化适应》，北京：社会科学文献出版社2010年版，第213页。

子和制衣厂打工，或是做建筑工人和在酒楼食肆中干杂活谋生。此外，他们还和其他大陆移民一样，饱受来自当时社会上层群体的歧视。因此，在很长一段时间里，印度尼西亚华人被视为落后、无知、贫困和可笑的群体，甚至还被当成香港治安恶化和经济萧条的罪魁祸首。

初到香港的时候，大多数印度尼西亚华人几乎一无所有，而且他们中的大多数已经人到中年，在香港既没有社会背景，也没有工作经验，只能在一个完全陌生的环境中白手起家。但恰恰就在这样的情况下，他们身上所具有的中华民族勤劳、智慧、坚韧的优良品质得到了最大的释放。这些优良品质和华侨华人特有的拼搏奋斗精神有机结合起来，最终促使印度尼西亚华人逐渐融入香港社会。具体来说，经过一段时间的适应和选择，印度尼西亚华人主要在三种职业中安定下来。第一，放弃自己原有的专业，转而从事工商业。这主要是由于他们和印度尼西亚以及东南亚诸国有着天然的联系，再加上他们有着在中国大陆生活的经历，使得他们较为了解中国社会，并借此在中国和印度尼西亚的贸易中找到了用武之地。第二，一些人，尤其是受过专业训练的人，比如医生、建筑师等，通过港英政府的专业资格考试获得从业资格，从而跻身香港的专业人士行列。第三，大多数人去香港大大小小的公司里做雇员，从一般职员到高级的管理人员都不乏其人。虽然也有不少人通过从商的渠道得以晋升社会的上层，但就整体而言，印度尼西亚华人在香港的社会和经济地位并不十分显赫。

随着印度尼西亚华人在香港的生活逐渐安定下来，从 20 世纪 70 年代末 80 年代初起，香港印度尼西亚华人开始陆续自发地成立自己的社团，作为他们联谊和互助的组织机构。比如，苏岛爱群社、香港侨友社、香港集美校友会、玛中旅港澳校友联会、印度尼西亚惹班旅港校友会等。特别是 1993 年成立的香港华侨华人总会和 2004 年成立的香港侨界社团联合会，它们成立的宗旨都是为了团结和联合全港侨界同胞，联系海内外侨胞为自身的权益、香港的繁荣稳定和民族的全面复兴而努力。

对于红河流域再移民归国华侨群体来说，他们在香港的生活除了具有以上在港印度尼西亚华人的一般性特征之外，还具有他们自身发展的独特性。比如，由于红河流域印度尼西亚归国华侨回国前有一半以上的人的职业是小商人，除此之外，各种类型的手工业者也很多。因此，我们可以大胆地推断，他们在香港的职业生活应该是以公司员工和商人为主，这就在一定程度上说明了他们在香港生活初期的艰辛和不易。除此之外，通过田野调查和查阅一些文献资料我们也得知，当前香港印度尼西亚归国华侨在得到不断发展的同时，也面临着一些问题。比如，归国华侨群体被“边缘化”问题、归国华侨群体的养老保障问题、权益保障和政治身份问题等。因此，笔者认为，要在新时代彻底地解决香港归国华侨们面临着的这些问题，只有在中国中央政府、香港特区政府、香港市民及归国华侨群体们共同努力、通力合作的基础上才能解决。令人欣喜的是，这种情况正在改善。以归国华侨养老保障为例，《中华人民共和国归国华侨侨眷权益保护法》第二十八条做出了这样的规定：“违反本法第二十条第二款规定，停发、扣发、侵占或者挪用出境定居的归国华侨、侨眷的离休金、退休金、退职金、养老金的，有关单位或者有关主管部门应当责令补发，并依法给予赔偿；对直接负责的主管人员和其他直接责任人员，依法给予行政处分；构成犯罪的，依法追究刑事责任。”① 因此，只要归国华侨及侨眷们依照自身权益保障法，合理地回国申办自己的养老保障相关手续，一部分归国华侨的养老保障问题就可以得到解决。

总之，经过半个多世纪的漂泊，这些印度尼西亚华人以及其他东南亚华人终于在香港安顿下来。他们通过校友的联系、海外侨居地的地缘纽带和其他种种关系，重新恢复了曾经断裂的社会网络，在香港也构建了一个富有活力的新社会——侨界，并且他们以香港为中心，建立了广泛的国际和国内联系。②

第二节　红河流域归国华侨再移民的动力探析

生产力和生产关系、经济基础和上层建筑两对基本矛盾是推动社会发展的基本动力，这对于红河流域归国华侨来说也不例外。这种矛盾及关系体现在红河流域归国华侨身上，则是国际环境、国家政策、农场环境等因素渗透进红河流域归国华侨自身利益中而产生的反应。学界对于华侨出国原因的分析，主要的研究理论则是20世纪五六十年代在西方最为盛行的“推拉理论”。在研究人口流动的原因方面，人口学上最重要的宏观理论是“推拉理论”。首先提出这一理论的是巴格内（D. J. Bagne）。他认为，人口流动的目的是改善生活条件，流入地的那些

① 转引自楚雄州人民代表大会民族工作委员会、楚雄州归国华侨联合会《归国华侨侨眷权益保护有关法律法规汇编》，2007年，第5页。

② 以上内容主要是根据王苍柏《活在别处：香港印度尼西亚华人口述历史》（香港：香港大学亚洲研究中心出版2006年版）第14～18页整理而成，在此特向作者表示感谢。

有利于改善生活条件的因素就成为拉力，而流出地的不利的生活条件就是推力。人口流动就由这两股力量前拉后推所导致的。在巴格内之后，迈德尔（G. Mydal）、索瓦尼（Sovani）、贝斯（Base）、特里瓦撒（Trewartha）都对这一理论做了一些修正。国际劳工局也在一些研究报告中验证了巴格内的理论。李（E. S. Lee）在《移民人口学之理论》一文中，在巴格内理论的基础上，提出流出地和流入地实际上既有拉力又有推力，同时又补充了第三个因素：中间障碍因素。中间障碍因素主要包括距离远近、物质障碍、语言文化的差异，以及移民本人对于以上这些因素的价值判断。其认为人口流动是这三个因素综合作用的结果。今天，研究移民的学者越来越把全球移民模式看作是“系统”，是宏观层面和微观层面过程之间相互作用的产物。宏观层面的因素指的是上层问题，诸如某地的政治状况，控制移入和移出的法律、规章或国际经济的变化。微观层面的因素包括移民人口自身具有的资源、知识和理解力。[①] 笔者认为这两种对于移民产生的原因的分析理论本质上没有区别，只是具体阐述详略不同而已。因此，笔者把这两种认识综合起来，采取推拉理论从宏观上入手去分析红河流域归国华侨再移民的动力，再从微观层面入手去分析红河流域归国华侨再移民过程中印度尼西亚群体和越南群体之间的差异。

印度尼西亚华侨回国的头十年，偷渡风潮一度席卷甘庄、红河两个农场。偷渡潮对红河流域这两个特殊群体来说是继排华事件后又一特殊经历。“文革”、三年自然灾害和苏联逼债的绝望现实，政治运动加上不透明的政策让印度尼西亚归国华侨们恐慌，一次次地写申请报告，一次次地变卖家产买船偷渡。直到1983第二次安置，绝大多数印度尼西亚归国华侨去了香港、澳门，而刚到红河流域的越南归难侨也开始蠢蠢欲动。在印度尼西亚归国华侨中，第一批偷渡的往往是青壮年，因为只有他们成功并在那边顺利地安身立命才有了能力把家里的老人和小孩一同带过去。从红河流域归难侨的偷渡活动开始到国家后期政策上的支持，他们再流动背后的原因多样，本部分笔者主要是从内（推力）外（拉力）两个侧面去探讨。

一、外部原因（拉力方面）

第一，海外关系广有利于归国华侨再移民。“二战”后，由于谋求经济的更

---

① （英）安东尼·吉登斯：《社会学》，赵旭东等译，北京：北京大学出版社2003年版，第250页。

大发展、政治安全保障和家庭团聚等，东南亚各国都有一些华人陆续移居到区域外的经济发达国家和地区，比如美国、加拿大、澳大利亚、荷兰、法国等。1965年印度尼西亚发生“九三〇”事件之后，当地就有许多华人移居到荷兰、澳大利亚等国。根据20世纪80年代的统计，在定居荷兰的5万多名华人中，大约有一半是1965年后从印度尼西亚移民去的。[①] 1978—1979年是难民出逃的最高峰。据联合国难民署统计（截至1985年9月），全世界共有印支难民153万人。美国是世界上接收印支难民最多的国家，1975—1986年共接收了807500人（其中越南难民506700人）。其次是中国，共接受27万人。至1986年，还有3个国家接收的印支难民超过10万人，它们分别是：加拿大接收125797人（其中越南97991人）、法国接收114081人、澳大利亚接收108750人（其中越南87159人）。难民中多数是华侨、华人。[②] 这种背景给归国华侨们带来了广泛的跨国亲缘。双方在被安置后通过各种途径取得联系，在相互了解各自安置地的条件待遇后，海外亲戚朋友开始鼓动并支持他们移民，于是归国华侨们认为追求更好的生活条件有了初步的保证。

第二，国际政策促使红河流域归国华侨再移民。1979年之后的十多年是移民的高潮，因为这一年香港在日内瓦国际会议上成为印支难民的“第一收容港”，直至1997年才结束。这一期间，香港承诺给予难民临时庇护，所有进入香港的难民都可以暂时居住在香港，等待西方国家的再安置机会，甚至可以参加港英政府于20世纪80年代中期推出的“本地收容计划”，申请融入香港当地成为居民永久性居住。[③] 这一政策使许多归难侨误以为他们能得到香港政府的收容或西方国家的再安置机会，纷纷私自前往香港、澳门及其他国家和地区，或者冒充未曾被安置过的难民漂流于公海等待联合国的救援和安排。但他们忘记了，已经得到中国政府安置的印支难民，并不符合香港给予第一或者临时庇护的条件，也不具备等待第三国家永久安置的条件。因此，盲目跟风和偏信谣言是引发红河流域归国华侨再移民潮出现的原因之一。

第三，经济因素是归国华侨再移民的决定因素。从20世纪60年代末到70年代末，印度尼西亚经过两个五年建设计划后，国内生产总值增长率从1968年

---

① 《华声报》，1986年5月27日。

② 张兴汉、陈新东等：《华侨华人大观》，广州：暨南大学出版社1990年版，第372～373页。

③ 陈肖英：《印支难民与香港“第一收容港”政策》，《南洋问题研究》2007年第4期。

的4.5%上升到1973年的11.3%、1977年的7.4%，许多新兴的工业部门从无到有，迅速发展。[①] 20世纪六七十年代，恰好是亚洲“四小龙”崛起的关键时期。经济发展不仅需要大量高科技人才，也需要大量的劳动力。经济繁荣，再加上文化上的相同、国际政策的支持，使得香港对归国华侨的吸引力十足。此时，红河流域印度尼西亚归国华侨大多出走香港，而越南归国华侨则选择去美国的为多。

总之，对于拉力方面来说，主要是移民地优越的物质条件现实以及成功移民的亲友们对移民地生活的美好描述，引起了农场部分归国华侨对美好生活的向往。同时，“国际移民和流动人员的生存与发展环境越来越开放”[②] 也是一个重要原因。

二、内部原因（推力方面）

农场归难侨偷渡的内部原因主要有以下几个方面：

第一，环境落差导致归国华侨再移民，这是归国华侨再移民的外部条件。对于曾经是“非农民”的部分归难侨来说，这种强烈的职业落差的苦闷在乱离初定之后慢慢凸显。同时，对新环境的不适应容易让归难侨产生消极情绪，加之农场的条件艰苦，在生产、劳作过程中更易产生抵触、叛逆心理，于是格外向往、羡慕港澳和西方发达国家。特别是对于印度尼西亚归国华侨来说，回国之前多从事商业，何时下过地、种过庄稼？更何况当地大相径庭的风俗习惯让他们很难适应。“面对现实有很大的心理落差，部分归国华侨在华侨农场稍作停留后通过海外亲友或利用移民和安置政策，开始了移民漂泊。”[③]

第二，归国华侨天生具有一种为自身利益而不断求索的精神，这是再移民的主要原因。作为曾经在海外拓荒的归国华侨，祖籍属于广东和福建，且他们大都是客家人的后代。广东、福建历来就是中国的移民之乡，移民内心始终拥有一颗不断奋进之心。敢于冒险、敢于拼搏的精神，重利、重商观念及行为，生活方式西化倾向等则是他们不断奋斗、追求幸福生活的表现。这种华侨精神是他们祖辈一代迁移到印度尼西亚、越南之后慢慢形成并融入骨血里的东西。归国华侨与生

---

① 贺圣达、王文良、何平：《战后东南亚历史发展》，昆明：云南人民出版社1995年版，第165页。

② 陆益龙：《嵌入性适应模式——韩国华侨文化与生活方式的变迁》，北京：中国社会科学出版社2006年版，第210页。

③ 陈云云：《归国华侨的归属感研究——以广西来宾市华侨农场为例》，《八桂侨刊》2012年第3期。

俱来具有的趋利避害、择地而居的行为传统，似乎使他们在迁移问题上更易做出决断，所以政策一旦放开，他们那沉睡已久的外出闯荡的激情又重新被唤醒。归国华侨们身上具有的这种移民精神，我们也可以从第二次世界大战之后，海外许多华侨再次进行移民的事实中找到。战后华侨再移民的移居地区，大多是北美、西欧和澳洲，而迁出的地区则主要是东南亚，以及南亚和非洲等地区。尽管再移民的地点各不相同，但战后华侨的再移民却有一个基本的规律，就是从比较贫穷落后的地区向相对发达和富裕的地区移民。究其原因，第一是东南亚地区的政局不稳；第二是东南亚地区的经济落后；第三是美、加、澳等国家对于华侨政策的改变；第四是战后一些国家的排华；第五是一些国家吸引华侨移民的政策。

第三，国家政策是推动归国华侨再移民的重要原因。比如，中国在 20 世纪 70 年代末开始实行计划生育政策。针对归国华侨的计划生育政策是：两个归国华侨结婚可以生两个孩子；一个农场归国华侨职工与农场其他民族职工之间互相结婚，无论双方是汉族还是少数民族，只能生育一个孩子；农场职工与非农场职工中的汉族结婚，只能生育一个孩子；农场职工与当地少数民族非农场职工结婚，可以生育两个孩子。这样的计划生育政策使得一部分归国华侨难以接受，因为大部分归国华侨来自广东、福建等地，这些地方重男轻女的思想延续已久，而越南归国华侨在国外就以生育子女多而著称，因此相当部分归难侨不满我国的计划生育政策，因害怕落实节育措施而选择再一次出走。比如，红河农场在 1982 年 10 月下发了计划生育政策文件：

> 为了控制和减少强行怀孕和生育第二胎，根据中共中央〔1982〕11 号文件精神，农场党委、场管会讨论后做出如下决定：
>
> （1）凡劝阻不听，强行生育两胎以上者，产假期间一律按旷工看待。连续旷工超过 15 天，企业有权给予除名。因生育第二胎或第三胎而旷工者，农场予以除名，除名后按临时工看待，取消医药福利等，粮食按居民口粮供给，同时征收非法生育子女费。（2）强行生育第二胎以上者，除对父母实行经济制裁外，其子女仍按黑人黑户看待，至孩子满 14 周岁止。子女入托每月收费 7 元，入幼收费 3 元。（3）因非法生育子女造成生活困难的，其家庭一律不给临时困难补助。[1]

---

① 《红河华侨农场场志（1978—2005）》（内部资料）。

同时，随着我们改革开放和侨务政策的贯彻落实，国家政策允许归国华侨外出探亲团聚，这就为归国华侨再移民提供了政策上的保障。比如，1971 年国务院颁布了《关于华侨、侨眷出入境审批工作的规定》，就为归国华侨侨眷们申请出国或去港澳地区提供了保障。符合以下情形的归国华侨、侨眷们的出国或去港澳地区得以批准：

（1）华侨回原居住国参观旅行、经商贸易、探亲访友或者是处理其他事务而出境的；

（2）归国华侨、侨眷要求出境夫妻团聚或探望直系亲属的；

（3）归国华侨、侨眷中的老人、儿童，国内无亲属照顾，要求出境投靠直系亲属的；

（4）爱国华侨确实需要直系亲属出境继承产业或助理业务的；

（5）归国华侨中坚持要求出境的；

（6）有其正当理由的。①

在 20 世纪 60 年代末，部分归国华侨通过偷渡的方式都要远走他乡；70 年代初和改革开放后，随着国家移民政策的宽松，他们更是以一种合法方式出走他乡，促使再移民潮的出现。总之，在国家政策推动下，红河流域印度尼西亚归国华侨大部分选择了再移民。比如，20 世纪七八十年代，甘庄华侨农场的印度尼西亚归国华侨申请到港澳投亲定居的人很多，截至 1983 年底，累计到港澳定居人数为 805 人，到 1987 年底，累计数达 1227 人。② 就是在这些政策影响下，刚开始一部分印度尼西亚归国华侨纷纷借助去印度尼西亚探亲的机会滞留香港，因为当时香港正是发展时期，区内急需劳动力，就这样，印度尼西亚归国华侨一批带另一批，纷纷去香港定居，从而引起了华侨农场再移民潮的出现。

第四，政治运动造成的心理阴影是归国华侨再移民的重要推动力。红河流域农场也和全国各地一样，经受了“文革”的摧残和破坏。而对于生活于农场中的归国华侨群体来说，“十年浩劫”不仅给他们的物质生活带来了重重困难，更在他们精神上烙下了难以磨灭的印记。当时归国华侨受到了很强烈的政治冲击。

---

① 《关于华侨、侨眷出入境审批工作的规定》，1971 年 5 月 18 日国务院颁布。

② 甘庄华侨农场场庆筹委会：《创业之路（1958—1988）》（内部资料）。

甘庄华侨农场印度尼西亚老华侨李先生说："我作为印度尼西亚归国华侨的一员也受到了批斗，归国华侨子女不能上学。'文革'时，大多印度尼西亚归国华侨在心理上遭受到巨大的打击，'文革'结束后，因心里害怕和农场生活艰难，大多数人选择去了香港。"红河华侨农场印度尼西亚老华侨李先生家有兄弟姐妹9人，就他自己为了孩子留下来，其余都去了香港。现在家里很多事都靠海外亲戚资助，比如小孩结婚、修房等。红河流域归国华侨再移民的实现，还在于同时期，随着香港社会经济的不断发展，区内亟需劳动力的现实。香港政府充分利用了其自身作为联合国接收和转移国际难民中转站的有利优势，不断地吸纳大批滞留香港的外来移民。

当然，除了海外"拉"的力量和国内"推"的力量之外，红河流域归国华侨再移民也是他们充分考虑自身情况的理性决定。在调查中，大多数归国华侨再移民时都考虑到自己的年龄、海外关系、移民方式及子女教育等各方面情况。比如，在1975年第一批被允许去香港定居的归国华侨之前，一般是青壮年通过偷渡的方式去国外，然后再从国外去香港、澳门等地谋生。等他们安顿好之后，才通过各种方式把农场的家属接出去团聚。在1983年第二批安置以后，大多数归国华侨则想尽各种办法联系各种海外关系，只有有了这层关系才会为自己再移民创造更好条件。一位祖籍广东的越侨毛大爷也许说出了归国华侨再移民和选择留下的矛盾心理："说实话，在国外若无一门手艺就无人尊敬，对方说话难听，甚至侮辱也得接受。回国后，大家都是中国人，相互尊重。不是土生土长的当地人，说话、生活等始终还是和当地人有些不同，也会有少许的隔阂。我有申请去美国，但是年纪大了，从头再来很困难，无法养家了。现在还在想，护照什么都有，也想把两子女带去美国，让他们有更好的条件工作生活。"但到20世纪90年代中期以后，由于外界对于移民要求的条件越来越高，红河流域农场中的归国华侨再移民的热潮就慢慢冷却了。比如，1995年以后，香港对于移民的审核十分严格，只有解决夫妻分居的情形才能审核通过，且要等4年以上的时间。如果小孩也要申请移民，则又要等4年。

针对红河流域再移民潮的动力探析，我们也可以从以下资料中窥见一斑：

近年来，玉溪地区甘庄、红侨两个农场由于经营不善，连年亏损，企业步履维艰，职工工资不能按时发放，有时拖欠半年之久，加上职工子女入学就业困难等问题，职工思想极不稳定。在农场从事生产活动的

> 近3000名印度尼西亚、越南难侨、侨眷，赴港定居近200人，批准58人；1994年上半年受理83人，批准42人。部分因申请时间不足或因名额有限不能批准的，随着香港、澳门回归祖国时限临近而忧心忡忡，害怕政策发展变化，关闭赴港定居的大门而出现兄妹间争先恐后、互不相让的现象。一些靠救济金生活的年老退休职工，看到以前不如自己的人回来探亲时却显得比自己富裕，而自己却在气候炎热、交通不便的艰苦条件下生活，获取微薄的救济金，心理不平衡，产生“大家一起来，就要一起走”的想法，纷纷提出赴港定居。目前，两个农场归国华侨申请赴港已成为影响农场稳定的一大热点问题。①

从上面材料我们可以看出，外在环境、内部条件、生活现状等都是红河流域归国华侨再次移民的动力。正是在这些外在动力的影响下，一些归国华侨思想、心理等各方面发生变化，进而选择再次流动。总之，“推拉”仅仅是红河流域归国华侨再移民实践活动中的两个侧面，而一个实践活动的产生及完成，则是很多因素综合导致的。

第三节 红河流域归国华侨再移民的差异探析

同样是生活在红河流域农场的印度尼西亚归国华侨和越南归国华侨，他们不仅在回国之初对于当地环境的适应情况不同，而且在面对着新一轮的再移民潮时，表现出来的移民态势也是大相径庭的。从前面的论述中可以看出，直到1987年，大概有三分之二以上的印度尼西亚归国华侨去了港澳或者其他国家，以后陆陆续续地有印度尼西亚华侨通过各种途径出走农场，再加上一些老归国华侨随着年龄的增大而去世，现在甘庄华侨农场中印度尼西亚第一代老归国华侨只剩下50多人。而1978年陆续来到红河流域的越南归国华侨，除一小部分再移民之外，大多数都留在了农场，慢慢融入了农场生活。比如，甘庄华侨农场曾经先后安置

① 中共玉溪地委办公室：《玉溪地区甘庄、红侨农场华侨职工思想动荡出现赴港定居热》，《玉溪信息》（玉溪市档案馆档案资料），1994年4月29日。

过来自印度尼西亚等归难侨 1981 人、越南归难侨 2157 人。① 但到 1987 年底，在场归国华侨人数共 2350 人，其中印度尼西亚归国华侨 662 人，占归国华侨总数的 28. 1%；越南归国华侨 1683 人，占归国华侨总数的 71. 6%；马来西亚归国华侨 4 人；泰国归国华侨 1 人；印度尼西亚籍 6 人；越南籍 1 人。② 对于这两个群体再移民的不同现状，笔者试图用比较的方法探寻其中的奥秘。对于红河流域归国华侨群体的研究，既是属于历史学的范畴，也是属于人类学范畴，当然可以用历史人类学进行总体概括。而人类学是通过研究文化来理解人性的学科，或通过研究时空和结构中的异文化来理解人类共性（human commonality）、自性（self－identity）和他性（otherness，or other's identity）的学科。③ 因而，跨文化比较法通过探讨人类行为的共同性及文化的差异性发现某种规律或通则的作用的优势就彰显出来了。因为这种文化比较方法，有助于了解处在同一历史阶段的族体与世界范围内其他族体对某一具体事物的看法和做法。当然，在进行文化比较的同时，我们还是应该充分注意这几点：其一，比较时要注意时代性，即同一社会性质或处于同一社会发展阶段上的群体，才可以进行比较。其二，如果所掌握的资料不宜或不能进行比较，则不可勉强从事。其三，比较中的参照系（frame of reference）应当具备“全局性”，切入点还得以深入的个案研究为基础。④ 有了跨文化比较才有跨文化的反思。我们通过比较红河流域两个不同群体在面对再移民潮时所表现出来的不同态势，可以为对这两个群体进行整体观研究提供帮助。具体而言，在比较视域下两个群体在再移民潮流中的表现不同主要有以下原因：

第一，印度尼西亚归国华侨和越南归国华侨的祖籍地不同。红河流域印度尼西亚归国华侨的祖籍地基本是广东，而且一大部分印度尼西亚归国华侨是客家人；红河流域越南归国华侨的祖籍地大部分是云南，少部分是广西或者其他地方。印度尼西亚归国华侨都是汉族；越南归国华侨主要是汉族，也有相当部分的苗族和壮族。据当地人说，越南华侨中的汉族基本是被越南黎笋政府强制赶回来的，苗族和壮族属于边民，多是自愿从越南回来的。广东、福建两省历来就是外出移民最多的地方，其所特有的移民精神早已经渗透进当地人心中，特别是客家文化中“开拓进取、艰苦奋斗、崇文重教、爱国爱乡”的客家精神早已蜚声海

---

① 《甘庄华侨农场改革和发展工作推进情况汇报材料》（内部资料）。

② 甘庄华侨农场场庆筹委会：《创业之路（1958—1988）》（内部资料）。

③ 庄孔韶：《人类学通论》，太原：山西教育出版社 2005 年版，第 37 页。

④ 孙秋云：《文化人类学教程》，北京：民族出版社 2004 年版，第 18 页。

内外。中国的外出移民史告诉我们，广东和福建等地的人相对于其他地区的人来说，其骨子里面的精神品质决定了他们更容易外出寻找更好的地方生活，去追求物质和精神上更为丰富的生活。

第二，印度尼西亚归国华侨和越南归国华侨再移民的主要地区不同。一般来说，印度尼西亚归国华侨大部分都去了香港。据 1983 年《亚洲周刊》的统计，当年已经有 10 万印度尼西亚归国华侨移居香港。[①] 20 世纪 70 年代以来，移居香港的归国华侨达 30 多万人。[②] 越南归国华侨大部分都选择去美国。在 20 世纪七八十年代，正是香港经济腾飞的关键时期，需要大量的外来劳工从事相关的低级工种，因而香港政府从某种意义上是鼓励具有相同文化背景的归国华侨入港的。后来，随着日内瓦国际会议的召开，香港正式成为了安置难民的主要场所。再加上 20 世纪 70 年代初就有印度尼西亚归国华侨通过各种途径进入香港，因此到 80 年代移民政策开放后，印度尼西亚归国华侨便抓住了这些机遇，通过亲戚朋友等各种关系再移民，从而在红河流域掀起了一股移民潮。另外，两次东南亚难民潮形成后，在国际社会的干预下，到 20 世纪 80 年代，约 109 万越南难民已被安置到第三国定居[③]，而且主要集中在美国。但美国社会普遍存在歧视难民的情况，难民经济处境艰难，难民普遍遭遇身份认同危机。[④] 这些难民在美国大多数处于社会最底层，根据 1978 年 6 月的一份调查，1975 年 18.8% 的难民受政府资助，1976 年为 38%，1977 年为 44%。[⑤] 印度尼西亚和越南归国华侨再移民的地区不同，再移民途径条件不同，再加上他们面临的国际移民形势也不一样，这些都直接导致了两个群体不同的移民状态。

第三，印度尼西亚归国华侨和越南归国华侨对农场生产方式的适应程度不同。印度尼西亚归国华侨在海外主要从事商业。商人大多见多识广，生存方式和生存能力相对于农业人口来说，则更为灵活和更有竞争力。尽管在各方的不断帮

---

① 周南京：《华侨华人问题概论》，香港：香港社会科学出版社有限公司 2003 年版，第 74 页。

② 黄小坚：《归国华侨的历史和现状》，香港：香港社会科学出版社有限公司 2005 年版，第 241 ~243 页。

③ 金旭东：《试论印支难民问题的特征》，《华侨华人历史研究》1988 年第 1 期。

④ 姚俊英：《从难民到公民——花都华侨农场越南归难侨身份变迁研究》，中山大学 2009 年博士论文。

⑤ 赵和曼、张宁：《印支难民问题概论》，《东南亚纵横》1987 年第 3 期。

助下，印度尼西亚归国华侨适应了农场当地的生产方式，但是对于他们来说，经商还是比干农活更为有利。印度尼西亚归国华侨侨眷颜某这样告诉笔者：“1983年当地包产到户，每亩地都要上交一定的任务量，侨民栽种水平不高，收成不好交不出，大家就想去香港去做工人。我也递交了申请，但条件达不到没有走成。”从这可以看出，不管是已经出走还是待在农场中的印度尼西亚归国华侨，他们对于从事农业生产确实是心有余悸，心中还是对于经商、做工人抱有希望。笔者调查过的印度尼西亚归国华侨，不管是归国华侨还是侨眷，在他们的描述中大多数都不是说自己的祖辈在印度尼西亚经商或者开工厂，就是描绘他们在印度尼西亚较为富足的生活。而对于红河流域越南华侨来说，本来他们大多数在越南就是以种庄稼为主，已经习惯农耕生活，而且他们大多数人在越南的经济条件本身不是很好，所以更适应农场生活。

第四，印度尼西亚归国华侨和越南归国华侨对农场生活方式的适应程度不同。总的来说，几十年来，归国华侨们在语言、饮食、生活、风俗习惯等方面保持着一种一边适应一边独立的特点。调查中看到不少印度尼西亚归国华侨家庭的卧室中有形状像一颗巨型奶糖一样的抱枕，在远离印度尼西亚的50个夏天里，他们要紧紧抱住这颗“奶糖”才能安然入睡。我们也注意到一些细节，例如，印度尼西亚华侨从人身边经过时，会弯腰低头、伸出右手，像做了个“请这边走”的手势，同时这也是给自己的，表示他要“借道路过一下”。类似习惯还有不用左手给别人拿东西，因为他们认为那只手是“脏”的——印度尼西亚人如厕后都是用左手清洗。在甘坝华侨农场的一位越南归国华侨老人的家中，笔者发现到处都是越南的印记——各种面值的越南盾、越南书籍、从越南移植过来已繁密参天的“鸟蛋果”树。此外，还有那印在他脑海里的越南当地学校教的科学演绎法……如果说印度尼西亚、越南造就了他们的骨血，造就了他们伟岸强壮的身躯，那么中国就孕育了他们优质高尚的灵魂。正因为是心灵深处温暖的安慰，他们才会在遭遇排华灾难时义无反顾地，或怒海泛舟，或蹑足雷阵，北归故土，回到那最坚实可靠的港湾——祖国；正因为与灵魂同在，他们才会在即便拥有优渥的生活后一次次地回来看看、走走，这一看一走间又包含了多少情愫。但在印度尼西亚归国华侨和越南归国华侨对农场生活方式的适应程度上，我们还是能清晰地感觉到越南归国华侨更胜一筹。（1）语言方面。甘庄、红河农场的印度尼西亚归国华侨日常交流主要以普通话为主，少数可以使用当地方言与当地人交流。但是在家里，他们往往会用印度尼西亚话或祖籍地的方言进行沟通，比如粤语、客家话等。而越南华侨在语言上就具有天然的优势，因为安置在红河流域的越南归国华侨很大一部分祖籍就是云南，特别是云南文山地区，而且他们到越南的时间也不长，因此他们与当地人交流起来就更为顺畅。（2）饮食方面。受地理与自然环境的限制，两个农场的归难侨不容易得到在印度尼西亚或越南的烹饪材料，只能积极地适应当地的饮食习惯。不过，还是有一部分的归国华侨依旧保留着在印度尼西亚、越南的饮食习惯。例如，56 岁的印度尼西亚归国华侨毛先生早上始终不变的是面包裹黄油，偶尔也会做印度尼西亚的特色小点：千层糕、黄金糕。又如，越南归国华侨喜欢在吃米线、卷粉时添一种称作“鱼露”的越南调料；或者平时基本上只吃稀饭而很少吃干米饭。（3）生活习惯方面。印度尼西亚归国华侨在印度尼西亚时一直保存着中国传统的生活方式，形成了相对独立的华侨华人社会。印度尼西亚归国华侨与印度尼西亚当地原住民在语言、文化、宗教和习俗等方面都有差异，他们还保留着自己独特的文化，没有融进印度尼西亚伊斯兰文化之中。直到今天他们还是说自己是广东人及闽南人，特别是客家人、潮汕人等都保持着自身独立的习俗。这种排他性致使他们在农场的生活变得异常艰辛，进而难以适应当地生活。在调查中，笔者能较容易地对越南归国华侨进行访谈，而对印度尼西亚归国华侨的调查则显得较为困难，很多印度尼西亚归国华侨和侨眷直接就是拒绝调查。当然，这一方面与他们独立的生活方式有关；另一方面也与他们在“文革”中所受的伤害有关。在回答笔者相关调查的时候，越南归国华侨则显得更为大方、直接，印度尼西亚归国华侨则显得支支吾吾，很多时候甚至是答非所问。越南在历史上曾经是中国的藩属国，因此中国文化对其影响深远。红河流域越南归国华侨多信奉佛教，家中设有神龛以敬奉祖先，这与回国前基本保持一致。越南归国华侨在越南上过华文学校，且家人都会教说中文或客家话，所以他们大部分在回国后能够与当地人进行简单的交流，但也不排除不会说中文的归国华侨，但这部分人只占越南归国华侨的一小部分。例如，毛某，56 岁，种植户，祖籍广东江门。刚回国时不会说中文，吃饭、干活都有人在旁边翻译。在越南时家人从事商业活动，所以初到农场不会做农活，生活艰辛。尽管在华侨农场里遇到了很多不适应，但是随着与当地人交流的不断深入，他也渐渐地学会了当地的方言及普通话。

第五，印度尼西亚归国华侨和越南归国华侨经济水平、文化程度及群体意识不同。印度尼西亚归国华侨在国外主要是从事小生意，经济条件比较好，而越南归国华侨有的在越南北部城市打工，有的在越南北部农村从事农业，经济条件不太好。印度尼西亚归国华侨在海外经济条件好，因此他们比较重视教育，回国的印度尼西亚归国华侨文化程度总的来说比越南归国华侨高。这一点我们从甘庄华侨农场在 1960 年甘庄华侨小学开办时大部分的教师都是归国华侨这一情况就可以看出。越南归国华侨欧某这样给我们介绍道："越南与中国打战时，富裕的人都坐船去了美国、香港，贫困的人才回来。越南孩子十三四岁就结婚，一般家庭所生孩子较多。"调查中，很多归国华侨，特别是越南归国华侨向笔者这样说道："等国家允许出国定居时，我们又没钱去办理各种签证，因而就错过了再出去的机会。"同时，在调查中我们能看到，很多越南归国华侨家庭子女基本是小学毕业或者初中未毕业就辍学出去打工，这样的现象在越南归国华侨中较为普遍。当然，对于来自不同地区的越南归国华侨，其对教育的重视程度还是有所不同。一般祖籍是广东等地的越南归国华侨，其对子女的教育就比祖籍是云南或者其他等地的越南归国华侨重视。同时，因为越南归国华侨来自不同的省份，群体意识较之印度尼西亚归国华侨来说要显得单薄些。印度尼西亚归国华侨多来自广东，他们身上所特有的气质和性格就决定了群体所具有的认同意识和排他性。因此，一旦有机会再移民的时候，老乡间、亲戚间互相帮助出走的现象就更为突出。相比较而言，越南归国华侨群体则显得群体化、组织化程度不高，向心力较弱，这对于他们大规模的再移民是不利的。

第六，印度尼西亚归国华侨和越南归国华侨对国家的政治感受不同。由于印度尼西亚归国华侨在回国之时正是中国面临“三年困难”时期，再加上他们回国刚安顿下来不久就遭受了“十年浩劫”的打击，因此印度尼西亚归国华侨对于国家的感受是十分复杂的，感恩和怨言并存。而越南归国华侨是在中国改革开放之初来到农场的，当时农场的一切设施都较为完善，再加上从此以后他们没受到任何来自国家政治上的冲击，因此越南归国华侨对于国家的感恩之心溢于言表。在调查中，笔者能亲身体会到两个群体不同的心声。留在红河流域的印度尼西亚归国华侨谈得更多的是自己如何没再出去、以前在印度尼西亚生活如何好，以及对于现在国家归国华侨政策上的一些不满和期待等；但他们只字不提外出香港等地的亲人们的艰辛与困苦。比如，他们会说到没有回到祖籍广东的遗憾、当地侨联对他们关注关心不够、当地发展而华侨却没受到多少实惠等感受。特别是在回答其在回国之初、“文化大革命”及再移民潮来临时的感受时，不管是印度尼西亚归国华侨中的第一代，还是第二代甚至是第三代，他们说起来都是吞吞吐吐，欲言又止。笔者可以想象，回国经历特别是“文化大革命”对他们所造成的心理阴影。而留在红河流域的越南归国华侨则谈得最多的是如何在回国时受到祖国的热情接待，让他们这些难侨受宠若惊，外出侨民生活是如何艰辛和无助，等等。比如，很多的越南归国华侨都向笔者谈到越南消费高、经济也没中国好、政局也没中国稳定等。对于这些，我们无须对他们有太多的苛求，因为只有经历过那段特殊经历的人们才会感受到其中的痛与快乐。

这种复杂的感情，难以找到一个词来尽述。如果文艺一回，套用张爱玲的话，我们是否可以这样说：也许对他们来说，故乡至少有两个。生于异乡，久而久之，这是混了亲情、童年、口味、发小的原乡，而中国还是父母口中的“床前明月光”；回到中国，从最初的托庇所到成为滋养下半生的青草地，而“间关不远”的那第二个家，终成为心口上的一颗朱砂痣。同是华夏子孙，但不同的人生经历造就了印度尼西亚华侨和越南华侨不同的发展史，不同的发展史又形塑了他们不同的心路史，而在不同的心路史中却都体现了这两个特殊归国华侨群体对祖国的挚爱、对幸福生活的追求及对人生自我价值的彰显，这是中华民族生生不息之源，也是中华民族复兴之根。今天，在努力实现中华民族伟大复兴的时代背景下，我们应该充分认识和理解华侨群体特殊发展史，尊重他们、发动他们，让海内外华人华侨团结起来，以华夏儿女固有的聪明智慧为中华民族伟大复兴的“中国梦”的实现做出贡献。

第四节　红河流域归国华侨再移民浪潮的结束

20 世纪 80 年代中期，由于受国际社会对安置难民的条件要求逐渐严苛、香港地区经过前期劳动力的吸纳之后出现了劳动力剩余的状况，以及红河流域农场不断改制和场内干部职工变化等多方面因素的影响，红河流域印度尼西亚和越南归国华侨再移民浪潮基本完结。从此以后，由于各种历史原因回国的红河流域归难侨们正式实现了从“落叶归根”到“落地生根”的转变，这为他们更好地融入当地社会奠定了坚实的基础。也就是说，随着时代的变迁，红河流域归国华侨群体再移民的推力和拉力正慢慢消失，最终导致当地归国华侨再移民浪潮的结束。我们知道，对于任何一个实践活动来说，其之所以能顺利进行，不仅仅是客观性或主体性因素使然，而且是主客体相互作用的结果。这对于红河流域归国华侨来说，也不例外。一位学者在分析云南个旧云锡公司印度尼西亚归国华侨在去与留之间的徘徊状态时，对当地印度尼西亚归国华侨最后选择留下来的原因进行了如此总结：一是曾经申请赴港，但申请多年都未获批准；二是因为后期审批严格，名额有限，老人只能带部分子女赴港，剩下的子女仍在个旧；三是部分家庭的家长认为在云锡工作稳定，可以拿退休工资，而香港生活压力大，生存都可能成问题，因此没有申请；四是有的家庭海外关系少，难有申请机会；五是个别归国华侨去香港之后，适应不了那里的快节奏，又返回个旧。[①] 以上几种情形基本归纳和概括了红河流域归国华侨群体再移民浪潮得以结束的原因。

具体而言，促使红河流域归国华侨再移民浪潮结束的原因主要有以下几点：

首先，移民政策收紧。20 世纪 70 年代，由于中国和印度尼西亚还未正式建交，归国华侨们去印度尼西亚探亲或继承财产都要借道香港。同时，香港当时正处于经济腾飞期，需要大量的劳动力。因此，很多归国华侨就滞留在香港，香港地方政府也同意他们滞留，并给予他们身份证。归国华侨们早期是以去印度尼西亚探亲、继承财产为由申请出国的，后期以到香港和亲人团聚为理由居多。审批政策允许的是直系亲属中的父母和子女关系、配偶关系，而兄弟姐妹关系不被批准。归国华侨们一个带一个，最后形成归国华侨赴港潮流。但随着香港劳动力的逐渐饱和，再加上中国政府针对外出移民政策的逐渐收紧，这股从 20 世纪 70 年代开始的归国华侨再移民潮慢慢冷却下来，直到 1997 年随着香港回归祖国，这股移民潮得以最终结束。在香港移民政策变迁中，有两个重要的政策转折点，其对于加速和最终结束红河流域归国华侨的移民潮起到了重要作用。第一次转变是在 1974 年，香港政府开始边境堵截，实行“抵垒政策”，即只要成功越过边境进入市区，非法入境者就可以在亲友的陪同下领取合法居住证件，获得居留权。但由于大批的大陆移民涌入香港，港英政府被迫在 1980 年 10 月底取消“抵垒政策”，实行对非法入境者无论在香港何处被捕，即被送返中国大陆的“随捕随解”政策，此为第二次转变。此政策成为 20 世纪 80 年代的归国华侨、侨眷移民动因转变为以亲属团聚为主的最直接原因。港英当局移民政策和大陆侨务政策的转变，就构成了 20 世纪六七十年代归国华侨移居香港的移民政策背景，也是归国华侨集中于此时期移居香港的重要原因之一。[②] 总之，随着香港政府移民政策

① 孙东波：《云锡公司印度尼西亚归国华侨社会适应研究》，《华侨华人历史研究》2009 年第 4 期。

② 张文奎：《香港归国华侨的历史与现状》，华侨大学 2012 年硕士论文，第 18 页。

的收紧和香港的顺利回归，红河流域归国华侨群体再移民潮也就结束了。

其次，国内环境得以巨大改善。随着中国共产党十一届三中全会的召开，改革开放的发展之路开启了中国特色社会主义建设的大幕。在改革开放这股春风吹拂下，红河流域归国华侨农场贯彻落实了党的侨务政策和其他有关政策，平反了全部“文革”中的冤假错案，从心理上消除了归国华侨们的各种阴影和不安。农场不断以生产为中心、以管理为重点，进行了恢复整顿，调整充实了各级领导班子，选拔了大批归国华侨担任总场、分场和生产队的领导，进一步确立了他们当家做主的主人翁地位。农场又系统地进行了企业整顿，调整了经营方针和内部生产结构，修建了假莫代水库、甘庄糖厂，开办了华侨饭店和商店等，经济上实行财务包干的各种经济生产责任制度，不断改善和提高华侨们的经济收入。在政治、经济及文化等多方面的保障下，归国华侨们生产生活的环境得到了极大改善，这就为他们“落地生根”于农场提供了很好的外在条件。

再次，归国华侨们自身心态的变化。随着各种海外关系的用尽或疏离，以及国内外环境的不断变迁，归国华侨们对于再移民的外在动力逐渐消失了。同时，归国华侨第二代、第三代侨眷们的诞生，都在一定程度上促使归国华侨们对华侨农场的认同感不断增强。内外环境的改变，直接反映在归国华侨们自身心态的变化上。在调查中，我们听到了很多归国华侨侨眷们对于当时所处形势的理性分析。比如，在去与留的艰难抉择中，他们充分考虑到了自身年龄、能力、语言、文化等各方面因素。特别是农场员工作为农业工人的身份能让他们在退休后享受到来自国家方面提供的稳定的退休工资和福利等，这是他们不敢轻易离开农场的一个很大因素。因为在香港等地，退休后只有公务员才会享受退休工资，而其他人则没有这一待遇和福利。归国华侨们天生具有的不断求索精神是建立在他们对于自身利益得以保障的前提上的，因此，归国华侨群体自身心态的改变，是他们理性精神的产物，也是他们心灵智慧的最大彰显。一旦归国华侨扎根农场的心态得以确立，就会为他们更好地融入农场提供主体条件，这也就为结束农场再移民潮提供了一个最为重要的主体性保证。

最后，党和政府对归国华侨再移民行为采取了行之有效的对策。在 20 世纪 70 年代和 80 年代初，由于受经济环境、工作环境、社会舆论、同伴影响等多方面因素的影响，红河流域归国华侨群体中出现了一股再移民的浪潮。针对这股浪潮，各方力量因势利导，慢慢使其消退了下来。在这些力量中，各级政府和侨办组织则发挥了重要的作用。比如，在云南省人民政府侨务办公室文件《关于采取有效措施，坚决制止难侨外流的通知》中，我们就可以看出党和政府为了维护华侨农场的安定团结和广大归国华侨的利益，做了大量细致而有效的工作。

关于采取有效措施，坚决制止难侨外流的通知①

各华侨农（林）场、有关地（州）、县侨务办公室：

八月以来，我省部分华侨农场的216名难侨职工，受谣传的影响，已盲目外流到广东、广西等省区。为了稳定难侨职工的情绪，制止难侨外流，确保华侨农（林）场的安定团结，促进经济体制改革的顺利进行，特作如下通知：

1. 有关地（州）、县、侨办和各华侨农（林）场党委要引起高度重视，切实加强领导。各场要立即组织力量，及时掌握和了解本场难侨思想状况和外流情况，发现难侨职工及其子女有外流的动向，立即登门做好思想政治工作，要教育难侨职工不要轻信谣言、上当受骗。对已到广东、广西等地至今尚未回来的难侨，要逐个登记姓名、年龄、性别，以场为单位造册报省侨办，同时要采取有效措施，准备接回的工作。

2. 要关心难侨职工的生活和工作，对他们在经济体制改革中遇到的困难要及时帮助解决，有关难侨职工的生活福利方面的政策要严格按规定执行，对所出现的新问题，能解决的应予以解决，不能解决的要及时反映上报。

3. 要密切注意事态的变化，有情况要随时向当地人民政府和省侨办汇报。各场一定要把制止难侨外流作为一件重要的工作认真抓好。要加强对难侨的教育和管理，严格请假制度，对那些以种种借口企图外流的人员，要采取教育和行政手段相结合的办法，坚决制止，决不能听之任之，若出现大量难侨外流，要追究其单位领导的责任。

云南省侨务办公室

一九八七年八月十九日

① 云南省侨务办公室：《关于采取有效措施，坚决制止难侨外流的通知》（玉溪市档案馆资料），1987年8月19日。

总之，由于受到特殊的国家环境和国内环境的影响，红河流域归国华侨群体和全国其他华侨农场一样，都曾经历过一段再移民的高峰时期，但随着形势的不断改变，这股再移民高潮得以慢慢冷却下来。就全国各地方华侨农场归国华侨再移民的特点来看，正如一个学者总结福建厦门松坪华侨农场归国华侨们的再移民那样："根据松坪华侨农场侨联的资料，从 1972 年到 1994 年，全农场共有 458 位归国华侨侨眷离境，绝大部分到了香港，约占 87.6%（401 人），17 人到澳门，31 人到加拿大，5 人到美国，3 人到英国，1 人到澳大利亚。根据我们的初步调查，印度尼西亚归国华侨一般是通过亲属关系申请出境出国的。由于印度尼西亚一直对中国人入境定居实行严格限制，因此，大多印度尼西亚归国华侨出境后都留居香港。越南归国华侨的情况则有所不同，他们或通过亲缘关系被安置在发达国家的亲友处，或利用七八十年代时国际社会对'越南船民'提供的特殊援助，经广西北海出境到香港，以'难民'身份或留居香港，或转道它国。"① 社会成员的社会流动更加关注的是人们在获取财富、权力和声望等资源方面能力的变化，但人们对这些资源，不仅仅可以通过物理空间的简单位移获得，而且可以在社会关系网络形成的结构中获得。因此，在新时代中国特色社会主义建设中，红河流域归国华侨群体再移民者将会越来越少，因为归国华侨们在经济、政治及社会等方面都得到了最大程度的保障。

---

① 俞云平：《一个特殊社区的历史轨迹：松坪华侨农场发展史》，《华侨华人历史研究》2003 年第 2 期。

第六章 红河流域归国华侨群体的现实生活

20世纪70年代末，红河华侨农场开始大面积推广芒果、香蕉等经济作物的种植。1979年，甘庄华侨农场建立了农科站，并推广了双季稻、甘蔗等农作物的种植。1982年，甘庄糖厂发展起来，大多归国华侨成为糖厂中的一员。1983年，我国开始全面实行家庭联产承包责任制并逐步走向市场经济，华侨农场经济出现下滑端倪。1988年，云南省的华侨农场全部移交地方管理，并拉开华侨农场改革的序幕。至此，农场里开始出现学校、医院、派出所，华侨农场的职工基本养老保险金纳入社会统筹等。现在，甘庄华侨农场由于经济社会全面发展而拥有了元江“小香港”的称号。留下来的归国华侨，大都有了第二代、第三代，较好地融入了当地社会，大都把他乡变成了故乡。而远走的华侨，每当春节、清明的时候，还是会扶老携幼回来探亲，更是缅怀和感恩这里的山水和人民。

甘庄和红河农场的印度尼西亚和越南归国华侨经历了回国定居时的陌生感、改革开放之初一部分群体“再出国”的冲击之后，克服了侨场改革、文化代际传承等一系列现实问题，巩固了其对红河流域这个侨乡的认同感和归宿感。虽然说“文化变迁是随着时间的推移，在内外部因素的作用下，通过文化内部的整合而出现的为人们所认同，有别于过去的文化形态”①，但文化变迁也存在“变”中的“不变”成分。这些变的部分彰显了印度尼西亚和越南归国华侨群体在红河流域今天生活的差别。比如，越南归国华侨及其侨眷们大多以种植业为主，以理发师、修车等为第二职业；他们很少参与政治活动，只有少数在侨办或在村委会工作。而印度尼西亚归国华侨及其侨眷们则少数从事种植业，大多数是开小卖部、当教师或在机关单位工作。同是华夏子孙，不同的人生经历造就了印度尼西

① 郑晓云：《文化认同与文化变迁》，北京：中国社会科学出版社1992年版，第201页。

亚和越南归国华侨不同的发展史，不同的发展史其实展示了的是他们不同的心路史。

为了更好地呈现红河流域归国华侨们的现实生活，笔者主要是从政治、经济、社会及文化视角入手，力图较为全面地展现出这个特殊群体的现实生活。[①]但对于曾经生活于红河流域华侨农场的再移民归国华侨，由于受调查条件所限，很难对他们进行调查和研究，笔者只是在对红河流域留下的归国华侨中了解到一些再移民归国华侨的情况。比如，大量再移民去香港的归国华侨移居到香港之后，面临着对新环境的适应问题。工作上，他们仍以从事体力劳动为主，如搬运工和建筑工，另外一部分人从事保安工作，还有一部分人从事汽车维修、钳工、车工、电工、电焊工等工作，极少一部分人自己创业。总的来说，由于在香港生活成本高、工作压力大、没有退休工资、对文化程度要求高等，这些使得归国华侨在香港的生活总体上处于中下层。因此，本部分笔者主要是关注留在华侨农场的归国华侨的现实生活，在此说明一下。

第一节　红河流域归国华侨群体的政治生活

红河流域归国华侨的政治角色和地位在回国之初并没有受到多大的冲击，当时中国政府采取积极主动的方式不断提高归国华侨群体的思想意识，让他们尽快融入社会主义大家庭，成为自食其力的劳动者和建设者。但随着国家“左倾”思想的不断扩大，特别是“文革”期间，党的侨务政策受到了严重破坏，许多归国华侨、侨眷蒙冤受屈，遭到打击和迫害。同时，归国华侨、侨眷在升学、当兵、任职等各方面都受到了一定限制，致使归国华侨作为社会主义的一员平等地享受国家政策的权利难以得到保证。粉碎“四人帮”后，特别是党的十一届三中全会以来，党的侨务政策逐步得到落实，归国华侨作为国家的一员、社会主义的一员，其在国家及社会中应该享受的权利得到了保障。

① 这里的“现实生活”主要是指改革开放以后归国华侨们的生活。这种现实生活可以与农场的三次改革相联系，进而划分为三个阶段，也就是改革开放到1988年改革之前为第一阶段，1988年第一次改革到2009年农场彻底融入地方为第二阶段，2009年农场融入地方后为第三阶段。

一、农场第一次改革前归国华侨的政治生活

相对于红河华侨农场来说，甘庄华侨农场在人数和规模上都有优势。基于此，本部分主要以归国华侨人口最多的甘庄华侨农场为例，主要从政治视角入手去看农场为归国华侨所做的工作。这些工作开始时间为改革开放的1978年，到农场改革序幕拉开的1988年。通过这些工作，我们就可以知道红河流域归国华侨的政治生活状况。

第一，平反了冤假错案。1979年开始，对“文革”中受迫害的归国华侨进行了彻底平反，恢复了政治名誉，重新安排了适当的工作，给予了赔偿，恢复了名誉，补发了工资。

第二，落实了知识分子政策。农场的归国华侨、侨眷知识分子22人，其中9人已评定技术职称，6人担任中小学教师，按政策提高了工资待遇。对有专业知识或技能的归国华侨职工44户50人（截至1986年）进行了专业对口安置。不少归国华侨年轻人，经培训后调到技术岗位。截至1987年，在归国华侨、侨眷知识分子中，有8人被提拔为农场科级以上领导干部（包括总场党委书记1人，总场副场长2人）。

第三，坚持“一视同仁，适当照顾”政策。农场在归难侨、侨眷的入党、入团和参军、升学等问题上，和国内职工一样对待。历年来吸收归国华侨、侨眷党员13人，发展归国华侨、侨眷团员192人。归国华侨学龄儿童全部入学，并在升学时给予适当照顾。农场党委重视并积极提拔归难侨干部。全场现有在职在编归难侨干部49人，占干部总数的25%，其中担任各级领导的有21人，包括总场党委书记1人、总场副场长1人、分场正副职3人、分场科级6人、职工医院院长1人、生产队领导9人。在学校、医院及场办工商企业的招干、招工中，农场党委对归国华侨、侨眷按“一视同仁，适当照顾”的政策择优任命和录取。

第四，搞好侨联工作，激发侨胞爱国、爱乡热情。甘庄华侨农场于1984年1月19日成立了归国华侨联合会。侨联通过处理来信、接待来访，帮助归国华侨、侨眷解决实际困难，处理好红白喜事，协助办理出国探亲手续，接待国外亲人来场探亲等，尽量使场内归国华侨、侨眷和国外的华侨、港澳台同胞满意，进而使党的侨务政策扩大影响，充分发挥了侨务工作基地的作用。

通过以上措施和政策的实施，红河流域归国华侨的政治权利得到了充分的保障。此后，随着我国有关归国华侨、侨眷权益保护法律法规的正式颁布，红河流

域华侨农场认真组织管理人员和广大场员学习《中华人民共和国归国华侨侨眷权益保护法》《中华人民共和国归国华侨侨眷权益保护法实施办法》，以及玉溪市人民政府外事侨务办公室汇编的《归国华侨侨眷权益保护有关法律法规汇编》等文件，红河流域归国华侨、侨眷的合法权益得到了保障，归难侨中的大部分困难户纳入城镇最低生活保障。比如，甘庄华侨农场的场员、职工和离退人员基本养老保险从 1999 年 10 月 1 日起正式纳入社会统筹。但是由于收入低，农场一直存在欠缴养老保险的情况。2009 年的侨改工作对华侨农场归难侨 2007 年 12 月 31 日以前欠缴的基本养老保险费，由省财政区别不同情况和比例给予一次性补助，2007 年 12 月 31 日前退休的 1500 多名退休人员于 2008 年纳入县级城镇职工医疗保险统筹。[①] 总之，在各级政府的关心和支持下，红河流域归国华侨的各项权利得到了法律法规的保护，并在现实中得到了落实。

云南省侨办根据 1983 年国务院侨办会同有关部委发出的《关于适当照顾解决归国华侨、侨眷住房困难及其子女升学就业等问题的通知》和《关于处理六十年代初期精简的归国华侨职工问题的意见》等文件，并结合云南省实际制定出解决归国华侨、侨眷实际困难的政策。这些都说明党和国家对于归国华侨群体的重视、关心和帮助，也在一定程度上反映了归国华侨群体在国家政治生活中的地位。直到今天，有些针对华侨、侨眷的优待优抚都还在继续执行。

1983 年，在落实各项侨务政策的过程中，针对归国华侨、侨眷中存在的问题，云南省侨办会同相关部门发出了这样的通知：

（1）在解决归国华侨住房问题时，住房有困难的单位，在单位财力允许并经当地计划部门批准的情况下，可向当地房屋统建单位申请购房，房屋统建部门应优先售给。单位在分配职工住房和确定住房面积时，对归国华侨知识分子可适当放宽条件，予以照顾。

（2）对归国华侨青年、归国华侨子女、华侨在国内的子女报考各类学校时，凡统考成绩达到当地规定的分数线，应予录取；考分低于录取分数线 10 分以内的，可照顾录取。

（3）对归国华侨青年、归国华侨子女、华侨在国内的子女在劳动部门统一招工中，招工统考总分低于当地录取分数 20 分以内的，可照

① 《深刻的变化　巨大的成就——甘庄农场五十年的历史变迁》（内部资料）。

顾录取。

(4) 在高等学校毕业生分配中，归国华侨学生和归国华侨子女，在服从国家需要的前提下，尽可能分配到父母或配偶所在地，父母不在国内的，如本人有合理要求，也可根据情况在分配地区上适当考虑照顾。

(5) 对60年代初期精简下放的归国华侨职工，凡未达到退休年龄尚能工作的，可在全民或集体所有制单位安排适当工作，其再次参加工作后的工龄与精简前的工龄连续计算，工资可参照精简前的原工资结合本人现在担负的工作及个人表现重新评定；年老体弱不能参加工作的，可按退职处理，发给退职费。①

在这个通知指导下，各地区、各单位根据上述通知精神，在解决归国华侨、侨眷住房困难及其子女升学就业等问题时，一般都能给予照顾。大专院校招生时，省招生委员会办公室每年都通知省侨办派人参加，较好地解决了适当照顾归国华侨青年、归国华侨子女升学的问题。在处理20世纪60年代初期精简的归国华侨职工问题时，有的单位主动找侨务部门协同做好工作，省地质矿务局、省煤炭工业厅等单位还派专人到广东等地农村，为精简下放的归国华侨落实政策。由此可见，国家对于归国华侨及其侨眷的重视。

二、红河流域归国华侨政治生活中的三次改革

在红河流域归国华侨群体的发展历程中，国家对华侨农场进行了三次改革：

第一次，1988年，云南省的华侨农场全部移交地方政府管理，农场开始实行农业职工家庭联产承包责任制，承包户与工资脱钩，自主经营，定额上交承包款。职工必须按照农场的要求种相应的作物并最终把这些作物交给农场，由农场统一处理，为此甘庄华侨农场设立供销公司。

第二次，2000年，云南省政府出台了《关于全面推进全省华侨农（林）场深化经济体制改革的通知》，通知中明确了农场国有农业企业的性质。根据这一通知精神，2001年甘庄和红河华侨农场开始了第二次改革。此次改革中原农场

① 云南省侨务办公室等：《云南省志·侨务志》，昆明：云南人民出版社1992年版，第49页。

男未满50周岁、女未满45周岁的固定职工办理一次性离职手续，解除劳动合同，身份变为场员，场员与农场不再具有劳动关系。同时将华侨农场的职工基本养老保险纳入社会统筹，建立了农场、职工、场员共同承担的社会养老保险统筹制度。甘庄华侨农场建立了场员家庭联产承包和农场统一经营相结合的双层经营体制，贯彻土地承包30年不变的政策。红河华侨农场建立了与家庭联产承办经营、个体私营经济相适应的场员制度，农场社会事务移交地方政府归口管理；建立了场员、职工养老保险制度等。国营红河华侨农场改称为元江县红河华侨农场、元江县红河华侨实业有限公司，实行两块牌子一套人马的管理机制，属农业企业。

第三次，2009年3月13日，甘庄华侨农场并入青龙厂镇，农场的历史到此结束。对于农场场员来说，他们彻底告别了数年来“工不工、农不农”的尴尬处境，最终实现侨场体制融入地方、管理融入社会、经济融入市场的目标，解决了农场多年来的拖欠职工工资、危房改造等诸多历史遗留问题。2005年4月15日，经元江县人民政府批准，成立红河华侨农场实业有限责任公司，公司法定代表人由农场场长兼任。2009年红河华侨农场并入澧江镇，华侨农场的历史正式结束。

从红河流域华侨农场三次改革中，我们可以清晰地看到归国华侨的社会身份经历了一个很大的转变。红河华侨农场归国华侨社会身份的变化为：农场职工（国营农场）—农场场员—居委会成员；甘庄华侨农场归国华侨社会身份的变化为：农场职工（国营农场）—农场场员—村委会成员。

以下就是红河华侨农场改制的相关通知和批复：

国营红河华侨农场划归元江县哈尼族彝族傣族自治县人民政府领导交接书

根据《省人民政府批转省侨办〈关于我省华侨农（林）场领导体制改革的意见〉的通知》（云政发〔1988〕8号），为认真贯彻落实党的十三大精神和中发〔1985〕26号、云发〔1986〕33号文件，以加快深化华侨农（林）场的经济体制改革，省侨办与玉溪地区行署、元江哈尼族彝族傣族自治县人民政府派出工作组，共同就国营华侨农场由省侨办主管划归元江哈尼族彝族傣族自治县人民政府领导的交接问题进行了协商，一致认为交接准备工作已就绪，同意以该场一九八七年终统计和财务结算为移交清册，并定于一九八八年六月十二日在元江哈尼族彝族傣族自治县人民政府所在地办理具体交接签字手续。

交接各方认为，国营红河华侨农场归元江哈尼族彝族傣族自治县人民政府领导后，各方均应全面正确地继续贯彻执行云政发〔1988〕8号文件，为把该场的改革和生产建设不断推向前进做出各自的努力。

本交接书一式四份，省侨办、玉溪地区行署、元江哈尼族彝族傣族自治县人民政府、国营红河华侨农场各一份。

本交接书经签字后生效。

侨办发〔2001〕47号　　　　　　签发人：万兆灿

关于元江县甘庄、红河华侨农场《深化经济体制改革实施方案》的批复（摘要）

玉溪市人民政府：

你市上报的元江县红河华侨农场《深化经济体制改革实施方案》已经省政府原则同意，现批复如下：

一、同意上报的改革实施方案，请按照省政府云政发〔2000〕211号文件认真组织实施

二、改革经费安排

1. 场员制度改革经费

红河华侨农场共有362名农业职工改制为场员，按工龄计算并交由当地社会保障机构建立基本养老保险个人账户使用的一次性离职补偿金1329万元，按48∶52的比例规定和你市确定的市、县、场出资安排意见，省财政出资863万元（其中：红河113万元），市、县财政出资396万元（其中：红河52万元），红河华侨农场出资70万元。省财政出资部分在2002年内支付到位，市、县、场出资部分在2002年内分期支付到位。

2. 基本养老保险纳入社会统筹定额补助经费

从1999年10月1日起纳入社会统筹的职工79人、场员362人、离

退休人员258人，核定起始年农场、职工和场员年应缴基本养老保险费52万元，年应支付的离退休人员基本养老金132万元。

缴费收入不足支付华侨农场离退休人员基本养老金部分，经一次性核定由中央和省给予定额补助，金额为每年80万元。

统筹时间从1999年10月1日起执行，其中1999年10月至2000年12月中央和省财政补助数额为100万元。

3. 场办社会职能剥离经费补助问题

请按省政府云政发〔2000〕211号文件附件五规定办理。

三、实施中应注意的问题

1. 实施改革的同时，市、县政府及有关职能部门要加强对两个华侨农场经济发展、员工增收工作的领导，认真做好协调服务工作。帮助其制定切实可行的发展规划和措施，充分发挥资源优势，调整、优化生产经营结构，按照市场需求发展多种经营，以改革和科技为动力，促进林场经济稳步发展和员工群众收入逐年增加，以发展保稳定，确保改革见成效。

2. 在实施场员制度改革、建立场员家庭联产承包责任制的过程中，既要积极，又要稳妥，要在充分调查研究和听取员工意见的基础上制定符合场情的实施方案报县委、县政府批准后实施。

3. 市、县体改、经济管理和劳动部门要加强对华侨农场工商企业的改革、改制工作的指导。按照现代企业制度的要求改善内部经营机制。工商企业和农场管理服务机构的劳动用工制度改革要按照《劳动法》的规定进行清理规范，依法建立企业职工制度。

4. 对华侨农场贫困人口特别是归国华侨、难侨贫困户的解困脱贫工作，要制定切实可行的措施，认真解决好贫困户的脱贫问题。

5. 要着力做好改革后场员基本养老保险个人续保缴费工作。要做好国家关于社会保障制度改革的宣传教育，增强个人社会保障意识。对少数个人续保缴费有困难的改制场员要采取有效措施，帮助他们发展生产，增加收入，确保按时足额缴费。

6. 农场离退休人员基本养老金纳入社会统筹后，参统前农场发放的退休待遇高于按企业参统项目核定的参统退休待遇部分和不符合国家和省统筹项目规定的市县出台的增加离退休待遇部分，由农场根据负担能力自行处理。

7. 关于要求在农场设置派出所的问题，请市、县政府和公安部门按新设置的有关规定办理。

此复。

省华侨农（林）场经济体制改革协调会议办公室

二〇〇一年四月三十日

在云南省华侨农（林）场经济体制改革协调办公室对玉溪市人民政府上报的关于元江县甘庄、红河华侨农场《深化经济体制改革实施方案》的批复指导下，红河流域的甘庄和红河华侨农场积极行动起来，全面推行农场管理机构改革，制定了各自农场场员家庭联产承包经营土地的实施办法。下面就是红河华侨农场关于农场机构改革和联产承包经营土地实施办法的相关通知：

元江县红河华侨农场场员家庭联产承包经营土地实施办法

（二〇〇一年十二月七日第一届场员代表大会第一次会议审议通过）

（二〇〇二年一月八日第一届场员代表大会委员会第三次会议修改）

为了全面贯彻落实《云南省人民政府关于全面推进全省华侨农（林）场深化经济体制改革的通知》精神，以邓小平理论和江总书记的“三个代表”重要思想为指导，结合农场实际制定本办法。

第一条　建立以场员家庭联产承包经营土地为基础和农场统一经营土地相结合的双层经营体制。建立以公有制为主体和多种所有制经济共同发展的适应现代市场经济的基本经济制度。

第二条　建立双层经营土地的体制，必须坚持全场土地国家所有；坚持土地承包公开、公平的原则；坚持场员家庭联产承包土地自主经营、自负盈亏的经营方针；坚持土地承包期一定30年不变的政策。

第三条　场员家庭联产承包经营的土地范围是县和场开发经营规划用地以外的农业生产经营用地（含林果地和鱼塘）。

第四条　场员家庭联产承包经营土地的人员范围。

（1）凡属2001年11月30日前户口在农场的场员、自然场员以及子女和职工的子女均可参加土地的承包经营。

（2）场员、自然场员、职工的配偶以及子女属农业户口的，虽尚未迁入农场落户，但于2001年11月30日前提供乡、村、组三级证明在原籍已退出土地或无承包土地的，均可参加土地的承包经营。年满16周岁的参照自然场员分配土地，未满16周岁的子女按本条第四款的规定执行。

（3）职工、场员、自然场员的子女，虽户口迁离农场，但在校读书或毕业等待分配或在部队服役的，参照自然场员分配土地，若国家机关、企事业单位正式招收录用或士兵提干后，土地由农场收回经营。

（4）按照计划生育政策的有关规定，夫妻双方都是归国华侨的两个子女和非归国华侨家庭的一胎孪生子女参照自然场员分配土地；其他职工、场员、自然场员未满16周岁的子女，1人比照自然场员分配土地，其余的子女按自然场员标准的50%分配土地。

第五条　2001年11月30日前未满14周岁的超生子女和已满14周岁但其父母尚未交清超生罚金的超生子女不得参与分配土地。

第六条　下列人员暂不分配土地。

（1）2001年11月30日前，以各种原因离场3年以上未归的人员。

（2）因违法被处以劳改或劳动教养尚未回场的人员。

（3）1999年10月1日以后落户的与农场没有工作关系，与农场职工、场员、自然场员没有夫妻关系、父母子女关系的人员。

第七条　根据农场现有可分土地面积的地力差别和人员结构情况，原则上按参与承包土地经营的场员与自然场员有所区别，一胎子女与二胎及以上子女有所区别的办法进行分配。具体分配措施是：以耕地为基准，一等林果地多分10%，二等林果地多分30%，三等林果地多分60%，四等林果地多分100%。即场员可分耕地1.5亩，或分一等林果地1.7亩，或分二等林果地2亩，或分三等林果地2.4亩，或分四等林果地3亩。自然场员可分耕地1亩，或分一等林果地1.1亩，或分二等林果地1.3亩，或分三等林果地1.6亩，或分四等林果地2亩。二胎及其以上子女可分耕地0.5亩，或分一等林果地0.6亩，或分二等林果地

0.7 亩，或分三等林果地 0.8 亩，或分四等林果地 1 亩。

第八条　土地分配时，由参与土地承包经营者用抽签的方式决定。

第九条　承包面积确定后，各承包户主必须与农场签订承包合同，依法建立经济关系。

第十条　场员、自然场员及其子女和职工子女承包的土地承包期为 30 年，承包期内实行增人不增地，减人不减地的政策。

第十一条　保留职工身份人员要求承包土地的，安排在县、场规划区内，在批准退休、退职或调离农场前由个人经营，待退休、解除劳动合同或调离农场后，其土地由农场收回经营。

第十二条　凡属场员、自然场员及其子女和职工子女承包的土地，农场不再收取承包费。但各种税费、各种社会保险统筹金和军烈属优待金等社会性费用均由承包经营土地者缴纳。

第十三条　农场统一经营的土地，采用先交款后经营的方法，以竞标的方式承包。优先由无固定岗位的职工承包，其次由场内其他人员承包。发包期内，场内无人愿意承包时可向场外发包。保留职工身份人员中标承包后，其税费和应由个人按比例缴纳的基本养老保险统筹费、医疗保险统筹费等由个人缴纳。

第十四条　场员家庭联产承包经营及职工竞标承包经营的土地，不得改变其农业生产经营用途，不得在承包土地内建盖永久性建筑物和葬墓，自觉保护生态环境。若有违反，无条件拆除，恢复原貌，情节严重的，交由司法机关处理。

第十五条　被聘用在机关及工商企业工作的场员、自然场员的土地均由个人经营，但按场员标准计算的各种税费、社会保险统筹费和军烈属优待金等，均由个人全额承担，其余部分由场内各用人单位承担。

第十六条　经农场、队长和本场场员代表共同界定区域内的扩耕部分从 2002 年 1 月 1 日起一律纳入承包土地进行分配；界定区域以外的由个人投资开发的荒山，按照原来的规定，开发者免交承包费经营 8 年，期满后由本队队长、本队场员代表和农场共同核定后，优先由原开发者承包经营。原开发者不愿经营的，由农场收回后实行招标经营。

第十七条　承包户整户迁出农场或自然消亡的，个人不得自行转包、转卖、转租，其自建的经济林果园、鱼塘等经评估作价后由农场给予适当补偿，其承包经营的土地由农场如数收回后，发包经营。

第十八条　属无劳动能力、无固定收入、无供养人的“三无”人员应分配的土地，由农场直接经营，经营所得的纯收入用于供养这部分人员。

第十九条　土地分配前领取生活费的人员，其土地由农场经营。需自行经营土地的，从承包之日起农场不再发给其生活费。

第二十条　在签订土地承包经营合同前，职工、场员、自然场员及其家庭成员，均必须交清拖欠农场的各种款项，若一时无力交清的，经本队队长、本队场员代表评定认可后，由自己提供财产担保或由有相应经济能力的第三人提供担保，并与农场签订《还款协议》和《担保书》后方可参加分配土地。否则，农场对其延期发包土地，待欠款交清后，再给予分配土地。

第二十一条　承包区域内的水利设施和交通设施归农场所有，根据谁受益谁投资的原则，由受益者使用和管理维护。

第二十二条　原有田间道路、水沟被个人占用的，必须一律退出和恢复，由队长组织受益者和本队场员代表共同督促执行。

第二十三条　经本队队长和本队场员代表小组评定为影响道路通行及其未经农场批准擅自栽种而又影响承包地日照的果树，必须一律砍除。由队长组织受益者和本队场员代表督促执行。

第二十四条　各承包户经营管理的作物，以地界为准，必须妥善处理，不得相互侵占。由本队队长和本队场员代表督促。

第二十五条　三、五、七、九队的荔枝地和青枣地视为耕地进行分配。

第二十六条　本办法经场员代表讨论通过，并由县人民政府批准后施行。

第二十七条　本办法由农场办公室负责解释。

不久，《元江县红河华侨农场场员家庭联产承包经营土地实施办法》就得到了元江县人民政府的批复。

关于《元江县红河华侨农场场员家庭联产承包经营土地实施办法》的批复

元政发〔2002〕9号

红河华侨农场：

你场上报的《红河华侨农场关于批准执行（场员家庭联产承包经营土地实施办法）的请示》收悉。经县人民政府研究，现批复如下：

一、为全面贯彻落实《云南省人民政府关于全面推进全省华侨农（林）场深化经济体制改革的通知》（云政发〔2000〕211号）和《关于元江县甘庄、红河华侨农场〈深化经济体制改革实施方案〉的批复》（元政发〔2001〕47号）文件精神，深化农场改革。原则同意上报的实施办法。

二、请严格遵照实施办法，认真组织实施。

元江县人民政府

2002年1月24日

同时，红河华侨农场管理委员会为了更好地推动农场经济体制改革，还特别制定了与经济体制改革相配套的管理机构改革的相关规定。这样，经济体制改革就有了较为有效的政治体制改革为之保驾护航。

关于全面推行农场管理机构改革的通知

场属各单位、机关各科室：

为全面完成我场的经济体制改革，尽快适应市场经济和改革后的农场经营机制，以便实现经济增长，企业增效，场员、职工增收的改革目标，根据省政府〔2000〕211号文件“按照‘精减、效能’的原则精简侨场管理机构和行政管理人员”的要求和《红河华侨农场经济体制改革实施方案》的规定，农场党政领导班子于2002年3月22日讨论决定，对我场管理机构实行全面改革。现将有关事项通知如下：

1. 机构设置及工作职责

农场下设一室两科、两个片区管理小组和两个公司，即办公室、生产经营科、财务科和第一片区管理小组（含原一队、三队、养殖业队和机关公司参与分配土地人员）、第二片区管理小组（含原五队、七队和九队）。

办公室负责农场党委行政的内外收发、文秘档案、信访、督办督查、人事劳动管理、企业内保和机关的行政、后勤服务工作。片区管理小组负责在辖区内贯彻落实农场党委行政的各项决定，搞好场员家庭联产承包经营的管理和服务工作，认真抓好辖区内的各项社会事务。

生产经营科负责全场的农工商贸生产经营、生产技术、生产安全工作等，并完成场领导交办的临时任务。

财务科负责全场财务、统计和资产管理等工作，并完成场领导交办的临时任务。

2. 人员编制

场部机关共设置脱产管理人员 12 名（不含 2 名调研员）。

办公室设主任 1 名、工作人员 3 名，共设 4 名（不含聘用的驾驶员）。

生产经营科设科长 1 名、科员 1 名，共设 2 名。

财务科设科长 1 名、科员 1 名，共设 4 名。

场部机关一室两科以外的其他工作，不再设置专职人员，由 4 名场领导分工直抓。

片区管理小组各聘用组长 1 名、组员 2 名。聘用期间由农场发给适当补贴。

两个公司的人员编制按有关规定实行。

3. 管理人员的选聘任用

管理人员的选聘根据《红河华侨农场经济体制改革方案》的规定实行，以公开、公平的原则，“打破工干界线，实行竞争上岗，考核聘任”。

科室负责人由场长提名，报请场党委按有关程序考察、考核决定，由场长聘任或解聘。

其他人员由科室负责人提名，报请场领导班子审批，由科室负责人聘任或解聘。

管理人员聘用时间一聘三年，即从 2002 年 4 月 1 日起至 2005 年 3 月 31 日止。

4. 时间安排与方法步骤

管理机构改革工作时间安排41天（含节假日），即从3月1日至10日为调查摸底阶段；3月11日至20日为拟订方案、宣传动员阶段；3月21日至25日为个人竞聘阶段；3月26日至4月5日为双向选择、确定聘用阶段；4月6日至10日为小结阶段。

保留职工身份的人员，在管理岗位落聘的，除1999年9月30日前，女年满45周岁、男年满50周岁的人员外，全部参加工商企业改革，按工商企业改革的有关规定办理。

中共红侨农场委员会
2002年3月22日

在云南省、玉溪市及元江县相关政策的指导下，甘庄和红河华侨农场正式进行了经济体制和政治体制改革。比如，2002年2月，红河华侨农场就实施了劳动用工制度改革，343名职工与农场解除劳动合同关系，并进行了土地分配，以合同的形式将土地承包经营权长期固定下来，土地承包制度30年不变，自主经营和自负盈亏。2002年3月，农场实行机构精简，全面推行管理机构改革。场部设一室二科（办公室、财务科、生产经营科）；场部机关设有管理人员12名（不含2名调研员）；场部下属分两个片区管理，兼职管理人员6名。后来，随着经济体制改革的不断深入，农场政治体制也在不断调整，为农场的现实发展奠定了坚实的基础。

红河流域两个华侨农场经过经济体制和政治体制改革后，在一定程度上打破了长期限制农场发展的一些桎梏。在致公党玉溪市委调研组针对甘庄和红河两个华侨农场体制改革的调研中，调查组对两个华侨农场经济体制改革的成效、面临的挑战及进一步推进措施进行了较为深入的探析。比如，调查组指出华侨农场的国有农业企业的性质得以进一步明确，两个农场建立起了“县属县管、管人管事”相结合的农业企业领导管理机制，改革了劳动用工制度，建立起了场属制度、改革养老保险制度，将华侨农场的职工基本养老保险纳入社会统筹，剥离了农场的社会的职能，建立了场员家庭联产承包责任制和统分结合的双层经营体制，场办工商企业得以改制成为民营企业等。但总的来说，由于农场历史负债高，缺乏发展资金，收入少，支出大，收支不平衡，难以摆脱亏损的窘况，难以统筹农场长期遗留的养老保险续缴等。调查组认为问题的根源在于农场体制上的不顺。因此，针对这种情况，调查组提出了进一步深化改革的具体措施。①

经过一系列改革，最终甘庄、红河华侨行政撤并，归入地方管理。

元江县人民政府关于甘庄、红河华侨农场行政撤并的决定②

各乡镇人民政府、农场，县直各单位：

根据《国务院关于推进华侨农场改革和发展的意见》（国发〔2007〕6号）、《云南省人民政府关于推进全省华侨农（林）场改革和发展的实施意见》（云政发〔2008〕13号）文件精神和《玉溪市人民政府关于推进甘庄和红河华侨农场改革和发展实施方案的批复》（玉政复〔2008〕242号）文件要求，按照《中华人民共和国村民委员会组织法》和《中华人民共和国居民委员会组织法》规定，为加快华侨农场改革和发展，努力改善侨区广大人民群众生产和生活，建立和完善侨区村（居）民群众自治制度，元江县人民政府决定对甘庄华侨农场和红河华侨农场进行行政撤并。

一、甘庄华侨农场行政撤并

1. 甘庄华侨农场并入青龙厂镇，保留甘庄华侨农场牌子。成立青龙厂镇人民政府华侨事务管理办公室，负责甘庄华侨农场有关华侨事务工作。甘庄华侨农场按照合作经济组织形式运营，甘庄华侨农场管辖范围不变。

2. 撤销甘庄华侨农场下设的甘庄分场、红新分场、干坝分场，设立青龙厂镇甘庄村委会、红新村委会、干坝村委会。

3. 撤销甘庄华侨农场甘庄分场一队、红新分场一队、干坝分场一队等29个生产队，设立青龙厂镇甘庄村委会玉龙村民小组、红新村委会畜牧队村民小组、干坝村委会黑莫垤村民小组等35个村民小组。

---

① 致公党玉溪市委调研组：《深化云南华侨农场体制改革的若干思考——元江县甘庄、红河华侨农场调研报告》，《云南社会主义学院学报》2006年第1期。

② 在这一部分中，前面几个文件及决定都出自于《红河华侨农场场志（1978—2005）》（内部资料），这一文件则来自云南省政府信息公开门户网站玉溪市元江县政府信息公开门户网站（http：//www. yjx. gov. cn/Xxxs. aspx？ id = 2009032409042563. ），特此说明。

二、红河华侨农场行政撤并

1. 红河华侨农场并入澧江镇，保留红河华侨农场牌子。成立澧江镇人民政府华侨事务管理办公室，负责红河华侨农场有关华侨事务工作，红河华侨农场按照合作经济组织形式运营，红河华侨农场管辖范围不变。

2. 设立澧江镇红侨社区居民委员会。

3. 撤销红河华侨农场下设的场部管理片区、老虎箐管理片区。设立澧江镇红侨社区居民委员会红侨居民小组、老虎箐居民小组。

二〇〇九年一月九日

总之，对于红河流域的归国华侨群体来说，在他们回国发展的历史过程中，祖国始终是他们最大的依靠。比如，在他们回国之时的安置问题上、回国之初的日常生活中、现实改革的适应中，甚至包括他们的未来发展中，强大的祖国始终是与他们同在。今后，祖国也会一如既往地给予他们最大的支持和帮助。当然，今天的他们，早已经成为社会主义建设者和社会主义国家的主人，其政治地位得到了最大限度地展现。

第二节　红河流域归国华侨群体的经济生活

红河流域归国华侨的经济生活及其经济状态始终是与国家、农场的发展分不开的。可以这样说，他们的经济命运是和国家的政策紧紧相连的。本部分笔者将他们的经济生活分为三个阶段：第一个阶段就是农场第一次改革之前的归国华侨经济生活；第二阶段就是农场第一次改革和第二次改革后的归国华侨经济生活；第三阶段就是农场第三次改革后的归国华侨经济生活。

一、农场第一次改革前归国华侨的经济生活

对红河流域归国华侨在20世纪七八十年代的大量外流，元江县侨办主任认为这引起了国家对侨务工作的高度重视，甚至成了侨场发展的一个契机。从此，国家开始从资金和项目上对侨场进行倾斜，1982年投产的甘庄糖厂就是当时借

此机遇发展起来的。

因为大部分归难侨有海外关系，农场开始变得让人羡慕起来。比如，归难侨眷张新香一家除她以外的其他人都去了香港定居，她家的电视机、漂亮时装等都是从香港寄来的，这些东西当时在当地人眼中都是稀罕物件。华侨农场职工是最早拥有电视的人，到1986年，仅甘庄华侨农场职工就拥有黑白、彩色电视机403台。当时当地人最想去的单位就是华侨农场，1978年红河华侨农场附近的两个大队被并入农场，让其他人羡慕不已。比如，1979年当地教师卢德福如愿从当地小学调入红侨小学，尽管工资和当地小学的一样都是47.5元，但是在农场小学有住房，孩子可以就近入园，看病也可以报销。因为政策倾斜较大，在这一时期，华侨农场经济开始高速发展，而作为国营农业企业的华侨农场也开始发挥其“科技化”的优势。红河华侨农场开始大面积推广芒果、香蕉等经济作物。1979年甘庄华侨农场建立了科技站，并推广了双季稻，高产高糖的早、中、晚熟甘蔗等农作物种植，为当地经济的发展做出了突出贡献。

直到1988年第一次改革之前，甘庄华侨农场自建场到1979年的20年间，农场一直是由主管部门每年下达生产建设计划，年终按财务预算，盈利上缴，亏损给予补贴。农场给生产队下达生产任务，生产队统一安排农活，分组集体劳动。职工实行计时等级工资制，在等级工资的基础上评工记分，按分付酬。1980年起，云南省侨办对农场实施“亏损包干补贴”办法，逐年核定亏损补贴数额，减亏留用，超亏不补。1985年，农场扭亏为盈后，年利润在100万元以内，全额留给农场；超过100万元的部分，上缴主管部门50%。1980年，农场对生产队实行“定产、定成本、定盈亏、超产计奖”（简称“三定一奖”）办法。1982年，土地分配到户，实行“联产计奖赔”。1984年起，全面推行家庭联产承包责任制。1985—1986年不断完善家庭联产承包责任制，逐步发展工商专业户，试办家庭农场，到1987年末，全场有各类家庭承包户1355户，其中离土不离场的工商专业户71户，试办了职工家庭农场4个。从1987年起，职工家庭农场、农林牧渔承包户、工商专业户均与原工资脱钩，自主经营，自费经营，自负盈亏，向农场交纳公共积累资金。自1979年以来，农场的主要产品产量、产值、销售收入逐年上升。工农业总产值1979年为187.8万元，1980年为207.5万元，1987年为1150万元；全员平均产值1979年为577元，1980年为662元，1987年为4229元；销售收入1979年为241.4万元，1980年为294.7万元，1987年为2152万元。1980年职工人均年纯收入566元，1987年达1846元。职工实行公费医疗，家属子女医药费补助一半。职工实行退休制度，达到退休年龄的职工，农场发给退休金。职工住房除当地并场的少数民族职工住房自建自住为私有外，其余人员的住房由国家投资建盖。到 1987 年末，全场有公建职工住房 41697 平方米，住房条件逐年改善。职工生活水平不断提高，银行存款增加，1980 年农场职工银行存款 52 万元，1987 年为 220 万元，增长 3 倍多。到 1987 年末，职工家庭购买收录机 510 台、电视机 400 台、电风扇 192 台、自行车 1653 辆、洗衣机 73 台、摩托车 60 辆、电冰箱 9 台。

1980—1984 年期间，主管部门分年给红河华侨农场核定亏损指标，按指标弥补亏损，超亏不给，减亏留用。从 1985 年起，实行"亏损包干补贴，一定五年不变，分年结算，减亏留场，超亏不补"的办法。1983 年农场对职工实行"联产计赔"，1984 年土地到户，分等定产，联产计发工资。1987 年实行家庭联产承包，职工与原工资脱钩，自负盈亏，定额上缴管理费和公共积累资金。全场农林承包产达 309 户，承包职工 460 人。1987 年末，农场拥有固定资产 329.4 万元，工农业产值 33 万元，全员平均产值 530 元。从 1961 年建场以来，除 1965 年盈利 2.19 万元外，其余年份均亏损。1974—1987 年的 14 年间，农场累计亏损 313.45 万元，其中 1987 年亏损 16.15 万元，比 1980 年亏损的 27.75 万元下降了 42%。建场以来，职工生活逐步得到改善。建场初期，职工人均年工资收入为 250 元，1978 年增加到 462 元，1987 年职工人均年纯收入为 1070 元，比 1980 年的 544 元增长 93%。随着收入的增加，已有 30 户职工购置了手扶拖拉机，农忙务农，农闲开始多种经营。1987 年末，农场拥有公建职工住房 14431 平方米，平均每人占有公建住房 11.3 平方米，比建场初期人均占有住房面积 6.2 平方米增加了 5.1 平方米，住宅条件得到了根本改善。①

总的来说，虽然红河流域两个农场从建场以来基本上是以亏损为主，但是由于国家对归国华侨及其居住地的农场政策上的倾斜和支持，农场中归国华侨的经济生活逐年得到提高，农场及归国华侨们的经济生活令当地人羡慕。

二、农场第一次和第二次改革后归国华侨的经济生活状况

随着我国经济体制改革的推进，红河流域农场经济体制也发生了一系列的变

① 云南省侨务办公室等：《云南省志・侨务志》，昆明：云南人民出版社 1992 年版，第 75～80 页。

化。从1983年全国开始推行家庭联产承包责任制以来，华侨农场经济就出现了下滑的趋势。看着地方都开始包产到户，自己却还在农场里吃大锅饭，1978年好不容易并入红河华侨农场的老虎箐、鲁倮两个傣族农村生产队要求脱离农场。在计划经济和市场经济的冲击下，1988年，云南省的华侨农场全部移交地方政府管理，拉开了华侨农场第一次改革的序幕，从此农场里出现了学校、医院、派出所等部门。同时，虽然农场实行家庭联产承包责任制，但这种联产承包责任制和一般地方的联产承包责任制却有所不同。农场的职工必须按照农场的要求种相应的作物并最终把这些作物交给农场，由农场统一处理。这种集体经济模式一方面难以像个体经济那样根据市场需求积极转化经营，另一方面也影响了职工的生产积极性。农场当时的发展状况，可以从如下材料中体现出来：

由于长期体制不顺、包袱沉重、情况特殊、缺乏生机，农场困难越来越严重，经济形势越来越严峻。1992年，实际亏损447.1万元，1993年预计将亏损500多万元。1992年9月2日以后，靠贷款发工资；从今年（1993年）3月起，借贷款无门，发不出工资，1525名职工和离退休人员及其家属的生活无着落，农场被迫放假自谋生路。[①]

面对这种情况，云南省政府一方面筹措资金帮助农场解决归国华侨群体的生活困难问题，另一方面则相继出台了新的政策，进一步提出深化华侨农场经济体制改革的决定。比如，云南省侨务办公室为解决甘庄华侨农场特困职工生活困难的问题，专门拨给特困归国华侨一次性救济费：

元江县甘庄华侨农场：

甘庄华侨农场陷入困难和部分归难侨职工生活十分困难，对此，县委县政府给予了极大的关怀，经研究决定，从我办行政事业经费中拨五万元帮助解决部分归难侨的特殊困难，请农场管好用好。此款请列入一

① 玉溪地区行政公署办公室：《元江国营甘庄华侨农场步履维艰》（玉溪市档案馆档案资料），1993年2月17日。

九九四年华侨事业费，由归难侨生活补助费款项列支。

云南省侨务办公室
一九九四年十一月二十一日[①]

这一次改革的重点主要是解决农场职工和农场的劳动关系问题，职工从此变为场员。华侨农场的基本职工养老保险纳入由职工、农场、场员共同承担的社会养老保险统筹制度，建立了场员家庭联产承包责任制和农场统一经营相结合的双层经营体制，确定了土地承包30年不变的政策。

2001年华侨农场进行了第二次改革，较为成功地剥离了华侨农场办的一些社会职能。例如，农场学校、医院及派出所回归地方，这对于从事相关职业的农场职工来说无疑是好的。比如，学校还没剥离农场时，农场学校的老师的工资为400~600元，仅有当地同级教师工资的一半。学校移交县教育部门以后，老师的工资跟当地老师的工资一致，他们的生活水平一下子就提高了。另外，两个华侨农场长期存在的职工工资、养老保险、计划生育等相关问题也得到了彻底解决。这个方面取得的成就我们可以从侨办发〔2001〕47号文件上看出。文件内容主要是关于元江县甘庄、红河华侨农场《深化经济体制改革实施方案》的批复。批复主要涉及改革经费的安排，其内容为：

(1) 场员制度改革经费。红河华侨农场共有362名农业职工改制为场员，按工龄计算并交由当地社会保障机构建立基本养老保险个人账户使用的一次性离职补偿金1329万元，按48:52的比例规定和玉溪市确定的市、县、场出资安排意见，省财政出资863万元（其中：红河华侨农场分配补偿金113万元），市、县财政出资396万元（其中：红河华侨农场分配补偿金52万元），红河华侨农场出资70万元。省财政出资部分在2002年内支付到位，市、县、场出资部分在2002年内分期支付到位。

(2) 基本养老保险纳入社会统筹定额补助经费。从1999年10月1日起纳入社会统筹的职工79人，场员362人，离退休人员258人。核

① 《关于拨给特困归国华侨一次性救济费通知》（玉溪市档案馆档案资料），1994年。

定起始年农场、职工和场员年应缴基本养老保险费52万元，年应支付的离退休人员基本养老金132万元。缴费收入不足支付华侨农场离退休人员基本养老金部分，经一次性核定由中央和省给予定额补助金额为每年80万元。统筹时间从1999年10月1日起执行，其中1999年10月至2000年12月中央和省财政补助数额为100万元。

（3）场办社会职能剥离经费补助问题。请按省政府云政发〔2000〕211号文件附件五规定办理。[①]

但对于农场职工和职员来说，农场的这次改革却给他们的生活带来了一些困难。尽管2001年改革已经将华侨农场的性质确定为国有农业企业，但国有企业的基本属性并没有在华侨农场得到真正体现。这种企业和统分结合的双层经营体制，使华侨农场既有企业属性，又有农村属性。但是实际上华侨农场既不是农村，也不是纯粹的企业。一方面，农场场部不具有管理农村事务的政策行政职能；另一方面，农场也难以按企业的方式运作。这导致农场场员既不能完全享受农村群众的政策，如奖优免补政策，又要按照企业职工的方式承担社会保险、养老保险等相关费用。因此，改制之后，农场收支不平衡的矛盾开始加剧。甘庄农场在糖厂按照国有企业改革的政策一次性整体剥离出售后，农场的收入大大降低，每年仅靠每吨甘蔗10元返回款和2500多亩三类地的地租收入来维持各项开支，全年收入不足200万元，但维持农场的正常运转需要450万元。收支不平衡导致农场难以摆脱亏损和负债的命运。同时，由于场员收入主要来源于农业，多数场员收入并不高，2007年农场人均纯收入在2600元左右，比全县农民人均纯收入低500元左右，这直接导致很多场员无力缴纳养老保险金。[②] 收支不平衡导致农场难以摆脱亏损和负债的命运，截至2007年底，两个华侨农场负债达2354.9万元。红河流域归国华侨的生活状态就像越南归国华侨熊志仙所说的那样："说是工人吧，我们没有退休工资，养老保险还要自己交。说是农民吧，我们却还要承包土地，甚至孩子都只能生一胎。""工不工，农不农"是她对2001年改革后农场归国华侨状况最为直观的定义。

---

① 《关于元江县甘庄、红河华侨农场〈深化经济体制改革实施方案〉的批复》（内部资料），2001年。

② 《深刻的变化　巨大的成就——甘庄农场五十年的历史变迁》（内部资料）。

对于2001年改革后红河流域归国华侨的经济生活状况，我们可以从其最为直接的人均收入情况来了解。以红河华侨农场为例：

（1）职工的年平均收入。1988年982元、1989年954元、1990年1077元、1991年1136元、1992年1714元、1993年1818元、1994年2415元、1995年2271元、1996年3057元、1997年2677元、1998年3288元、1999年3380元、2000年3082元、2001年4600元、2002年3558元、2003年2555元、2004年2686元、2005年3018元。

（2）全场年人均纯收入。1988年478元、1989年484元、1990年561元、1991年607元、1992年909元、1993年986元、1994年1347元、1995年1226元、1996年1513元、1997年1310元、1998年1573元、1999年1606元、2000年1506元、2001年2072元、2002年2082元、2003年1700元、2004年1829元、2005年2430元。[①]

从以上数据可以看出，红河流域归国华侨职工的年平均收入和全场年人均纯收入在2001年后相对以前的上升趋势来说，出现下滑。出现下滑最为根本的原因是国家华侨农场政策的变动。从1985年到1999年9月，红河华侨农场的职工执行的是事业工资待遇，这种工资制下的职工收入基本上是旱涝保收型。而从1999年10月1日开始到2005年，执行的是企业岗位技能工资制，这种工资主要是企业运转制，职工、场员工资和企业效益有机挂钩。

总之，随着国家经济体制改革的深入，红河流域华侨农场也在不断地变革，这种变革一方面体现在华侨农场与国家的关系上，另一方面体现在华侨农场与农场员工的关系上。这两个关系紧密相连，都对红河流域归国华侨的经济生活带来了一些变化。从宏观上来看这种改变，笔者认为这是红河流域归国华侨经济生活“重获新生”前的挣扎矛盾状态。

三、农场第三次改革后归国华侨的经济生活状况

为改变华侨农场的状况，2007年国务院颁布了《国务院关于推进华侨农场改革和发展的意见》，2008年云南省也出台了《云南省人民政府关于推进全省华

① 《红河华侨农场侨务志（1988—2005年）》（内部资料）。

侨农（林）场改革和发展的实施意见》。2008 年第三次华侨农场改革启动。前文提到的《元江县人民政府关于甘庄、红河华侨农场行政撤并的决定》（见上一节）即是当时红河流域华侨农场第三次改革的重要文件之一。

随着红河流域华侨农场第三次改革的启动，2009 年 3 月，红河华侨农场并入澧江镇，甘庄华侨农场并入青龙厂镇，两个华侨农场的历史到此为止。两个农场所实行的新体制使它们真正实现了融入地方的改革目标，为又好又快发展创造了良好机制，提供了体制保障，有力推进了管理融入社会和经济融入市场目标的实现。虽然农场的几次改革已经为归国华侨解决了工资拖欠、危房改造等诸多历史问题，但是对于在农场生活了大半生的农场员工来说，面对农场已经不复存在的现实，他们的心情无疑是复杂的。一方面，农场并入地方，将真正摆脱华侨农场长期处于“农场不像农场、农村不像农村、乡镇不像乡镇”的尴尬处境，实现了完全融入地方的目标；但另一方面，农场职员将和当地普通老百姓一样，完全依靠自己去创造幸福生活，这对于长期在体制内的华侨农场和其中的场员来说，机遇和挑战同时存在。

与红河流域归国华侨经济生活相关的不外乎是华侨农场经济发展及归国华侨们的基本经济收入。以甘庄华侨农场为例，从 1994 年 4 月到 1994 年 11 月被拖欠的退休职工、在职职工 7 个月工资，在 2009 年随着改革的不断推进，这笔钱已兑付给职工和退休人员，一共兑付给 1283 人 337.1 万元；危房改造工作基本已经完成；2007 年 12 月 31 日以前退休的 1500 多名退休人员的基本医疗养老金得到了有效解决。总之，甘庄华侨农场长期以来遗留的主要问题在农场的第三次改革中得到了彻底解决，这为甘庄华侨农场新一次起飞打下了坚实的基础。但是在机遇面前，甘庄华侨农场还存在一些需要解决的问题。第一，由于农场一直独立于当地体制之外，农场的基础设施建设并未与地方同步，尤其是农田水利设施严重滞后；第二，作为具有区位、交通优势的甘庄，其芒果等热带水果久负盛名，但是制约甘庄芒果产业发展的最大问题就是缺乏市场平台；第三，归难侨居民由于耕地种植条件较差，产值较低，自筹资金困难较大，希望得到金融部门的信贷支持；第四，甘庄农场交通便利，侨文化底蕴深厚，希望上级将甘庄农场列为旅游集镇建设。

华侨农场带着困难和希望上路。随着红塔集团投资近 2 亿的烟叶醇化项目的开展落实、农业社会化服务体系的建立、甘庄热带水果批发交易市场的建成、傣族花街节及彝族的火把节等文化旅游项目的开展，甘庄华侨农场发生了巨变，非公经济发展迅速，商贸流通繁荣活跃，小城镇面貌深刻变化。而对于开拓这一个辉煌历史的老华侨们来说，他们的经济生活得到了很好的保障。原红河华侨农场所在的社区红侨社区 2012 年实现经济总收入 2158 万元，比 2011 年增加 200 万元，农民人均纯收入 4238 元，比 2011 年增长 10%，社区得到了较快发展。[①] 元江县对华侨农场改革和发展工作情况做了如下的总结：一是体制改革顺利完成，全县 2 个侨场全部并入周边乡（镇），成立了 1 个社区、3 个村委会。全县除调任转任 5 人和省级 30 名行政指标外，还拿出 24 个事业编制，妥善解决了原 2 个侨场共 72 名管理人员分流安置的问题；二是全县共完成 2779 户华侨农场危房改造任务，共计投入资金 5094. 1 万元（含配套设施补助资金 925. 6 万元），完成率为 100%；三是全县侨场职工、改制场员共 3626 人（含退休职工 1979 人）全部参加基本养老保险统筹，参保率为 100%；四是侨场改制场员和家属参加各类医保共 8546 人，参保率为 99. 55%；五是全县 2 个侨场 17. 4 万亩土地全面完成确权办证工作，完成率为 100%。[②]

第三节　红河流域归国华侨群体的社会生活

社会学家王思斌认为：“社会是由有意志的个人组成的，社会是人们共同生活的结合体，社会是人的社会；社会是有意志的个体通过互动而形成的，社会是一个互动的体系，共同的兴趣和结合在一起带来的利益是人们结成社会的深层原因；社会是由相关的社会关系积累、连接而成的，社会是社会关系的体系，这些社会关系是在具体情况下人们共同活动的规范。”[③] 总的来说，这个对社会的认识体现出了社会的主体性、关系性、互动性、利益性等特征。社会不仅包括政治层面、经济层面、文化层面，也包括宏观社会下的微观层面。也就是说对于社会，我们可以从宏观视角去看待，也可以从微观层面去展示它的方方面面。关系就是矛盾，矛盾具有普遍性和特殊性，“两点是重点中的两点，重点是两点中的重点”。本部分笔者基于马克思主义哲学的矛盾观，试图在矛盾关系中对红河流

---

① 《2012 年度澧江街道红侨社区工作总结》（内部资料）。

② 元江县人民政府：《元江县贯彻实施〈归国华侨侨眷权益保护法〉情况汇报》（内部资料），2012 年 3 月 27 日。

③ 王思斌：《社会学概论》，北京：北京大学出版社 2003 年版，第 27 页。

域归国华侨群体的社会生活进行一个理论上的定性研究。本部分笔者主要是在对红河流域华侨农场这个社区的教育、卫生、科技及计划生育等社会建设情况进行简单描述的基础上，着重关注红河流域归国华侨群体的社会交往和代际婚姻状况，最后找到保障红河归国华侨群体和谐生活的社会规则，以此来凸显红河流域归国华侨的现实生活。

一、红河流域归国华侨的文化、教育与科技

为了加强归难侨子女的教育，两个农场都建有专门的学校，配备了较完善的设备和师资。比如，1978 年，为了安置越南难侨，甘庄华侨农场再次由青龙公社划出干坝大队归农场管辖，增设干坝分场。原干坝小学改名为甘庄华侨农场第四小学，有教学班 13 个、学生 431 人、教师 15 人。1984 年，农场进行经济体制改革，场部机关设置教育科，专管全场教育行政。同年，农场中学招收会计职业班 1 个班，有学生 31 人、专职教师 4 人、兼职教师 3 人。截至 1986 年底，甘庄农场共有中学 1 所、8 个教学班、教师 29 人、学生 412 人；完全小学 4 所及 5 个教学点，共有 43 个教学班（其中复式班 3 个）、教师 85 人、学生 1465 人。从 1977 年国家恢复高考到农场第一次改革的 1988 年，甘庄农场中学毕业生参加升学统一考试，共被大专院校录取 86 人，被中专录取 162 人，中小学教师参加教材教法考核获得合格证的有 93 人。甘庄华侨农场教育得到了不断提高，体育事业也获得长足进步。1978 年以来，甘庄少体校羽毛球队在几届省全运会和省少年羽毛球运动会上，共夺得男子、女子团体冠军 4 项，亚军 1 项；男子、女子双打冠军 4 项，第四名 1 项；男女混合双打冠军 2 项，亚军 2 项，第三名 2 项。甘庄少体校先后培养了 69 名运动员，为省输送了 7 名运动员，为地区输送了 1 名篮球运动员。全场设有职工医院 1 所，有医务人员 31 人（其中医生 10 人）、病床 65 张。在干坝分场设有卫生所，有医务人员 4 人、病床 8 张。其他 3 个分场设有医务室和临产室，配备有专职医务人员。（截至 1988 年数据）农场注重计划生育政策的宣传与执行，使计划生育工作不断向前发展。比如，1986 年，在农场 1941 对育龄夫妇中，进行绝育手术人数达 403 人，有 154 对夫妇办理了独生子女证，有 615 人采取了各种节育措施，使农场出生率下降到 11.8‰。2005 年，年内出生 31 人全部是计划内生育，计划生育率为 100%。农场共有 1576 个育龄妇女，已领取独生子女证 810 人，出生率为 4.14‰。甘庄华侨农场不断抓良种配套、制订和实施科研计划、推广新技术和新工艺、开展技术咨询服务和技术培训

工作、制订增产技术措施、实行技术指导。其中最为突出的就是在甘蔗生产方面积极推广“选3号”良种种植取得了显著效果。甘庄华侨农场还引进了“狄高鸭”养殖，这种鸭适应性广、抗病力强、耐寒、耐旱、生长周期短、肉蛋兼用，大大改善了职工生活条件。截至1988年，原甘庄农场所在的3个村委会大力推广热带水果种植，特别是芒果种植，甘庄已成为云南著名“热带水果之乡”。

红河华侨农场在1978年由于接收了大量越南归难侨，场部想方设法把这些归难侨的子女安置到学校的各个班级去，并同时在新难侨点开设2个幼儿班，从越南归国华侨中对口安置了3名教师。至1978年，红河华侨农场学校发展到小学9个班级（难侨点1~3年级3个班级，场部1~6年级6个班级）、初中3个年级共12个班级，有学生300多人、教师22人；另有幼儿园4个班级。到1988年，农场学校是一所小学六年制附设初中三年制的全日制学校，共有7个小学班（一年级2个班）、3个初中班，有学生323人、教师19人。2001年2月20日，红河农场学校的12名在职人员、5名离退休人员、占地面积10.6亩的学园及其他资产全部移交给元江县归口管理。到2005年，红河华侨农场卫生院占地面积0.69亩，砖木结构的工作房2层共8间，建筑面积300平方米，有医护人员7人。2001年2月，农场卫生院移交元江县人民政府归口管理，更名为元江哈尼族彝族傣族自治县红河华侨医疗服务站。计划生育方面，1992年全场人口控制在1060人，生育指标12人，出生率为11.32‰，人口自然增长率为11.32‰，采取节育措施达193人。2005年，农场有总人口1009人，其中有已婚育龄妇女267人，当年出生4人，出生率为3.96‰，当年死亡率为6.94‰，落实“三术”的有10人。红河华侨农场大力推广科技应用，特别是在双季稻的培植上，不断实行品种更新，改混杂退化种“广二矮”、大粒型良种“红侨一号”，推广杂交水稻“威优六号”，科技带动了当地粮食大幅度增产。

从以上两个华侨农场教育、体育、卫生、计划生育及科技方面的情况，我们可以看出，农场在国家、地方政府及归国华侨、侨眷们的共同努力下，社会事业得到了不断发展，很好地满足了农场职工及其家属的社会服务需要。

二、红河流域归国华侨的社会交往

社会交往也叫社会互动或者社会相互作用，是人们对他人采取社会行动和对方做出反应性社会行动的过程，是发生于个人之间、群体之间、个人与群体之间的相互的社会行动的过程。当然，社会交往按照不同的性质分为人际互动和群体互动；合作、竞争和冲突等。通过对红河流域特殊群体与场外华侨华人群体间、印度尼西亚和越南特殊群体间、特殊群体与农场其他群体间的互动，我们可以认识红河流域归国华侨社会关系的状况，甚至可以了解红河流域华侨农场的社会构成与发展的基本状态。

第一，红河流域归国华侨群体与场外群体间的互动。

红河流域归国华侨群体与场外群体的互动主要是通过两个主要渠道来进行：一是归国华侨联合会（侨联），侨联以协会的形式代表归国华侨群体与场外群体间加强联系；二是归国华侨个人与场外群体间的互动，特别是与海外华侨华人亲戚之间的互动。

随着一批批的归国华侨的再移民，红河流域归国华侨群体与场外群体间的互动也活跃起来。因为在红河流域，一大批老归国华侨长眠于此，新生代侨眷生活于此。中华民族是一个十分讲求亲情的民族，而海外赤子则是有过之而不及，他们对于亲情的重视让人赞叹。比如，海外华侨组成了一个一个的同乡会，这些同乡会不仅能够加强经济互助，而且还会帮助那些经济困难或者无后代的海外华侨华人把骨灰带回家乡安葬，最终实现海外华侨叶落归根的夙愿。甘庄华侨农场为了替农场侨联筹集资金，于 1985 年初创办了侨联商店，归国华侨、侨眷亲切地称呼它为“侨联之家”。由于该店经营有方，销售额成倍增长，1986 年达到 16 万元，按规定上缴 3% 的利润作侨联经费，当年共交给侨联 5000 元；1987 年销售额达到 23 万元，交给侨联经费 7000 元。而侨联通过这个商店和归国华侨、侨眷及海外华侨加强了联系。到现在，每逢春节及清明节前后，远道来场探亲、访友、过节、扫墓的海外华侨华人和港澳台同胞络绎不绝。又如，元江县 2012 年对外联谊活动取得了显著成效。一是通过市县侨联牵线搭桥，由世纪金源（云南）集团的董事长、云南省侨联副主席庄哲猛先生捐赠 20 万元援建的元江甘庄中心小学“侨爱食堂”于 2012 年 5 月 30 日顺利竣工，6 月 21 日举行了挂牌仪式。“侨爱食堂”的建成，解决了甘庄中心小学 600 余名师生就餐难的问题。元江甘庄中心小学现有 586 名寄宿学生，一直以来受到场地、资金的限制没有就餐场所，全校 600 余名师生只能挤在操场、教室就餐。通过市县侨联的努力，庄哲猛先生了解了甘庄中心小学的实际情况后，于 2011 年 11 月初将 20 万元人民币通过省侨联捐献给甘庄中心小学用于建盖全校师生使用的集中就餐场所。同时，市县侨联、甘庄街道办也积极协调土地和资金问题，共同解决了甘庄中心小学无就餐场所的问题，使 600 余名师生从此安心就餐，放心工作与学习。二是热情接待了来自香港的34名同胞。2012年8月，在县侨联经济极度困难的情况下，统筹安排，积极协调，热情地接待了来自香港的34位港澳同胞，向他们宣传了近年元江县经济社会发展、民族文化和资源等情况，号召他们积极维护和平统一、归家兴业，对外营造了良好形象，赢得了他们的赞誉。而在这个工作总结中，我们充分看到了元江县侨联不断发挥侨务工作的桥梁作用，加强与场外华侨华人的联系措施。比如，积极培育侨务资源，着眼侨务工作的新特点，积极收集、完善海外华侨华人的各种信息资料，加大外联引资、引智工作力度，积极推动与海外华侨华人、港澳台同胞中重点社团、重点人士的交流与合作，建立多形式、多渠道的往来和沟通方式，努力争取海外华侨华人的资金、项目、技术、人才，为元江经济发展和社会进步再创佳绩。①

红河流域归国华侨，特别是印度尼西亚归国华侨同所有的中国人一样，回到祖国、回到农场的生活经历了国家的不同发展时期。具体而言，他们在国家最为艰苦的"三年困难时期"回到了祖国，遭受到了"文化大革命"带给他们身体和心灵上的创伤，迎来了改革开放的新时代。在不同时期，他们与海外亲戚朋友的联系几乎没有中断过，只是联系的方式不同而已。例如：

印度尼西亚归国华侨李先生，祖籍广东，他是这样说自己与场外关系的："我兄弟姐妹9个，只有我一家人留在了农场。'文革'中大多印度尼西亚归国华侨心理上遭受到了巨大的打击，'文革'结束后因为心里害怕、农场生活艰难就纷纷去香港定居。现在我和兄弟姐妹之间联系紧密，相互寄东西，我会寄云南特产去，比如腌菜等，种类很多，亲戚会寄钱回来。亲戚在香港压力大，生活艰辛。有钱就回甘庄来，一般两三年一次，没钱就不会回来。"

越南华侨杨先生，祖籍云南马关，他这样说道："现在有退休工资，每月1500元，经常去越南，特别是清明节要回去给母亲上坟，还经常会去祖籍地马关。去越南探亲，亲戚中有2个表妹，还有4个好朋友。越南百姓栽种的农作物、水果在河口的市场卖给中国东北人。我父亲在越南有战功，后来勋章都被越南政府收回。我也曾想出国定居（定居美

① 《元江县侨联2012年工作总结暨2013年工作意见》（内部资料）。

国)，因为老婆生孩子，再加上当时扣留遣返难侨而没有去。特别是第二次，朋友写信来让过去，当时已经把家当卖完，收拾东西好准备要走了，朋友又来信说去的一些华侨被抓进去关起来了，于是再不准备回去了。”

总之，红河流域归国华侨与海外华侨华人之间的联系频繁，我们可以通过连接双方重要纽带的侨汇变化看出。“文化大革命”之前，1965 年云南省侨汇收入比 1958 年增长了 157%，达到 27 万美元。“文化大革命”期间，云南省侨汇大幅度下降，1968—1970 年，云南省侨汇收入只有 10 万美元，全省侨汇收入下降到了 20 世纪 50 年代水平。1971 年以后，国务院和中国人民银行及有关部委连续贯彻执行国家保护侨汇政策的指示和通知，到 1977 年侨汇收入逐年回升。尤其是十一届三中全会以后，云南各地认真落实了中央的各项侨务政策，调动了侨眷、归国华侨争取侨汇的积极性，侨汇收入出现了历史上从未有过的大幅度增长的局面。1978 年侨汇收入相当于最高年份 1965 年的 2.9 倍，1985 年侨汇收入为 1978 年的 3.3 倍，1986 年侨汇收入较上一年上升 27%。[1] 随着改革开放的不断深入，云南省的侨汇收入也不断增长，从这些增长数据，我们也可以看出云南归国华侨及侨眷和海外华侨华人亲属们的联系越来越紧密。

但不得不说，在红河流域归国华侨与场外归国华侨群体及其侨眷交往联系不断紧密的过程中，国家起到了不可忽视的作用。比如，1982 年 4 月 9 日，国务院侨务办公室、国家人事局、国家劳动总局、财政部、公安部联合签发通知。通知根据 1981 年国务院颁发的《关于职工探亲待遇的规定》，考虑归国华侨、侨眷出境探亲路途遥远等实际困难，给予归国华侨、侨眷一定的照顾。主要内容有：

(1) 假期，探望配偶，4 年以上（含 4 年）一次的，给假半年，不足 4 年的，按每年给假 1 个月计算；未婚职工探望父母，4 年以上（含 4 年）一次的，给假 4 个月，3 年一次的给假 70 天，2 年一次的给假 43 天，1 年一次的给假 20 天；已婚职工探望父母，每 4 年给假 40 天；归国华侨回国工作 10 年以上，第 1 次出境探亲的，给假半年。

---

① 云南省侨务办公室等：《云南省志 · 侨务志》，昆明：云南人民出版社 1992 年版，第 50 ~ 52 页。

(2) 路费，境内段按规定报销，境外段自理。

(3) 探亲期间工资，与国内职工待遇相同，但在境外医疗费自理。

(4) 探亲待遇，可用于在国内会见国外（不包括港澳地区）回来的配偶或父母。如本人不能出国探亲（不包括港澳地区），其配偶或父母又不能回国会亲时，可改探国内的抚养人、配偶的父母，或改为会见回来会亲的同胞兄弟姐妹。假期、路费按国内一般职工办理。

(5) 只要对方不限制入境，我方尽快审批。

(6) 归国华侨、侨眷职工无论在国营或集体企、事业单位，均可享受此待遇，原则上也适用于港澳同胞和外籍华人眷属职工。

对于出境探亲的范围，1983 年 9 月 9 日，劳动人事部又放宽了规定，父母已经去世的归国华侨职工，可出境探望兄弟姐妹，每 4 年给假一次，每次 40 天。[①] 总之，国家全力保障归国华侨、侨眷们外出探亲的合法权益，为红河流域归国华侨加强与海外华侨华人之间的联系创造了重要条件。

第二，红河流域归国华侨群体与农场其他群体间的互动。

红河流域归国华侨群体与农场其他群体的互动主要有两方面：一是归国华侨群体与侨办、侨联的互动；二是归国华侨群体与当地居民的互动。

甘庄华侨于 1984 年 1 月 19 日成立归国华侨联合会。侨联通过处理来信、接待来访，帮助归国华侨、侨眷解决实际困难，处理好红白喜事，协助华侨、侨眷办理出国探亲手续，接待国外亲人来场探亲等事宜，使场内归国华侨、侨眷和国外的华侨华人、港澳台同胞满意，进而使党的侨务政策扩大影响，充分发挥侨务工作基地的作用。除此之外，侨办还积极开展“聚侨心、促和谐”活动，从 2007 年开始连续几年不断开展“五好文明家庭”和“文明村”评选活动；帮助弱势群体解决困难；出台政策帮助困难大学生；帮助学校充实硬件设施等。红河华侨农场侨联建立于 1981 年 9 月 25 日，建立之后主要配合农场党政领导组织全场归难侨学习中央和省有关归难侨的政策，并根据归难侨投亲靠友的意愿，重新安置归难侨 37 户 167 人到昆明、玉溪等地落户；每年至少进行两次《侨法》宣传；认真做好信访工作，对能答复的给予及时回复；涉及政策问题的积极上报相

① 周南京、梁英明、何芳川、巫乐华：《世界华侨华人词典》，北京：北京大学出版社 1993 年版，第 174 页。

关部门给予及时解决；每年热情接待来自越南、加拿大及港澳台地区的同胞回大陆探亲；在医疗费上，给予归难侨职工每人每年比国内职工多5000元的待遇；在分配宅基地时，归难侨有加分的优惠政策，并每户补助5000元；扶持归难侨发展第二、三产业；每年组织一次归难侨、侨眷妇女免费体检；解决定居在境外的离退休老人去世后的丧葬费；解决归难侨子女上学难问题；为贫困归难侨解决城镇低保问题；每年春节来临之时，都要走访慰问20～30户贫困归难侨及侨眷家属，并为他们送去慰问金；解决归难侨、侨眷居住区的巷道建设，实现了户户门前通水泥路。① 当地侨联和侨办为归国华侨、侨眷们所做的工作，解决了归国华侨、侨眷在生产和生活中的很多困难，因此，他们的工作得到了大多数归国华侨、侨眷的肯定。

接下来说一说归国华侨群体与当地居民的互动。调查中一说起和当地主要民族傣族和彝族的关系时，归国华侨都会表达出自己对于当地民族的感激之情。他们述说着自己是怎么从不适应到适应，最后是如何和当地人融为一体的。越南归国华侨蒙古族李大哥说："我与当地少数民族相处较好，经常来往，过节时会到少数民族家吃饭，比如过年杀猪时。过节时我会穿蒙古族服装或越南服装进行游行。"越南归国华侨丁大哥说："我们与当地少数民族相处融洽，相互尊重，经常去傣族和彝族家里过节。原先我不会说普通话，到甘庄后与当地人接触后才慢慢学会。"总之，在"你尊重我，我尊重你"的基础上，归国华侨与当地少数民族，主要是傣族和彝族的互动进行得十分顺利。调查中很多归国华侨都说自己在当地彝族、傣族中朋友很多，交往广泛。红河流域华侨农场，特别是甘庄华侨农场，主要生活着彝族和傣族两个少数民族。云南少数民族热情好客、豪爽直率，经历了归国华侨回国之初与当地人交往不多的过程之后，他们由于共同的农场劳动而走到了一起。当地少数民族对于归国华侨们也是赞叹不已。当地彝族黄大姐说："归国华侨都是见过世面的人，有知识、有文化，给我们的生活带来很多便利。比如，归国华侨里面有很多的教师，也有一些医生，他们帮我们教育子女，对我们的身体健康帮助特别大。因此，我们都很感谢他们，不然我们还是文盲。"另一位傣族刀大哥则说："归国华侨相对我们，经济条件更好，再加上他们都很大方，因此，有些归国华侨看见我们有困难，就主动送物送钱给我们。特别是国外亲人寄一些我们这里很少见的东西过来时，归国华侨都会送一些给我们。"在

① 《红河华侨农场侨务志（1988—2005年）》（内部资料）。

调查中，笔者能感受到当地民众对于归国华侨们的羡慕之情，羡慕归国华侨们有海外关系，能给归国华侨寄来一些钱或者物品。比如，归国华侨侨眷张新香一家除了她之外都去了香港，因为有这层关系，她家的电视机、漂亮时装都是从香港寄来的，这些东西以前在当地人眼中都是稀罕物件。就是在不断互助互动之中，当地人和归国华侨、侨眷之间建立了深厚的友谊。相对于其他地区归国华侨和当地人对资源的争夺而引起的关系紧张的局面来说，红河流域归国华侨与当地少数民族关系显得更为融洽。这不仅得益于当地少数民族的个性和云南地多人少的客观实际，而且也因为归国华侨们在生产、生活中的优秀表现。但同时，在调查中，我们也发现当地民族和越南归国华侨的互动相对较多，而和印度尼西亚归国华侨的互动则相对较少。这与印度尼西亚归国华侨和越南归国华侨在侨居国生产方式、祖籍地、文化等各方面的差异有关。

第三，红河流域印度尼西亚归国华侨和越南归国华侨群体间的互动。

相对于归国华侨和当地民众的互动来说，印度尼西亚归国华侨和越南归国华侨之间的互动则显得更多。原因有几个方面：首先，这得益于他们都有共同的移民经历，这种经历使他们在移民心理及归国华侨和侨眷利益上具有一致性。移民心理使他们能体谅和理解对方，利益争取也可以加强他们之间的联系。其次，也有不少越南归国华侨和印度尼西亚归国华侨的祖籍地都是广东和福建，特别是广东梅县。在调查中，我们发现了好几位祖籍地是广东梅县的客家人，这种天然的地缘关系能加强他们之间的联系。再次，印度尼西亚归国华侨在红河流域仅存人数本来就少，而且印度尼西亚归国华侨大多不愿和当地人交往，而人总是要交往的，因此这些客观性使得印度尼西亚归国华侨和越南归国华侨的交往稍多。而对于越南归国华侨来说，一方面他们和印度尼西亚归国华侨交往比较多，另一方面和当地人的交往也没有落下。

一位不愿透露姓名的印度尼西亚归国华侨在谈到和当地人的交往时说，当地人生活和他们生活不一样，他们不喜欢和当地人接触。但在谈到和越南归国华侨的交往时，他却对越侨最近几年种水果富起来的事情表现出一些羡慕之情。在调查中，我们发现相对于越南归国华侨，印度尼西亚归国华侨和当地人交往确实是少很多。而在越南归国华侨的口中，我们则听到了另外一些声音。一位 10 岁就跟着父母一起回到甘庄的越侨这样说道：“印度尼西亚华侨大部分都出去外面了，现在甘庄印度尼西亚华侨很少了。他们喜欢独来独往，见到我们，也只是象征性地打声招呼，很少请我们去家里做客吃饭。与我们一起生活，大热天的喜欢戴个大帽子，还围个头巾，没事的话几乎都不怎么讲话。”“在甘庄生活了36年，元江人很好相处，儿子也很喜欢和本地人交朋友。过年时候，都会到别人家串门子。我们去越南也会带很多越南货回来给他们。”

总之，红河流域印度尼西亚归国华侨和越南归国华侨之间的互动是比较频繁的，但在这些交往中，我们能感受到印度尼西亚归国华侨身上那种优越感。当然，对于两个归国华侨群体之间的互动，我们还可以从下面对于红河流域归国华侨的部分代际婚姻中看出。总的来说，对于越南归国华侨来说，找印度尼西亚归国华侨或当地人成家，他们都十分满意；而对于印度尼西亚归国华侨来说，优先找印度尼西亚归国华侨成家，然后是越侨，最后才是找本地人结婚。显而易见，他们之间的人际互动态度和表现就很好地说明了他们间的互动关系。

三、红河流域归国华侨的代际婚姻①

恩格斯在《家庭、私有制和国家的起源》第一版序言中指出：“根据唯物主义观点，历史中的决定性因素，归根结蒂是直接生活的生产和再生产。但是，生产本身又有两种。一方面是生活资料，即食物、衣服、住房以及为此所必需的工具的生产；另一方面是人类自身的生产，即种的蕃衍。一定历史时代和一定地区内的人们生活于其下的社会制度，受着两种生产的制约：一方面受劳动的发展阶段的制约，另一方面受家庭的发展阶段的制约。”② 的确，物质资料的生产是表现一个社会的政治和经济发展状态的最好指标，而人口再生产及其背后的婚姻结合方式则是体现一个社会发展状态的窗口。作为从不同时间和不同居住国回到红河流域的印度尼西亚和越南归国华侨群体，在农场几十年的生活过程中，其身份随着农场的变革而不断发生变化：先是农场职工，后是农场场员，最后变成了社区居民或是村委会农民。在这个身份转化的过程中，归国华侨群体的社会角色也在悄悄地发生改变，这一点在两个归国华侨群体的婚姻表现上就能看出。通过对

---

① 对于归国华侨的代际区分没有一个较为明细的分法。笔者在此做如下的划分，以此来区别不同的归国华侨群体：在回国之前已经结婚成家以及与这一批人同年龄段的为第一代；在国外出生，回国成长成家及与这一批人同年龄段的为第二代；在国内出生并成长起来的为第三代。印度尼西亚归国华侨和越南归国华侨由于回国时间不同，相差18年，因此，这样划分下的两个归国华侨群体基本存在一个代的差异。今天红河流域归国华侨主要是存在以上三个代际。

② 《马克思恩格斯选集》（第4卷），北京：人民出版社1972年版，第2页。

第一代、第二代、第三代归国华侨和侨眷不同的婚姻观的认识，我们可以很好地把握红河流域归国华侨这个特殊群体的不同社会交往、社会互动及社会变迁情况。①

和其他地方的印度尼西亚归国华侨和越南归国华侨的婚姻状况一样，一般来说，红河流域归国华侨主要是根据以下几个要素缔结婚姻关系，其中包括：原侨居国时期的生活状况和教育背景、归国的时间、使用语言和生活习惯、宗教信仰、价值观等。② 红河流域归国华侨的婚姻缔结呈现出同一归国华侨群体内部的婚姻比率较高的态势，但由于红河流域印度尼西亚归国华侨从20世纪70年代开始就陆续离开红河流域华侨农场，所以笔者很难较为准确地把握他们的婚姻状况。因此，在田野调查基础上，笔者主要是结合一些个案宏观把握红河流域归国华侨不同代际间不同的婚姻缔结状况和其婚姻价值观。

由于印度尼西亚华侨回国时间较早，刚回来时，大多不敢和当地人说话，而当地人也不敢和印度尼西亚人讲话，交往甚少。因此，第一代印度尼西亚归国华侨基本也不考虑和当地人结婚，大多数都是和印度尼西亚归国华侨通婚。越南归国华侨中的第一代也和印度尼西亚归国华侨的婚姻状况一样，基本上首选是越南归国华侨。当然，也有一些例外。例如，60岁的马奶奶与丈夫同为原国营红河华侨农场职工，经人介绍认识，自由恋爱，但是遭到了她父母一定的反对，她父母曾对她说："外国人（指从国外回来的人）要不得啊！他们见世面更广，嫁给他们后会被欺负。"

到归国华侨第二代时，择偶上虽然还是遵循着同一归国华侨群体优先考虑的原则，但是相对于第一代归国华侨来说，其择偶范围就显得更为宽了。但这也要对印度尼西亚归国华侨和越南归国华侨的第二代婚姻进行分别分析。随着大批印度尼西亚归国华侨的再移民，农场印度尼西亚归国华侨人数急剧下降，再加上越南归国华侨还没来到华侨农场，这客观上就造成一部分归国华侨在同一群体择偶的困难。但调查中，笔者还是发现红河流域留下的一小部分印度尼西亚归国华侨第二代，他们在择偶上还是坚守着同一群体通婚的原则。而越南归国华侨回国时

① 本部分内容本应放在前一部分归国华侨群体的社会交往中呈现，但是由于婚姻边界能很好地看到一个群体的社会交往状况，进而能更好地凸显红河流域归国华侨群体的社会生活，因此笔者单独列为一部分去论述，特此说明。

② （日）奈仓京子：《"故乡"与"他乡"——广东归国华侨的多元社区、文化适应》，北京：社会科学文献出版社2010年版，第148页。

间稍晚，且人数众多，因此他们同一群体内部通婚的现象十分普遍。比如，58岁的欧先生和53岁的辽大姐就是在回国之后结婚的，现在甘庄经营着一家小吃店，有两个孩子，一个在玉溪打工，一个在甘庄当保安。他们生活较为拮据，时常靠美国亲戚接济。当然，也存在一部分越侨和当地彝族或傣族等少数民族结婚的情况，但这种情况的结局大多不是十分完满。46岁的越南归国华侨张先生，他妻子是甘庄当地的傣族，经别人介绍认识，父母都比较开明，双方父母同意后就结婚了。遗憾的是他和妻子在两年前离了婚，他把婚姻失败的原因归为文化差异，认为是因为他妻子不能接受家里父母的一些特别的生活习惯而造成的。

到归国华侨第三代时，虽然他们的婚姻选择受到了老一辈归国华侨们的一定阻碍，但和以前相比，他们在择偶选择上，无论是在通婚地域还是通婚民族都更加广泛。在调查中，很多归国华侨群体都表达了对后代婚姻的宽容度，表示会尊重后代们的选择。例如，越南归国华侨侨眷马奶奶唯一的女儿经过自由恋爱，执意要嫁去景洪，马奶奶刚开始反对，后来也尊重了女儿的选择，现在两家人关系很好，马奶奶经常去景洪看女儿一家。印度尼西亚归国华侨刘先生说："我儿子找了个傣族媳妇，我本来是想让他找个印度尼西亚华侨或是越南华侨的，但是儿子偏偏就找了个傣族，我也没办法，现在找个媳妇不容易，我也就随他了。儿子现在在财富广场那里开着一家儿童服装店，我还要去给他带孩子，我孙子今年两岁了。过年我一般不去亲家公家做客，只有儿子去。"越南归国华侨张先生说："对于以后儿子和女儿的婚姻，我不会做过多干涉，自由恋爱就行了。但是最好是找本地人，不要找外地人。"当地傣族刀先生则直截了当地和笔者说："我们家子女没有和归国华侨结婚，没有福气啊！只与本地人结婚。归国华侨有侨汇，亲戚都是有钱人，生活比我们好。"

对于归国华侨不同代的婚姻缔结范围的不同，笔者认为其与归国华侨与当地社会的交往有关。刚开始，归国华侨与当地社会是有些分离的，造成这一情况的原因主要有：从定居形态上看，农场归国华侨作为国家集中安置的社会群体，长期聚居于由国家划拨的独立区域内；从社会体制上看，华侨农场属于全民所有制性质的企业；从个人背景上看，归国华侨早年侨居国外时一般从事商业，或还仅仅是个学生，大多没有从事农业生产的经验（从越南北部回国的难侨属于例外）；另外，他们中有许多人祖籍并未在定居地，不懂当地方言，不少人还是初次回国的第二、三、四代华侨，对定居地乃至祖国都不同程度地存在陌生感。而当他们在农场生活几十年之后，这种对于当地社会分离的状况正在得到慢慢改善，相应地他们的通婚圈也变得大起来了。同时，就红河流域归国华侨群体不同代的婚姻缔结状况来看，笔者认为其具有几个特点：第一，从第一代到第三代，他们对于结婚对象的选择一代比一代更为广泛，老一代归国华侨潜意识里还是保留着同一群体内缔结婚姻的愿望，而年轻的一代更向往不分群体的自由恋爱。第二，归国华侨后代慢慢成为当地民族心目中理想的结婚对象，因为归国华侨们相对富有，有海外关系，因而生活条件更好。第三，越南归国华侨在婚姻选择上一直都比印度尼西亚归国华侨更为广泛、更为灵活。第四，红河流域新一代侨眷的婚姻自由度已经和中国大多数地方自由恋爱状况相一致。毫无疑问，随着红河流域归国华侨群体与当地各民族交往的不断加强，他们的固有文化和心里边界也在不断地发生松动和变化，这就为他们更好地适应当地生活提供了深层次的文化基础。

四、红河流域归国华侨的社会规则

甘庄和红河华侨农场所处的元江县哈尼族彝族傣族自治县，是一个多民族聚居和杂居的民族县。元江县地处元江中上游，属于季风气候。县内主要生活着哈尼族、彝族、傣族、苗族、白族及汉族等民族，独特的地理环境、多元的民族文化以及立体型的气候，使得元江成为云南省内乃至全国都极具知名度的特色县。随着 20 世纪六七十年代印度尼西亚和越南归国华侨的到来，华侨文化和当地地域民族文化有机结合，更是增添了元江文化的广度和深度。但不得不承认，任何事物的发展都是一分为二的。随着归国华侨的到来，如何去协调当地多元群体的各种社会关系，则又成为当地建构和谐社会的一道难题。但值得庆幸的是，今天，在各族人们的共同努力下，两个华侨农场、元江县成了多元民族和谐发展的典范。归国华侨群体和当地各民族互相帮助、共同发展的局面，经济发展、民族团结、社会稳定、文化繁荣的景象已经形成。

但在红河流域华侨农场发展的过程中，我们不得不说，农场针对场员及其家属制定出来的严明的组织纪律和规范，对华侨融入当地社会则起到了不容忽视的作用。俗话说：“没有规矩，不成方圆。”具体来说，红河流域两个华侨农场的华侨群体之所以能在当地落地、生根、发芽、开花、结果，则是和他们模范地遵守国家和农场制定的规则分不开的。比如，在前面的分析中，我们提到了红河流域印度尼西亚和越南两个归国华侨群体都有对国家实施的计划生育政策难以适应的情况，但恰恰就在这样的情况下，两个农场的计划生育工作也开展得有声有色。这就足以说明，归国华侨群体具有强烈的规则意识和以国家和民族利益为重的大局意识。比如，在甘庄农场发展志中，就有着这样一段文字：

> 随着计划生育工作的深入发展，农场的计划生育组织机构也不断健全，设有专职和兼职干部，广泛宣传计划生育的方针政策，她们在与妇女工作者和医务工作者的密切配合下，促使计划生育工作不断地向前发展。在1984年，有615人采取了各种节育措施，使全场出生率下降到1.8‰；在1985年，有250人采取了各种节育措施，使全场出生率下降到1.9‰。截至1986年底，在全场1941对育龄夫妇中，进行绝育手续人数达403人，有154对夫妇办理了独生子女证。①

而在2003年，随着甘庄和红河两个华侨农场改革的不断深入，为了进一步规范、约束和引导场员及其家属，推动农场不断进步，甘庄和红河华侨农场都制定了较为完善的场规场纪。因此，可以说，就是在这些社会规则的指引下，红河流域归国华侨群体才很好地适应了当地生活，并在现代生活中得到不断发展。以下是红河华侨农场制定出来的完善的场规场纪：

元江县红河华侨农场场规场纪②

（2003年4月9日第一届场员代表大会第二次会议审议通过）

前　言

为了确保我场正常的生产、工作和生活秩序，使全场场员、职工养成遵纪守法的良好习惯，创造一个稳定的工作、学习环境，倡导“爱国守法、明礼诚信、团结友爱、勤俭自强、敬业奉献”的道德规范，树立社会主义新风尚，做有理想、有道德、有文化、有纪律的好公民，巩固和发展安定团结的政治局面，保证我场各项事业不断发展，抓住机遇、与时俱进、更新观念、团结一致、同心协力奔小康，把农场建成文明、富裕的新侨场。根据国家有关法律法规精神，结合农场实际，特制定本场场规场纪。

① 甘庄华侨农场场庆筹委会：《创业之路（1958—1988）》（内部资料）。
② 这个场规场纪出自《红河华侨农场场志（1978—2005）》（内部资料）。

第一章

第一条　认真贯彻执行党的路线、方针、政策，坚持四项基本原则，努力学习，不断提高思想素质和文化素质，使自己在思想上、政治上始终和党中央保持一致。

第二条　加强法制教育，努力学习法律知识，遵守国家法律、法令，维护公共秩序，爱护公私财产，坚决同侵占、盗卖、损坏公私财产的行为和一切不良倾向作斗争。

第三条　热爱农场、关心农场，树立“场兴我荣，场衰我耻”的主人翁意识，发扬艰苦奋斗、勤俭办场、勤俭持家的优良传统，热爱本职工作，讲究职业道德。

第四条　加强爱国主义、集体主义和社会主义教育，树立正确的人生观和世界观，遵守组织纪律，执行组织决定，服从领导，听从指挥。

第五条　尊重民族风俗习惯，加强民族团结，维护宗教稳定，搞好场群关系和邻里关系，对同志互相关心、互相帮助、互相尊重、互相谅解，建立和发展平等、团结、友爱、互助的社会主义新型关系。

第六条　深入开展社会主义物质文明和精神文明建设，坚决抵制和消除精神污染，反对封建迷信活动，不赌博、不吸食毒品、不看黄色书刊和录像、不打架斗殴、不酗酒。艰苦朴素，移风易俗，婚、丧、生日不大操大办，不铺张浪费，不互相攀比，不讲排场。

第七条　遵守社会公德，认真履行公民义务，争做勤劳、守法、致富的模范。

第二章

第一节　治安保卫

第八条　滥用职权，违反政策法规，违反财经纪律，铺张浪费，侵占国家财产，损公肥私，假公济私，行贿受贿，贪污钱物，在经济上造成损失的，由责任者赔偿全部财产和损失，并给予损失金额 20% 到 50% 的罚款，情节严重的同时追究法律责任。

第九条　隐匿、毁弃或者私自开拆他人的邮件、电报的，处以 10 ~ 100 元罚款。

第十条 因违反场规场纪受到惩罚，而恐吓、打击报复揭发检举人者，视情节轻重，处以50～200元罚款。情节严重的，报请政法部门追究法律责任。

第十一条 非法限制他人人身自由，或者非法侵入他人住宅，情节轻微的处以100～200元罚款。所造成的经济损失，全部由责任者负责赔偿。情节严重的报请政法部门追究法律责任。

第十二条 不尊重民族风俗习惯、伤风败俗、破坏民族风俗习惯者，责令其赔礼道歉，并处以50～100元罚款。

第十三条 对诬告、恐吓、威胁，从而干扰他人正常生产工作和生活的，处以50～200元罚款，并通报全场或给予纪律处分。情节严重的报请政法部门追究法律责任。对搬弄是非影响团结的，要给予批评教育。

第十四条 对打架斗殴的各处以10～200元的罚款，责令其承担一切经济损失，并视情节给予纪律处分。

故意打人的，处以50～500元罚款，给予必要的纪律处分，并承担被打方的一切费用，情节严重的报请政法部分追究法律责任。

第十五条 为赌博者提供场所和条件的，视情节轻重处以50～500元罚款，是管理人员的给予降职或直至免职处分。

第十六条 一切机动车辆不得在农场生活区道路两旁乱停乱放，应停放在指定地点，违者处以10～200元的罚款。

第十七条 凡流动人口来场内住宿的，住宿3天以上的，由住宿单位出具证明，留宿人员持证明到农场保卫科办理登记手续。不登记的，给留宿者按每一晚10～20元的罚款。留宿人员给集体或场员、职工造成财务损失的，其损失由留宿者负责全部赔偿。

第十八条

1. 对随意乱砍滥伐、损害、攀摘交通沿线、生产区、生活区的花卉和树木的，除赔偿损失外，视情节轻重处以10～100元的罚款。

2. 有意毁坏他人栽种的小树的，每棵罚款10～100元。

3. 偷拔他人种下的小树或苗木拿到别处去栽的，每株处20～50元的罚款，并进行批评教育或纪律处分。

4. 偷砍竹子的，每棵处10～30元罚款。

5. 盗窃他人财物，达不到追究法律责任的，处以所盗财物价值的1～19倍的罚款，并在全场通报。

6. 损坏公共设施及他人财物的，除赔偿一切经济损失外，视情节处以20～200元罚款。

第十九条　未成年人引发的一切安全事故所造成的经济损失，全部由监护人负责赔偿，直至追究监护人的法律责任。

第二十条　违反用电安全、擅自接线或安装电器设备，造成短路或引发火灾，导致生产设备或他人电器设备损坏的，由责任人负责赔偿全部损失，并处20～100元罚款。

第二十一条　对扰乱生活、工作秩序不听劝阻的，处以50～200元的罚款。

第二十二条　对一切违纪行为，不制止和知情不报，或组织调查了解时有意为其隐瞒事实真相者，视情节处以20～100元罚款。影响较大、后果严重的给予纪律处分。

第二节　财经纪律

第二十三条　年度自筹资金使用计划一经确定，各片区、生产科必须严格按预算决定的基建、农田水利设施计划资金进行施工。

第二十四条　主管领导和主管科（室）接到片区各单位及场员、职工反映的有关违反财经纪律和财务制度的人和事的情况后，应在10天以内安排查处，不及时查处造成损失的，应由责任人负责赔偿损失的10%～50%。

第二十五条　全场财务人员，必须严格遵守财务制度和财经纪律，认真执行国家《成本管理条例》和《折旧条例》规定，按章办事，把好财务关，违者处以50～200元的罚款。对违反财经纪律和财务制度的人和事，必须给予抵制，并报告上级财政部门，不抵制不报告的处以20～100元罚款。

第二十六条　各片区、各单位的会计、出纳，必须半年公布一次本片区收支账目，做到账目清楚，不错不乱。不按此规定办的，每次处以30元罚款。

第二十七条　农场未参加医保前，离退休人员、保留职工身份的人员报销医药费，财务人员要严格按农场方案及有关规定执行。

第二十八条　各片区、各单位领导报销账目，单据手续必须齐备，坚持收支两条线的原则，对涂改、伪造的单据坚决不予报销，如有违反规定报销的，按金额1～5倍处以责任人罚款。

第二十九条　各片区、各单位和个人拖欠农场的上交任务、借款、罚款等款项，原则上应在当年交清，当年交清确有困难的，应写申请做出赔还计划，经主管财务的领导批准后方可跨年偿还，对故意拖欠不交的人员，农场对其不予解决各种要求和困难，同时采取法律手段追缴。

第三十条　职工离休、退休、退职后经批准迁出农场回原籍或外地定居的，须办清房屋交接手续后才准予办理迁移手续，到搬家前三天才能发给安家费、搬迁费和建房补助费，是双职工的，待双方迁离农场后一次性发给，对已领取上述经费而仍久居农场（6个月以上）的，应主动退回所领取经费，否则在离休、退休、退职金中扣交。

第三十一条　事假工资及奖赔。

1. 场与片区两级管理、服务人员的事假工资及奖金待遇，按照农场有关规定处理。

2. 承包生产任务的职工、管理人员，有事要向单位领导请假，未批准而离开岗位，情节严重的，报经农场按《企业职工奖惩条例》处理。

第三节　产品物资管理

第三十二条　农场配给各片区、各单位的生产生活资料、水利设施等，不准自由买卖、馈赠、转让，违者视情节处以1～5倍罚款，严重的还应给予纪律处分。

第三十三条　管钱、管物人员，因管理不善造成丢失，其丢失的钱、物，应负责全部赔偿，不得以长抵短。

第三十四条　各片区、各单位和各家庭户饲养的家畜、家禽和大牲畜糟蹋毁坏庄稼的，由户主或放牧人员负责赔偿损失。

第四节　组织纪律

第三十五条　本场场员、职工必须服从农场统一领导，完成农场及片区规定的义务工日，若不服从领导，未完成义务工日的，按每个工日20元收取义务工日费。

第三十六条　每户场员、每个职工只能享受农场带福利性质的住房或宅基地一次，不得多次或多处占有住房或宅基地，确需多占的，经农场同意，可让其确认一处后，其余的一律按市场价计算付费。

第三十七条　不服从组织安排的住房户，按2～5倍收取房租费，直到服从安排为止，已经加收的房租费不再退还本人。

第三十八条　未经农场批准私人建盖的各种房屋，农场因建设需要此地基时，应限期拆迁，一切损失由个人承担。

第三十九条　全场管理、服务人员，在上班（生产或学习）时间擅自离开工作岗位干私事的（包括带来办公室做的），一律按缺勤旷工处理。

第四十条　场员、职工应积极参加农场和各片区、各单位组织的各种会议和政治业务学习，无故缺会或不参加学习的，应给予批评教育或按各片区、各单位和农场的有关规定给予经济惩罚。

第五节　请假制度

第四十一条　职工因事请假，按上级和农场的有关规定执行，假满回来后向批准的领导销假。严肃请假制度，不准请“霸王假”，如发生此种情况作旷工处理。

第四十二条　在场内居住的职工（包括离休、退休、退职的职工）因病需转院治疗的，除特殊情况外，须由医生提出意见经场领导批准方能逐级转院。未经批准，或批准后不到指定医院就诊，而是私自去其他医院或去民间寻医买药的，不得报销医药费。

第六节　土地管理

第四十三条　土地属国家所有，必须严格执行《土地法》。

1. 田边地角和山地被个人开垦种植的土地，无论面积多少，一律收归农场，由片区进行发包，收入归片区掌握使用。

2. 房前屋后种植的果树，原则上谁的住房前后归谁所有，不在房前屋后的收归集体，私人不得收获，若收获按偷窃论处。

3. 凡因建设需要作统一规划时，不论占有谁的承包地，都应无条件地让出，并按政策给予补偿。

4. 房前屋后及开荒地与承包地发生矛盾时，一律要优先照顾承包地。

5. 承包土地及开荒地不得私自买卖、送人，违者按《土地法》有关条款处理。

6. 要认真保护土地，不得随意进行采沙、建房、葬坟等破坏土地的行为。

7. 不得侵占和围堵田间道路、水沟等公共设施，违者责令其拆除和恢复，视情节轻重，罚款50~200元。

第七节　美化环境　讲究卫生

第四十四条　农场全体场员、职工要积极响应“绿化祖国，造福子孙”的号召，积极参加植树、种花、种草，美化环境。

第四十五条　要求场部片区各家各户做到：

1. 家禽家畜要关起来喂养，不准放养，若发现放养的，一律没收，并对放养户处50~100元罚款。

2. 道路两边不属规划保留的各种地上附着物必须拆除或清除，以免影响场容场貌；不拆除、不清除的，由农场强制拆除及清除，造成的损失由强占户承担。

3. 院内和房屋附近要按规划栽种果树花木，保持环境的舒适。

4. 垃圾必须送装垃圾桶内。

第四十六条　住地现有的果木苗木，若因长势过旺需要断头打枝时，须报经农场批准，并在农场有关人员指导下进行，违者处50~100元罚款。

第四十七条　各片区、各单位要经常保持和维护环境的整洁卫生，经常打扫，经常检查，形成制度，养成习惯，并栽花种草，美化环境，做得好的单位要给予表彰鼓励，做得差的单位给予批评教育和处罚。

第三章　裁　决

第四十八条　各片区、各单位和场部机关各科室，在学习、执行场规场纪的过程中，对条文的理解和认识不能统一而发生分歧时，由农场办公室负责解释。

第四十九条　因违反场规场纪受到处罚的人，若不服处罚可向农场纪检、监察和上级申诉。

第四章　其　他

第五十条　场外一切单位和个人，违反本场场规场纪的，按照场规场纪进行处罚。我场场员、职工违反单位或农村乡规民约的，照乡规民约处罚或照外单位规定处罚。

第五十一条　场规场纪涉及的范围，是指尚未达到追究刑事责任的一切违纪行为。

第五十二条　违反场规场纪的罚款，属农场出面处理的，由所在单位财务人员收缴交财务科；属各片区各单位出面处理的，由各片区各单位自行收缴归片区管理使用。

第五十三条　本场规场纪从2003年5月1日起执行。

第五十四条　过去农场所发的决定、规定、通知或文件与本场规场纪相抵触的，以本场规场纪为准。

红河流域华侨农场的和谐状态，是与农场内部事无巨细的严密的规章制度分不开的。但同时，我们也要看到，制度本身是外在的，社区中的人的文化、行为及素质，才是整个社区和谐的最为重要的因素。当前，随着甘庄和红河农场学校划归地方，两个社区的文化教育得到了进一步发展；各民族之间交往和通婚圈的不断扩大，更为消除人们之间的隔阂奠定了基础；归国华侨社区及群体间的社会规则的有力实施，则是维护社区和谐的最大保障。总之，和谐的哲学基础是矛盾的两个基本属性，即矛盾的同一性和斗争性，而和谐的本质就是矛盾双方的“和而不同”。矛盾是事物发展的动力和源泉。我们相信，随着中国社会美丽乡村和特色小镇建设的不断深入，甘庄和红河两个华侨农场必定会在新时代焕发出更加耀眼的光彩。

第四节　红河流域归国华侨群体的文化生活

早在19世纪中叶，文化学鼻祖泰勒在《原始文化》一书中对“文化”提出了一个经典的定义：“文化，或文明，就其广泛的民族学意义来说，是包括全部的知识、信仰、艺术、道德、法律、风俗以及作为社会成员的人所掌握和接受的任何其他的才能和习惯的复合体。”[1] 1982 年联合国教科文组织《关于文化政策的墨西哥宣言》指出：“文化是体现一个社会或一个社会群体特点的那些精神的、物质的、智慧的和感情的特征的完整复合体。文化不仅包括艺术和文学，而且包括生活方式、基本人权、价值体系、传统和信仰。”[2] 文化是共同体的特征，是人们思考问题和安排生活的方式，每一个社会成员不需要专门学习也能知晓自己群体的文化。实质上，不同的群体都以自己的价值取向为出发点和归宿来创造自己的文化，这些文化都是以群体的价值观念为核心的。“价值是一个民族、一个国家最重要的精神支柱，也是精神家园中最重要的构成部分。”[3] 价值通过整合作用，影响经济社会发展的快慢及方向。马克思主义哲学认为：“物质生活的生产方式制约着整个社会生活、政治生活和精神生活的过程。不是人们的意识决定人们的存在，相反，是人们的社会存在决定人们的意识。”[4] 同时，“民族学研究文化，不仅在于研究各民族社会文化的现象是如何相互影响和发展的，而且还在于从理论上阐述文化是如何影响人们的思维、观念、心理、性格和行为的，是如何影响并作用于民族社会进程的。因此，其理论意义与现实意义都不可低估”[5]。

以上对文化不同层面的认识，很好地解释了红河流域归国华侨在农场表现出这种文化生活状况的原因。毕竟他们在东南亚国家生活了很长时间，许多人出生在海外，有的家庭已在东南亚生息繁衍了几代人。因此，他们骨子里的那种文化在来到华侨农场生活后难以改变。在红河流域华侨农场的几十年生活中，他们又与当地少数民族一起劳动、一起生活，无形中他们的文化又发生一定的变化。就是在这样的社会变迁中，我们很好地看到了红河流域归国华侨群体的文化变迁，因为“文化变迁通常是指一个民族的生活方式所发生的任何变更，不论这种变更是因为内部的发展所引起，或者是由于不同生活方式的民族之间的相互交往而产

---

① （英）爱德华·泰勒：《原始文化》，连树声译，上海：上海文艺出版社 1992 年版，第 1 页。

② 转引自孟宪平《历史与现实互动中的文化概念流变探析》，《北方论丛》2010 年第 6 期。

③ 安宇、沈山：《和谐社会的区域文化战略：江苏建设文化大省与发展文化产业研究》，北京：中国社会科学出版社 2005 年版，第 38 页。

④ 《马克思恩格斯选集》（第 2 卷），北京：人民出版社 1995 年版，第 32 页。

⑤ 林耀华：《民族学通论》，北京：中央民族大学出版社 1997 年版，第 404 页。

生。归因于内部发展的变迁往往追溯到发明或发现，而归因于外部发展或交往的变迁则常常追溯到借取或传播”①。基于此，本部分笔者在描述他们不同的文化表现的同时，主要关注其文化模式以及这种文化模式中所体现出的他们的“心灵智慧”。

一、红河流域归国华侨的现实文化表现

就文化学来说，有些学者认为其是现象科学，注重的是以描述为主的资料收集过程；而有些学者则认为文化学是解释科学、分析科学，注重的是在描述的基础上对文化现象的理解，是“透过现象看本质”。除此之外，也存在关于文化研究的两种取向并存的情形。一些以历史学为基础的学者，对于文化的研究更注重于对于文化材料的收集和整理；另一些以历史学、考古学及民族学为基础的学者，对于文化的研究则偏重于文化的分析、解释。美国解释人类学大师格尔茨（Clifford Geertz）说：“对文化的分析不是一种寻求规律的实验科学，而是一种探求意义的解释科学。我所追求的是析解，即分析解释表面上神秘莫测的社会表达。”② 正像格尔茨所认为的那样：“‘琼斯村即美国’式的‘微观’模式；‘复活节岛即试验案例’式的‘自然试验’模式。要么是一粒砂中的天堂，要么是遥远的可能性彼岸”③ 的时代已经一去不复返了，取而代之的应该是为形成微观本质提出方法论问题的真实而又关键的民族志时代。新型的民族志追求的不是从特殊中推出一般、普遍，而是在特殊中思考和分析一般、普遍，从而达到利用普遍来进行创造性和想象性的思考的目的。本书的主题是历史研究，但也是一个文化研究。笔者试图结合以上两种研究取向，采取两种方法相结合的研究方式，力图较为全面、真实地呈现“红河流域归国华侨的文化现实”，并进一步从这种“文化现实”中去探寻“红河流域归国华侨的文化现实告诉了我们什么”。在对红河流域归国华侨的文化生活进行分析之前，还是让我们先来看看红河流域归国华侨今天的文化生活现状。笔者主要通过对他们的语言、饮食、行为习惯、宗教

---

① （美）克莱德·伍兹：《文化变迁》，施惟达、胡华生译，昆明：云南教育出版社 1989 年版，第 1 页。

② （美）克利福德·格尔茨：《文化的解释》，韩莉译，南京：译林出版社 1999 年版，第 5 页。

③ （美）克利福德·格尔茨：《文化的解释》，韩莉译，南京：译林出版社 1999 年版，第 28 页。

信仰等实践行为的描述，对他们的文化生活作一个总的概况介绍。

语言方面：甘庄、红河农场的归国华侨日常交流用语以普通话为主，少数可以使用本地方言与当地人交流。但是在家里，往往会用印度尼西亚语、越南语或祖籍地的方言进行沟通。相对而言，第一代归国华侨对侨居国语言的保存较为完整，而对于农场中的大多数第二代、第三代侨眷来说，其对祖辈的语言习俗则显得较为陌生。调查中我们发现，大多数的印度尼西亚归国华侨子女和越南归国华侨子女对于印度尼西亚语、越南语都能听懂，但是不会说，也不会写。越南归国华侨杨大姐这样说道："祖一辈都会说越南语，子女都不愿学越南语，因为当地人都说汉语。"

饮食方面：受地理与自然环境的限制，两个农场的归难侨不容易得到印度尼西亚或越南的烹饪材料，只能积极地适应当地的饮食习惯。不过，还是有一部分的归国华侨依旧保留着印度尼西亚、越南的饮食习惯。印度尼西亚归国华侨喜欢吃辣、炸、烤的食物，煮菜喜欢放黄姜、香茅、胡椒等天然香料，特色菜主要是咖喱鸡、印度尼西亚杂菜龙粑、油炸猪肝、咖喱鱿鱼等；越南归国华侨饮食和当地差不多，大多数越南归国华侨喜欢吃清淡和清炖食物，习惯使用筷子、食用豆腐及酱油等，特色菜主要是越南小卷粉、银耳西瓜凉虾、煮牛肉沙多、春卷等。

行为习惯方面：前文我们已经说过，印度尼西亚归国华侨有用巨型"奶糖"抱枕、从旁人身边经过喜欢伸右手做"请"的动作、不用左手给别人拿东西等习惯。此外，印度尼西亚华侨还特别讲究卫生，家家门前都会种上一些花草树木，一般不会轻易邀请别人到家里坐坐等。而越南归国华侨则会在家中保留较多越南物品。相对于印度尼西亚归国华侨来说，越南归国华侨对环境卫生不是那么讲究，也不喜欢种花草树木，但一般喜欢邀请邻居到家里玩耍。

宗教信仰方面：印度尼西亚华人的信仰是儒、佛、道三教及南中国古来精灵的混合体。当然，华人有把儒教作为修身养性的规范加以钻研的，也有笃信佛教或者专崇道教者。但在华人中信仰形态的特异现象是各个"帮"的妈祖庙、关帝庙、娘庙。这些庙所奉祀的神是天帝、玉皇大帝、观世音的混合体。[①] 印度尼西亚华侨的这种混合宗教信仰在红河流域印度尼西亚归国华侨家中的神龛上也经常看见。越南归国华侨多信奉佛教，但家中设有神龛以敬奉祖先，这与他们回国

---

① 杨启光：《印度尼西亚独立前的华人社会·华侨史论文集》（第二集），广州：暨南大学华侨研究所，1981 年，第 277 页。

前的习惯基本保持一致。越南归国华侨欧大姐这样说："我们在越南过的传统节日与中国基本上一样，比如清明节、春节等。家里都有神牌，供奉时上香、烧纸钱。家家都很注重神位，搬房子时先把神牌搬进去，然后再搬其他东西进去。"

除了两个群体在文化上都保留着回国前的一些印记之外，两个群体无一例外地接受了当地人的生活和文化习惯。在语言上，由于现今居住在农场的主要是越南归国华侨，而越南归国华侨祖籍大不相同，民族成分也很多，比如，祖籍地有南京、东北、广西、广东，但最多的还是云南；民族上有苗族、瑶族、壮族、蒙古族、汉族等；因此，普通话成为归国华侨们日常交流的主要语言，但在和当地少数民族交往时，归国华侨们都能听懂当地少数民族的语言，语言上的通畅是他们融入当地社会生活最为重要的前提条件。在饮食上，印度尼西亚归国华侨和越南归国华侨都食用农场市场上常见的蔬菜、肉类、鱼类，炒菜与煲汤基本与当地少数民族一样，只是在平常使用的调料和做法上有些不同，逢年过节时他们会做出各自独特的菜肴。在甘庄农场的菜市上，我们可以看到越侨卖的肠粉很受民众的喜欢，一些印度尼西亚归国华侨、侨眷甚至养成了早上吃越南肠粉的习惯。特别是在农场归难侨的第二代、第三代的婚姻关系中，我们能看到一些归国华侨子女和当地少数民族通婚的现象。在调查中，有个印度尼西亚老华侨对笔者说起其女儿的婚姻："我们全家是汉族，我的女婿是当地的哈尼族。儿女结婚只要男女双方愿意就行，但是要特别注重人的品质。我女儿结婚时，没有拜神，按照当地风俗，婚礼简单。双方按照自家的习俗来举办酒席，男方按照哈尼族婚俗来举办酒席，我家按照汉族风俗举办酒席。婚礼中没有敬酒、敬茶的风俗，也没有给红包的习俗。"调查中，我们能感受到印度尼西亚归国华侨相对于越南归国华侨来说，其生活习惯更相对独立些，这就导致了他们融入当地社会的困难要比越南归国华侨大得多。但从印度尼西亚归国华侨子女与当地人，特别是少数民族相互通婚的事例来看，我们可以看出归国华侨与当地文化的相互适应状态是良好的。

二、红河流域归国华侨文化发展模式

经过红河流域农场几十年的生活，归国华侨们的文化与当地居民的文化不断融合。在不同文化的不断融合中，归国华侨们对农场的生活也逐渐适应了。但归国华侨们在不断适应当地文化的同时，也在语言、饮食、生活、风俗习惯等文化方面保持着以前文化的特点，这是文化学上的文化涵化的表现。文化涵化是指由个别分子组成而具有不同文化的群体，发生持续的文化接触，导致一方或双方原有文化模式变化的现象。① 涵化作为文化变迁的结果，它实际上是文化特质或文化丛体之间进行分化、组合的几种不同情况，姜栽植把它概括为6种②，即整合、同化、分离、边缘化、渗透、侵蚀。综观文化涵化的6种表现，笔者觉得红河流域归国华侨文化和当地文化还处于文化侵蚀阶段，还没达到文化整合或者文化同化的程度，更不是文化分离或文化边缘化的表现。因为文化整合主要是指A文化与B文化相互接触所产生的文化创新，出现第三种文化形态。这包括两种情形，一是A文化与B文化的构成要素形成物理性整体，整体内的构成要素的原有性质不变。二是A文化、B文化的要素在形成的新整体中发生化学变化，新整体是与A文化、B文化不同的新形态。文化侵蚀是指在两个民族接触的过程中，一个民族的一部分被另一个民族吸收，吸收部分抛弃自己原有的民族特征，接纳对方的民族特征，即是同化的初期阶段。作为红河流域生活着的少数群体的印度尼西亚和越南归国华侨，在外界强大的文化渗透下，再加上归国华侨第二代、第三代对于归国华侨文化的接受程度不断降低，其原文化最终的结局是走向消亡。只是这个文化消亡后产生的同化结果，虽然是以当地文化为主，但其间会有些许归国华侨文化作为要素点缀其中，形成一种具有一定特色的地方文化新形式。

在红河流域归国华侨群体与当地民族和归国华侨群体间的不断互动下，归国华侨们的固有的文化模式发生了一定的变化，但新的文化模式还没正式形成，这就是红河流域归国华侨群体今天的文化发展特征。《汉语大词典》对“模式”一词的解释是：事物的标准样式。《辞海》的解释是：亦译为“范型”，一般指可以作为范本、模本、变本的式样。模式其实是一种概括化的构架，它比概念化的理论要更为具体，并具有很强的操作性。而美国人类学家克罗伯则把文化中那些稳定的关系和结构看成是一种模式。本尼迪克特认为文化模式是相对于个体行为来说的，她认为一个部族、一种文化在这样无穷的可能性里，只能选择其中的一些，而这种选择有自身的社会价值取向。选择的行为方式包括对待人之生、死、青春期、婚姻的方式，以及在经济、政治、社会交往等领域的各种规矩、习俗，

① 黄淑娉、龚佩华：《文化人类学理论方法研究》，广州：广东高等教育出版社2004年版，第223页。

② （韩）姜栽植：《中国朝鲜族社会研究》，北京：民族出版社2007年版，第34～35页。

并通过形式化的方式，演变成风俗、礼仪，从而结合成一个部落或部族的文化模式。[①] 这些对于“文化模式”的认识都显得较为深奥复杂，本书采用文化哲学大家衣俊卿为“文化模式”下的定义：“文化模式是特定民族或特定时代人们普遍认同的，由内在的民族精神或时代精神、价值取向、习俗、伦理规范等构成的相对稳定的行为方式，或者说基本的生存方式或样法……文化模式是人的生存的深层维度。”[②] 文化模式不外乎可以从历时性和共时性两个侧面去分析，但由于本书的研究需要，我们没有必要从历时性视角去分析红河流域归国华侨的文化模式。因此，本部分笔者主要从共时性层面去探讨。就共时性的文化模式层面而言，不外乎就是如本尼迪克特所认为的那样，从民族心理入手对文化模式进行阿波罗型、狄奥尼索斯型、妄想或偏执狂型、罪感型、耻辱型等认定。

就红河流域归国华侨现实的文化发展而言，其正处在与当地文化不断侵蚀的阶段，旧有的文化模式已经被打破，新的文化模式还没建立起来。但就越南和印度尼西亚归国华侨长期以来的文化模式而言，我们则可以清晰地看到两个不同人群共有的文化发展模式，那就是一种理性的文化发展模式。理由如下：

首先，两个归国华侨群体对自我和他者的区分十分清晰。只有理性的人才能把自我的文化和他者的文化分开，而且还分得很细；同时又能把自己的文化和阶段境遇下的文化现实有机结合起来，在保持自我独立性的同时，又能和外界处于相对和谐的状态。比如，调查中，笔者在与越南归国华侨交谈时称呼他们为“你们华侨”时，他们马上就会回应笔者：“我们不是‘华侨’，而是‘难侨’，只有印度尼西亚归国华侨才是华侨。”当地少数民族对于华侨则会用“他们华侨”之类的词语。其次，对于传统文化的珍视是两个群体理性的表现。印度尼西亚归国华侨曾经在海外生活了数代，但是他们保留着中华文化并代代相传，华文教育在印度尼西亚遍地开花的现象，足以证明印度尼西亚归国华侨群体是一个十分注重知识理性的群体。越南归国华侨一直以来信奉佛教，但也保持着祖先崇拜，中华文化在越侨心中早已扎根。再次，安于现实和向往理想有机结合更是理性的突出表现。对于一个理性的群体或者个人来说，其能很好地把握现实和理想的关系。红河流域归国华侨群体回到祖国后，面对现实的困难没有退却，他们用自己的双

---

① （美）本尼迪克特：《文化模式》，北京：社会科学文献出版社 2009 年版，“译序”第 3 页。

② 衣俊卿：《文化哲学十五讲》，北京：北京大学出版社 2004 年版，第 65 ~ 66 页。

手在新的土地上开辟了一片新的天地。在敢于面对现实的基础上，印度尼西亚归国华侨和越南归国华侨却没安于现状，一旦机遇到来，他们当机立断，马上去寻找自己更加幸福的生活。只有理性的人才会把理想和现实有机结合，而对于感性的人或者非理性的人群来说，也许早已融入当地农业生活中得过且过了。红河流域两个群体的种种实践，足以证明这两个群体的聪慧和生存之道，这是理性人的典型做法。总之，不管是印度尼西亚归国华侨，还是越南归国华侨，现实情形下，他们对于自己文化的保护与发展始终体现着理性的精神，很好地处理好了自我与他者、群体与社会、群体与国家、他乡与故乡、故乡与家乡等各种关系，进而使他们在红河流域的生活过得不是那么艰辛，甚至可以说比当地大多数人过得富足一些。

三、红河流域归国华侨的心灵智慧

一般来说，“文化变迁通常是指一个民族的生活方式所发生的任何变更，不论这种变更是因为内部的发展所引起，或者是由于不同生活方式的民族之间的相互交往而产生。归因于内部发展的变迁往往追溯到发明或发现，而归因于外部发展或交往的变迁则常常追溯到借取或传播”①。红河流域归国华侨们在文化上利用理性思考方式建立起来的文化模式，是他们融入当地社会而又区别于当地社会的文化适应策略的表现，是他们对于内外部文化变迁原因不断认识的产物，而这种生存策略很好地展示了红河流域归国华侨们的心灵智慧。当然，要认识归国华侨们保存文化差异性和统一性这个问题，我们或许能从以下几种对差异性问题的描述中找到答案：

第一种描述来自语言学——一种与索绪尔有关，并把语言的使用作为文化运作方式的模型的方法。这种描述认为“差异”之所以重要是因为它是意义的根本，没有它意义就不存在。意义依赖于对立者的差异，意义是关系的产物。独立者由于他者而产生意义，矛盾双方互为前提、互为意义。但这种思想有可能导致把各种二元对立组指责为简化论和存在过于简单地把所有差别都淹没在其相当僵化的二元结构中的危险，因此，这种观点遭到了后现代主义者的强烈反对，比如德里达就认为二元之中通常都有一极处于支配地位、一极处于被操纵的地位的

① （美）克莱德·伍兹：《文化变迁》，施惟达、胡华生译，昆明：云南教育出版社 1989 年版，第 1 页。

情形。

第二种解释也属于语言理论，但来自与索绪尔略有区别的流派。其观点是，我们之所以需要“差异”是因为我们只有通过同“他者”的对话才能建立意义。伟大的俄国语言学家和批判家米哈伊尔·巴赫金就是持这种观点的代表之一。意义不属于任何单个说话者，它在不同说话者之间的给予和获得中产生。简言之，“他者”是意义的根本。但是这种思想的消极方面就是使意义不能被确定，而且其认为一个团体绝不能完全掌管意义。

第三种解释是人类学的。这种理论认为，文化取决于给予事物以意义，这是通过在一个分类系统中给事物指派不同的位置而做到的。因而，“差异”的标志，就是被称为文化符号秩序的根据。以道格拉斯为代表的学者认为二元对立组对所有的分类都至关重要，因为为了区别事物人们必须在它们之间确定一种清楚的差别。根据这一看法，符号边界对于所有文化就是关键性的。标出“差异”致使我们从符号上关闭各种序列，支撑住文化并驱使任何被认定为不纯粹和不正常之物，给它们打上耻辱的记号。然而，矛盾的是，它还致使“差异”显得强大，奇怪地具有吸引力，这恰恰是由于它被禁止，是禁忌，是对文化秩序的威胁。因而，在社会上处于边缘的，通常在符号上是处于中心的。

第四种解释是精神分析学的，其认为差异性与我们心理生活中“差异”的作用有关。这种论点认为，“他者”是根本性的，无论对自我的构造，对作为主体的我们，对性身份的认同都是如此；我们的主体性依赖于我们与有别于我们的他者的各种无意识关系；但是对“自我”或对个性而言，不存在诸如被给予的、稳定的内在核心一类的东西。从心理上说，我们从未安全地作为主体被统一过。我们的主体性，是通过这一被搅乱的、向来不完整的无意识与（这一内在化了的）“他者”的对话才得以形成的。它的形成涉及某种使我们完满（由于它处于我们之外）但我们始终欠缺的事物。① 弗洛伊德是这种解释的代表者。

以上是从理论层面分析保持事物差异性的作用。虽然矛盾是推动事物发展的动力和源泉，但矛盾是对立统一的，也就是说在矛盾差异性中，矛盾还要有统一的一面。这就要求从哲学层面去理解红河流域归国华侨群体在保持自身文化独立性的同时，还是要和当地民众在文化上不断适应的原因。具体从生存和生活层面

---

① （美）斯图尔德·霍尔：《表征：文化表象与意指实践》，徐亮、陆兴华译，北京：商务印书馆2003年版，第236～241页。

去看红河流域归国华侨们的文化策略，笔者觉得应该具有以下的意义：

首先，保存移民的身份认同。云南人都有一种“家乡宝”的文化心理，有着“小富即安”的生活态度。云南地处西南一隅，人口4000多万，地理面积39万多平方公里，气候属于典型的亚热带高原气候，很多地方都四季如春、气候宜人。民间有种说法，云南人随便撒一把种子在山上就有收成，就能吃饱饭，饿不死。这样的自然条件和文化心理使得云南人很不愿意出省去打拼，理由大多是不适应外省生活，主要是外省太冷或者太热。而对于红河流域归国华侨们来说，身处少数民族聚居区，不同于少数民族具有的能歌善舞、豪爽、享受生活的特点，他们作为移民或者移民的后代，移民身上那种冒险、拼搏、开拓、进取的精神使他们在任何条件下都要奋斗不已，追求更加富足的生活。而在农场这样的社会氛围下，唯一能保持自己移民身份的最好办法就是在归国华侨群体代际之间保存和延续移民独特的文化。

其次，满足归国华侨们的心理欲求。在调查中，笔者能感受到即使是因为特殊事件而被迫回国的越南难侨群体，他们如今对于当地人的生活还是有所不满的。即使一些住着小洋房、开着小轿车的归国华侨群体心中，同样有着一种择机再移民的打算。看到当地民众的生活，想象远走他乡亲人们的生活，进而回忆自己以前的侨居生活，他们心中无疑会产生一种怀旧的情怀，进而产生一种不甘于现状的心理。调查中，很多的老一辈归国华侨在谈到自己慢慢老去的无奈的同时，还在想着为子女创造一个更好的生活环境。人就是这样奇怪的动物，在人的思维中，过去的都是美好的，未来的也是美好的，只有现实才是最不好。这是人所特有的“马鞍型”思维，这种思维在某种程度上导致归国华侨们不甘于现状，具有在回忆中不断积蓄力量、在现实中不断去开辟未来的冲劲。对于农场中的归国华侨来说，过去已经远走，未来还没到来，唯一能做的就是保存自身文化，在文化精神中把过去、现在和未来连为一体。

再次，在关系中寻找生活意义。红河流域归国华侨在农场生活了几十年后，和当地民族的关系慢慢地变得融洽起来，这是他们融入当地社会生产方式、生活方式的结果。但在这种关系的背后，我们能感觉到归国华侨们的思维方式还是与当地民族大不一样，特别是印度尼西亚归国华侨及侨眷，他们大多不愿意和当地其他民族一样过单纯的农业生活、平淡如水的温饱生活、闭塞的世外桃源生活、艰辛而又收获甚微的生活。作为外来人，归国华侨及侨眷们和当地民族在日常生活中相互尊重、友好相处，这是他们立足现实生活的基础。而在归国华侨及其侨眷们的内心深处，在各种关系的背后，始终潜藏着对于理想生活的向往。因为关系体系具有一般表面关系体系的一面，还具有更为深刻的一面，即其本质的一面，这种对关系本质的研究是建立在列维－斯特劳斯结构主义理论基础上的。列维－斯特劳斯的独创在于，他不是向社会事实或社会关系，而是向人类的心智去求取在普遍性、确定性和价值无涉性等方面堪与科学定律相媲美的“结构”。[①]这个“结构”就是表层结构背后的深层原因，也就是事物的本质所在。因而在和自己以前的侨居生活、农场其他民族的生活及再移民亲戚朋友们的生活比照中，归国华侨们不断在寻找他们生活的理想层面。这种生活的理想层面，对于印度尼西亚归国华侨们来说，就是他们在侨居国的生活方式或生活样法；而对于越南归国华侨来说，则是他们刚回国时所受到的待遇与礼遇。这是他们文化中最为深层的一部分，一般不会轻易外露，只是在与他们的交谈中，我们能深深地体会到。

总之，红河流域归国华侨在与当地民众的交往中，始终保持一种若即若离的生活状态。这种状态一方面使他们看起来和当地人没有什么两样，另一方面又让他们和当地人大不相同。但恰恰就是这种生活状态，使得他们得到了当地人的认同，很好地融入了当地生活；这种状态又使他们在保存自己移民文化的同时，不断寻找时机，为寻找更好的生活打下坚实的基础。这是归国华侨们面对目前生存状态做出的最好应对方式，也充分体现了他们的生存策略和心灵智慧。

第五节　红河流域归国华侨的生活个案

由于红河流域生活的印度尼西亚归国华侨人数越来越少，而且大多数都年岁已高，再加上他们本身对于汉语只能听而不能说的缘由，使得笔者对于印度尼西亚归国华侨的调查十分困难。相应的，笔者对越南归国华侨的调查则显得相对比较轻松。基于此，本部分笔者以越南归国华侨及侨眷的生活个案为主、印度尼西亚归国华侨的生活个案为辅，论述红河流域归国华侨们今天的现实生活。

① 庄孔韶：《人类学通论》，太原：山西教育出版社2005年版，第59页。

一、越南归国华侨毛先生的生活个案

毛先生，祖籍广东江门，21 岁回国。其父被“卖猪仔”，从香港“渔民村”开始，先后到过新加坡、马来西亚、泰国、老挝，最后达到越南，分别在越南南部、中部、北部等地谋生。毛先生会讲粤语、越语和普通话，一般在家讲粤语，在农场讲普通话。他们全家都会讲粤语，年轻一辈不会越南话，认为回国就没有用了。他说在国外时每天回家必须随父亲学越南语，若不是当时越南排华，应该都不会回来，就在越南安家立业了。其父在越南经商，开过咖啡店、中餐店、中药店等。排华时，越南政府想把中国人全赶回中国，但由于多方协调，后由联合国安置。其弟 1978 年去了香港，1 年后安置去了美国。1992 年，其父母正式移民去美国投靠其弟弟。毛先生全家回过广东，但觉得那边也待不下去，后来国家将其安置在红河农场。

1963 年，毛先生开始上华侨学校一年级，学繁体字。二年级时，美越战争爆发，从城市到乡下避难。9 岁开始学越文，后来读了高等美术学院。刚回国时住过西双版纳，后搬到红侨农场。当时红十字会来接待华人，住房、伙食由国家提供。刚回来时，懂中文的和有一技之长的由国家安排工作，工作时每月 23 元，一月工作 23 天，休息 7 天；干农活的大人分配一亩五分地，小孩分配一亩地，工人和农民都有 2 元的粮票补贴。当时生活贫困，买东西都要用票，如粮票、肉票、火柴票等。农场原有日本归国华侨、缅甸归国华侨、印度尼西亚归国华侨，1975 年，印度尼西亚华侨有可以到香港、澳门地区居住的政策，随后印度尼西亚归国华侨大部分从农场出去了。毛先生现在有退休工资，有养老保险。家里有五亩地，国家每年农业补贴 900 元，其女儿在当地小学做教师。家里有海外关系，孩子上学、家里盖小别墅全靠外汇支持。

刚回国时，因不懂中文，吃饭、干劳动都有人在旁边翻译。他认为由于不是土生土长的本地人，说话、生活等始终与当地人有些不同，难免和当地人之间出现一些隔阂。毛先生没想过去美国，他认为自己年龄大了，一切都要从头开始很困难，无法养家。同时，在国外若无一门手艺就无人尊敬，就算对方说话难听甚至侮辱自己也得接受；回国后，大家都是中国人，互相尊重。毛先生在越南住唐人街，吃中国菜，现在与当地人饮食习惯基本一致，由于是广东人，更爱吃糕点、甜食。现在自己制衣，是裁缝师。喜欢去旅游，曾去过贵州、浙江、山东等地。家里的小别墅由他自己设计，盖了三年，原先居住的简易房卖给了别人。毛先生家的地里种青枣，收益不错。他认为当地华侨很少参与政治活动，前几年还参加代表大会，这几年都没有去参加政治活动。其认为侨办、侨联的作用现在对于他们来说已经很小。

二、印度尼西亚归国华侨刘先生的生活个案

刘先生，现年 60 岁，祖籍广东梅县，出生于印度尼西亚，5 岁时随父母来到元江。母亲是印度尼西亚人，父亲在印度尼西亚长大，其祖辈是“华工”“猪仔”。在印度尼西亚时全家都是做商品零售的，生活颇好。家里有兄妹三人，现只有他还在元江，哥哥和妹妹在 1978 年改革开放后随父母去了香港，后来又回到了印度尼西亚。

刘先生的妻子也是印度尼西亚归国华侨，和他同在一个农场里，是经人介绍认识并结婚的。刚回来时，刘先生不敢和当地人说话，也没考虑和当地人结婚。归国华侨认为当地人生活和他们不一样，他们不喜欢和当地人接触，更不敢和当地人结婚。刘先生现在居住在红侨农场，并在元江多依街开了一家印度尼西亚特色小吃店，店中特色招牌菜就是咖喱饭，也不乏菜名有些稀奇古怪的特色小吃，比如，“伯爹得乐”“三妈领公”“芽多芽多”，这些都是用印度尼西亚语命名的菜肴。他认为做这些菜都是他的绝活，也不想告诉更多的人，也不想传给别人，等他退休之后就不做了。他说以前省里有的饭馆请他把印度尼西亚菜的秘诀传授给他们，他都没有去。

等退休了，刘先生准备帮儿子带孩子。退休后，如果可以的话，他还是想回印度尼西亚生活，也不想待在元江农场里面，不想待在中国。他儿子找了个傣族媳妇，他本来是想让儿子找个印度尼西亚华侨或者越南华侨的女儿，但他儿子偏偏就找了个傣族。他觉得没办法，认为找个媳妇不容易，只好随了他儿子。他儿子现在在元江财富时代广场开了一家儿童服装店，他还经常去给他儿子带孩子，他孙子今年两岁了。过年时，他很少去他媳妇家里做客，只有他儿子一家去。在他小吃店内有神灵的牌位，上面供奉着玉皇大帝。他认为国外的亲戚现在都比自己过得

好，有的在香港当公务员，有的在做大生意。刘先生家盖房子的时候，亲戚还汇了3万元来。去年他刚去香港玩了一次，感觉香港比元江好很多。

他一直觉得在农场的生活太苦了，因为他们在印度尼西亚的家里都有丫鬟做饭，而到了农场都要自己做，日子很苦，饭也不够吃，每天基本上都是吃稀饭。他还认为越南归国华侨比他们好很多，吃的苦没有他们多。他们也很爱吃越南归国华侨的饭菜，他自认为他做的越南小卷粉和越南归国华侨做的小卷粉不一样，他做的是用猪脚料，越南归国华侨做的是用香菇料。他认为现在农场里越侨比他们印度尼西亚归国华侨多，最近几年栽种水果都富起来了。平时没事做的时候，印侨和越侨会在院子里一起聊天，但很少和本地人有过多交往。

三、越南归国华侨张先生的生活个案

张先生，祖籍云南文山，10岁回国。父亲是中国人，母亲是越南人，有一个妹妹，母亲不会说中国话。在越南时上过三年中文学校，父亲在矿场上班。在越南还有亲戚朋友，逢年过节会回去探亲。他妻子是甘庄当地的傣族，他们是经别人介绍认识的。当时父母都比较开放，双方父母同意就结婚了。他父亲和他妻子的父亲是好朋友，他们来甘庄寄宿在傣族家时就认识了。

在甘庄生活了36年，张先生认为元江人特别好相处，他儿子也很喜欢和当地人交朋友。过年时候，他们一家都会到别人家串门子。他们也会去越南，并从越南带很多越南货回来送给当地人。现在他是一名微型车司机，居住在甘庄街道上。他和他妻子两年前离婚，原因是他妻子不能接受家里父母的一些特别的生活习惯。文化差异大是他们夫妻离婚的最大缘由。目前，他的两个孩子都在上学。

他认为自己从小就生活在甘庄，已经习惯了这里的一切。没想过要到越南生活，认为在越南生活没有在元江生活好。他早已经把元江当成了自己的家。对于以后他儿子、女儿的婚姻他不会过多干涉，自由恋爱就行，但他认为最好是找个本地人，不要找外地人。

四、印度尼西亚归国华侨李先生的生活个案

李先生，祖籍广东潮州，其父辈被“卖猪仔”从越南带印度尼西

亚。李先生家里有兄弟姐妹9个。其父在印度尼西亚开小卖部，生活条件不错，但是其父想落叶归根就回中国了。但他父亲回忆起印度尼西亚的生活就很后悔，因为当时在印度尼西亚生活得更舒服，回来却一天到晚干农活，那时国家也贫困。刚回来时，住元江老街南门桥一带，靠江的地方全部是坟墓地。他认为印度尼西亚的对华侨政策与中国富裕程度有关，就好比一户人家要让别人看得起就需自强一样。“文革”时大多印度尼西亚归国华侨在心理上遭受了巨大的冲击，“文革”结束后由于心里害怕将来还会发生同样的事就纷纷去香港谋生。“文革”时他作为印度尼西亚归国华侨的一员也受到冲击。后来政策允许归国华侨外出，当时家里人多，分批出去，结了婚的就不行，现在家里他这一辈只有他一人还在元江农场。主要是觉得他自己年纪大了，出去也没有用，更何况现在家里房子也好了，国家政策也好了。李先生会说印度尼西亚话，不会粤语，两个孩子，一男一女，都在外面打工。李先生一家现在和海外亲戚联系很多，经常寄东西出去，亲戚会汇钱回来。

李先生是农场职工，2001 年农场改革后退休，有退休工资。他退休工资每月 1500 元，他妻子退休工资每月 1400 元。现在家里生活美满，有洋房。他认为日子好过不好过无所谓，只要大家同心协力，不要打架伤和气就行。他的子女和当地人结了婚，结婚时互相尊重，各自按照各民族风俗办喜酒。

五、越南归国华侨侨眷马奶奶的生活个案

马奶奶，祖籍云南普洱，现为元江老虎箐人，越南归国华侨侨眷，今年60岁，有1个女儿。其丈夫已过世，祖籍是广东梅县。她经别人介绍认识丈夫，自由恋爱，但是开始时遭到父母一定的反对，她父母认为华侨世面广，怕结婚后欺负她。她夫妻同为原国营华侨农场职工。

其丈夫原先分派到甘庄，后再分派到漠沙，再到红侨农场。其丈夫家里有兄弟姐妹7个，农场里只剩下他和一个兄弟，其他的亲属及父母都去香港了。以前国家规定去香港要限定人数，每年只有几个。原先母子关系和夫妻关系都可以去香港，后来夫妻关系不可以去香港，只有母子关系可以去。当时，她丈夫的母亲带着兄弟三个先去了香港。丈夫的兄弟姐妹在香港打工，回来探亲只有15 天假期，有些时候还请不到假，

几年才能回来一次。家里遇到困难的时候，香港的亲戚会汇钱回来。她说以前大家都认为香港条件好，都跑去香港。去年她小侄子回来看她，四五天就回去上班了，所以她感觉在香港生活压力很大。

她结婚时，双方父母都同意，并为其举行了婚礼。在她老家普洱和元江各办了一次婚礼。她说以前由于两家离得太远，恋爱到结婚才见过三次面。经中间人搭桥后见面，双方满意后第三次见面就决定结婚。她认为当时日子艰难，但夫妻感情稳定。

她说现在农场里有越侨、印侨互相通婚的现象，但以前印侨只娶印侨、越侨只娶越侨。她女儿嫁去了景洪，虽然她一直反对，但女儿执意嫁人，也就只好同意了。她认为女儿是自由恋爱，所以尊重女儿的选择。现在两家人关系很好，她经常去景洪看女儿。她很满意现在的退休生活，有退休金，也有医疗保险。在香港的亲戚时不时会给她寄些钱过来，所以她的日子过得很好。她也经常给香港的亲戚寄去元江当地的一些土特产，和外面的亲戚联系十分紧密。

六、印度尼西亚归国华侨王奶奶的生活个案

王奶奶，祖籍福建厦门，1952 年生于印度尼西亚东爪哇，其父在中华人民共和国成立前出国到印度尼西亚东爪哇的练义里。父母家乡观念强，他们认为死都要死在家乡，刚回国时首先到湛江，然后来到了昆明和元江，父母在农场时属于农业工人。其父母当时没钱回到厦门，便死在了元江。父亲 1979 年去世，母亲 1985 年去世。她在印度尼西亚读了两年华文学校，来到甘庄后又重新读小学，小学读了 8 年，16 岁小学毕业时遇到“文化大革命”，就这样中断了学业。其丈夫陈先生，1948 年生于海南岛，中华人民共和国成立前从海南岛出国“下南洋”。陈先生家有兄弟姐妹 5 个，3 个儿子和父亲回国，2 个女儿和母亲留在巴厘岛生活。陈先生家庭成员中只有一个姐姐还健在，现年 78 岁，父亲回国 3 年后就去世了。丈夫的母亲和父亲都没有再婚，当时家庭成员分居两地的主要原因是，如果印度尼西亚生活不好留在印度尼西亚的家庭成员就可以从印度尼西亚回到中国，如果中国生活不好回到中国的家庭成员就可以从中国去印度尼西亚。王奶奶说这主要是为了安全，当时大多数回国的印度尼西亚家庭情况都是如此。她和丈夫结婚时才 18 岁，

她说当时政策规定两口子年龄加起来有42岁就可以结婚。

“文革”时期家庭成员间联系中断，后又通过写信再联系上。前几年她丈夫的姐姐在印度尼西亚遇上车祸，又想回国看三兄弟，所以丈夫的姐姐和姐夫1993年就先到海南，然后他们两口子就去海南接她丈夫的姐姐和姐夫。她丈夫的姐姐和姐夫刚开始不愿意来云南，他们一直认为云南是原始森林，到处都是吸毒的。但是当他们来到元江，来到农场后，才发现原来他们在农场的生活十分富足。她说，的确刚回国时，印度尼西亚华侨怕当地少数民族，回来不会说汉语，也无法和他们交流，现在是被他们“同化”了，完全和当地人融为一体了。

王奶奶有两个儿子，都成家了，媳妇都是傣族。她说印度尼西亚华侨家的女孩子要求太高，印度尼西亚归国华侨家的儿子家要去香港，她们才肯嫁给他们。她家两个儿子没看上当地越侨女孩。她的两个儿子一个1985年结婚，一个1990年结婚。接亲按照当地傣族风俗，接过来后婚礼则按照印度尼西亚风俗进行。把媳妇接回来后要关门，然后敲门，打开门后，媳妇要先叫妈、爸，跪下来敬酒，而且声音要大。现在她对家里两个儿子的生活感到十分满意，她认为只要家庭和睦就好。现在家里有一个孙子、一个孙女。两个儿子都在改革开放后自己做生意，原先在乡下家门口修摩托车，后来把修理厂搬到甘庄农场的城镇上。大儿子的摩托车修理厂里有3个工人，二儿子则去印度尼西亚为中国公司做翻译。

王奶奶1979年开始修单车，不在农场里上班了，每年上缴600元，保留工龄。现在她二儿子随某公司去印度尼西亚帮别人做翻译，每3个月回一次甘庄，每月工资8500元。她二儿子在印度尼西亚干了5年了。后来她儿子又把她丈夫带去印度尼西亚苏拉维新上班，每月工资7000元，回家探亲费实报实销。她二儿子的印度尼西亚语是她丈夫教的，也会写印度尼西亚的文字，她说现在甘庄农场没几个人会说会写印度尼西亚的文字。她亲戚在印度尼西亚很有钱，她丈夫的两个姐姐在印度尼西亚，一个是牙医，一个做生意，她丈夫的表哥在印度尼西亚开工厂。他们家人去印度尼西亚探亲的时候主要是带农场当地的土特产过去。

她说1973年的时候她可以去香港，但是当时结婚了，去香港就要离婚，而且一家人还不能一次性去，要分开去。现在过年过节，家庭聚会，这里吃一顿，那里吃一顿，互送东西。但他们和农场的其他印度尼西亚归国华侨家族不怎么联系，见面只是打打招呼。她对现在的生活很满意，她和她丈夫退休工资加起来不到4000元，但是她说不要太贪心，要知足常乐。她的二儿子有6栋房子在甘庄和元江县城，她大儿子有两辆车。她说以后就在甘庄了，不打算出去了，不愿意和别人比高低，生活平平淡淡就好。她准备在她家开一个印度尼西亚风味的农家乐，现在正在申请。同时她还有做印度尼西亚特色蛋糕的手艺，但她说完全是凭着记忆做。现在经常有人到她家来订印度尼西亚风味饭，12个菜、1盘点心，每桌600元。菜品是具有印度尼西亚风味的沙爹、春卷、牛肉片、虾片、脱衣花生、咖喱鸡、扣肉、烤猪排骨、手撕鸡肉、鱼、“加多加多”、粉丝汤，外加一盘她自己做的点心。做菜需要的印度尼西亚材料主要由她儿子从印度尼西亚带回来一部分，剩下的就是她自己种的。印度尼西亚菜口味偏酸甜，做一个印度尼西亚菜需要十多种材料。

现在甘庄红新三队共有42户，其中只有3家印度尼西亚华侨。当地很多人都想嫁给华侨，华侨家女孩都想嫁去国外。现在当地人结婚首选印度尼西亚华侨，其次选傣族，最后才是越南华侨。他们家在海南岛还有房子，但是他们不会再回去了。他们家海外亲戚家的孩子都不愿意回来中国，以前是因为不会说中国话，认为中国穷，不愿意学；2003年后他们开始意识到学中文的重要性，现在印度尼西亚学中文的人很多，学一个汉字要5元钱。她希望以后孙子孙女好好读书，儿子家庭和睦。

七、印度尼西亚归国华侨温阿姨的生活个案

温阿姨，红侨社区工作人员，1968年生于越南，祖籍广西东兴，是其家族中的第三代华侨。其爷爷奶奶因战乱出国到越南做生意，1978年因越南国内排华回国。回国后不久，其舅舅、叔叔先后去了香港。1979年8月，在她11岁时，全家本想去香港定居，但因其母亲回老家探亲，联系中断，因而错过了联合国“安置第三国”政策。其丈夫是印度尼西亚归国华侨侨眷，和另一个双胞胎兄弟现都在昆明打工。温阿姨的兄弟姐妹都定居于玉溪市区。其全家因为在越南时生活在城市里，回到元江农场后生活艰苦而很难适应农场当时的环境。当时他们越南归国华侨被安排在元江江东，要坐船才能去元江县城，后来又被安排在元江大水平，但是大水平缺水，最后派几个代表到现在农场这里来看，当

时几个代表看见这里有一口井，所以代表们认为风水好，于是他们就在这里安置了下来，政府把在这里的元江监狱搬去了农场上方。现在红河华侨农场归国华侨共有300多人，其中印度尼西亚归国华侨有100多人，越南归国华侨要多一些。

她说回国时只有华侨之间有共同语言、共同爱好、共同身份，因而华侨之间通婚现象比较普遍，她后来也找了一个当地的印度尼西亚归国华侨侨眷结婚。她说一是因为归国华侨很少和当地人谈恋爱，二是她认为越南归国华侨相对于印度尼西亚归国华侨来说显得稍微懒惰一些，印度尼西亚归国华侨家庭成员都比较勤劳，爱父母，关心子女。她说20世纪80年代到1997年香港回归时，香港条件更好。当时1美元等于1.2港币，香港经济好，很多人都想去。当时农场大多数归国华侨女孩都往外嫁，男孩只有迫不得已才娶当地人。现在香港那边的归国华侨的生活不好，以前去香港的归国华侨回来农场，都很羡慕他们现在的生活。他们以前的场长回来时都很后悔去香港，因为如果他继续在这里光退休工资就有4000多元，但是去到香港，什么事情都要重新做起，而且还没有养老金。她说现在农场里的职工都不想去香港了，现在香港那边生活压力大，一个月生活费都一万多元。香港那边的人是蜗居，房子面积小。

温阿姨家里一直都在种香蕉，还开了个小卖部，她爱人的父母都是农场退休工人，现有80多岁了。她爱人家以前在印度尼西亚开冷饮店、咖啡店。她爱人祖籍广东中山，现在老人们在家里都说广东话。她两个孩子大专毕业，一个在昆明卖汽车，一个在德宏制药公司上班。现在他们一家基本融入了当地生活。她说以前当地很封闭，归国华侨和当地人隔得很远，现在交通方便了，又不受限制，所以现在年轻人都找当地人结婚。以前归国华侨找当地人结婚的话都会被嘲笑，所以很多归国华侨家庭的子女为了出国，都是父母包办婚姻，这样很多家庭被拆散了。他们家在越南还有亲戚，都是在当地做领导、当总裁的，亲戚们都说越南话，不太会说普通话。现在越南政府出政策，叫出国到美国、加拿大的华人回去。

她说现在出去外面也不好过，倒不如在中国好。红河农场在1988年有一批职工出去自谋职业，国家给安置费每人2500元，自谋职业的人可以自由选择去哪里，农场有去昆明的，有去峨山的，也有去省外的，还有的回了老家。自谋职业就和农场脱离关系了。温阿姨说她去了全国很多华侨农场考察，最后发现还是他们元江华侨农场发展得好。比如，临沧华侨农场在进行危房改造时，每户归国华侨家庭可以获得中央15000元资金、无偿划拨的120平方米土地和当地政府支持的25000元资金，但是结果是很多归国华侨家庭都没盖起房子来，有的还只是盖了一层楼。温阿姨家所在的红河农场，每户归国华侨家庭可以获得中央15000元资金、无偿划拨的120平方米土地和房产直接办给归国华侨家庭的政策，盖得起的就盖，盖不起的就不盖，后来当地大部分人家都盖起三层楼的小别墅。温阿姨所说的这些，我们在红侨社区调查时深有体会。当我们走进农场时，一排排整齐划一的别墅就出现在了我们的面前。别墅前后的花花草草足以让我们相信当地归国华侨们的生活是十分富足的。现在温阿姨经常听越南歌，看越南书籍，并保留着很多越南钱币。温阿姨看得懂越南文字，因为她在越南生活了十几年，虽然读的是中文学校，而且是学繁体字，但耳濡目染越南文化她至今还没忘记。我们在调查中发现在温阿姨的办公桌上有很多的越南书籍和钱币。在我们调查时，温阿姨还当场给我们哼起了越南歌曲。

通过对为数不多的印度尼西亚归国华侨和几十位越南归国华侨侨眷的调查，我们很好地把握了他们在红河流域如今的生活现状。总的来说，不管是印度尼西亚归国华侨还是越南归国华侨，他们的生活都是比较好的。这得益于：第一，他们基本上有海外关系，能够得到来自海外亲戚朋友的一些帮助；第二，一部分归国华侨属于农场职工，退休后都有养老保险和退休金；第三，由于国家政策的扶持，归国华侨们大多能享受到国家的特定帮助和补助；第四，当地大力发展特色产业，更带动了归国华侨们致富；第五，归国华侨和当地民族之间关系和谐，互帮互助，共同得到了发展。

在调查中，我们也看到了一些归国华侨及其侨眷在现实生活中出现的一些困难。比如，由于生活困难需要政府给予低保帮助、人多地少问题较为严重、文化程度较低、没有一个正式的工作谋生等。当然，以上这些情况主要发生在归国华侨职工的第二代、第三代侨眷身上。比如，在调查中，我们访谈了一位梁姓大姐，她四十多岁，在甘庄华侨农场开理发店。她在谈到自己的经历时，特别强调了自己辍学比较早、没有低保、地少靠打工生活、理发很难赚钱、住二手房等困难。在调查中，对于农场的第二、三代侨眷们来说，像梁大姐这样的情形很多。但我们又不得不说，像他们这种生活情形的中青年一代，在我们国家的例子是很多的。针对这些问题，笔者认为，很多归国华侨侨眷所面临的问题，和中国绝大多数农村和企业所面临的问题大体是一致的。甚至相对于中国广大的其他农村和企业来说，在中国社会改革开放之初的相同条件下，由于国家对于归国华侨群体的帮助和照顾、归国华侨群体特殊的身份和海外关系以及归国华侨群体的不断努力等因素的作用，红河流域两个归国华侨群体的生产生活是比较好的。下面以20世纪80年代云南省对于复归国华侨亲属回国探亲和华侨、外籍华人和港澳同胞来农场探亲的粮食补助标准为例，来说明国家在重视和提高归国华侨群体社会生活上所做出的巨大努力：

云南省人民政府　侨务办公室文件

复归国华侨亲属回国探亲的粮食供应问题①

宾居华侨农场：

1月29日来函收悉，关于归国华侨职工的亲属从国外回国探亲或从港澳等地探亲期间的粮油供应问题，经与省粮食厅供应处联系同意，应凭回国证件或港澳同胞回乡证，向你场派出所申报临时户口，依派出所开具的暂住证明，根据居住时间的长短，每天用粮一市斤，每月用食油半市斤，由你场在机动粮油中供应。若你场没有机动粮油或机动粮油已经固定，可凭派出所出具的暂住证明，向所在县粮食部门申请临时供应粮油。

此致。

省侨办侨政处

1983年2月2日

紧接着，结合当时云南省和华侨农场生活水平的实际情况，云南省侨政处又

① 《复归国华侨亲属回国探亲的粮食供应问题》（元江县档案馆资料），1983年2月2日。

对上述文件进行了补充：

关于华侨、外籍华人和港澳同胞探亲短期居住粮油供应标准的通知①

在以前的基础上，重新定制标准：

回国探亲、观光的华侨或港澳同胞回到家乡探亲的或民政部门出给证明，证明暂住天数的，由粮食部门每人每月供大米 36 市斤、菜油 2 市斤，商业部门供鲜肉 2 市斤、粮 1 市斤的标准供应，特此通知。

通过对红河流域归国华侨在改革开放以来的政治、经济、文化、社会进行探析，我们对红河流域归国华侨的现实生产生活有了基本的了解。笔者认为，地处红河流域的两个华侨农场归国华侨群体的现实生活，总的来说和有的学者对其他省份其他地区华侨农场内归国华侨群体生活状况的调研结果不一样。相对于其他地方的归国华侨群体的现实生活来说，笔者认为，红河流域归国华侨群体的现实生活显得更好一些。比如，有些学者在对广西归国华侨群体进行研究之后认为，广西华侨农林场作为文化人类学研究的“理想实验室”，几十年过去了，归国华侨们的生活环境仍然十分艰苦，生活水平仍然普遍较低，而且处于“工非工，农非农”，以及“三不像”（不像工人、不像农民、不像华侨）的尴尬境地。② 当然，在看到红河流域归国华侨群体在现实生活中的总的状况的同时，我们也要看到其与当地不同年龄和群体的现实生活还是有一些差异的。比如，对于已经从农场退休的归国华侨群体来说，他们对于农场的生活总体来说是十分满意的；一些随着农场转制的原农场员工，则充分看到了其发展的前景；一些归国华侨侨眷由于受教育程度低，在当地生活没有过多的优势，所以现实生活则有些困难。因此，笔者认为，在进一步深入地认识其现实生活的时候，我们应该遵循马克思主义实事求是的原则，把红河流域归国华侨群体的生活与中国改革开放之初以来的每个发展阶段有机地结合起来，把归国华侨群体的生产生活和中国社会同时代的

---

① 《关于华侨、外籍华人和港澳同胞探亲短期居住粮油供应标准的通知》（元江县档案馆资料），1983 年 3 月 7 日。

② 郑一省：《文化人类学视野下的广西华侨农林场归国华侨研究》，北京：民族出版社 2017 年版，“前言”第 5 页。

普通老百姓的生产生活结合起来，对再移民归国华侨和留在红河流域两个华侨农场中的归国华侨群体进行纵横向的全方位的分析，对红河流域归国华侨不同群体的生活状况进行总体和具体的全面分析。只有这样，我们才能对红河流域归国华侨群体的现实生活真正做到客观公正的认识和探析。

早在 1993 年，云南省就颁布了《实施〈中华人民共和国归侨侨眷权益保护法〉的办法》。该办法中特别要求各级人民政府对归侨的农场、林场等企业采取一系列的扶持措施。比如，华侨农场、林场等企业及其兴办的加工业、旅游服务业、资源开发企业等生产经营纳税有困难的，可以提出申请，按税收管理权限报批，给予一定期限的减税或者免税照顾；其生产经营需要信贷的，金融部门应当给予支持。[①] 因此，只要有国家各级政府的大力支持、归国华侨们的不懈努力，红河流域归国华侨群体所面临的现实问题一定会得到很好的解决，当地农场也会不断得到发展，归国华侨们的未来也会越来越美好。

① 转引自楚雄州人民代表大会民族工作委员会、楚雄州归国华侨联合会《归国华侨侨眷权益保护有关法律法规汇编》，2007 年第 17 页。

第七章 红河流域归国华侨的群体认同

认同问题（identity problem）是当前人类学、民族学、社会学、历史学研究中较为热门的领域之一。“认同”一词最早为哲学用语，后来被心理学界广泛使用，最后在众多人文社会科学中得到了不断延展，使得其内涵和外延都得到了最大限度的扩张。一般来说，认同“是指个人（即行为的主体）和个人以外的对象之间，产生心理上、感情上的结合关系，亦即通过心理的内摄作用，将外界的对象包摄在自我之中，成为自我的一部分。结果在潜意识中，将自己视为对象的一部分，并作为该对象的一部分而行动”①。从外延去看，认同可以分为国家认同（national identity）、社区认同（communal identity）、文化认同（culture identity）、种族认同（ethnic identity）以及阶级认同（class identity）等。当然，与认同相关的理论在学界也是多种多样，比如，互动/族界理论、原生论、工具论、辩证阐释理论、民族国家及其意识形态构建论等。笔者认为，某些群体的认同意识不是一成不变的，而是随着社会情境的变化而在不断发生变化的。同样的，在某个华侨内心，也会存在着认同上的差异及重叠认同等情形。当然，在所有认同种类上，国家认同毫无疑问是处于决定地位的，在一定程度上对其他认同起着支配作用。就是基于这样的认识，有的学者直接把其他认同放在国家认同这一大范围之内探析。比如，葛政委认为，“一般而言，国家认同包括地域认同、文化认同、政治认同和身份认同四个方面的内涵”②。有鉴于此，为了对红河流域归国华侨群体认同有个较为具体的了解，笔者设计了一些简单的问题，试图把握红河流域归国华侨群体的地域认同、文化认同、身份认同及国家认同。

---

① 崔贵强：《新马华人国家认同的转向 1945—1959》，厦门：厦门大学出版社 1989 年版，第 1 页。

② 葛政委：《多维视野下的容美土司国家认同内涵研究》，《中南民族大学学报》2017 年第 5 期。

第一节　红河流域归国华侨群体认同的调查设计

为了更为全面地认识和把握红河流域归国华侨的文化适应及国家认同等相关情况，在个案访谈基础上，笔者拟对红河流域不同年龄、职业的群体进行随机问卷调查，获取他们对国家认同的相关资料，进而为本书的研究提供一些实证支撑。

一、调查目的及内容

印度尼西亚和越南归国华侨于 20 世纪 60 年代到 70 年代先后来到红河流域甘庄和红河华侨农场，其间经历了回国时来自国家的种种“优待”、刚到农场时的不适应和适应、“文革”对他们的冲击、再移民狂潮的洗礼、新时期的体制改革以及如今的平静生活等历程。那么，这些至今仍生活在红河流域农场的归国华侨，他们是如何面对一个与自己文化背景迥异的新的社会环境的？他们特有的归国华侨文化特征是如何被改变及延续的？在经历了回国近 60 年的风风雨雨，他们的生活现状又如何？他们又是如何看待父辈及自己这几十年的华侨农场生活和事业的？他们是如何评判自己、社区及国家的前途和命运的？带着以上的这些问题，笔者就甘庄和红河华侨农场的归国华侨和侨眷进行了一次问卷调查，希望能够对回答上述问题提供帮助。该问卷调查是在甘庄和红河华侨农场随机发放的共发放问卷 284 份，收回 284 份。

调查涉及 40 个问题，除了涉及归国华侨侨眷们的性别、年龄、政治面貌等基本信息之外，问卷内容主要包括被调查者的文化适应、身份认同、国家认同、地域认同、社会交往等几个方面。

通过这次问卷调查，一是弥补前面个案访谈可能出现的样本不足的问题；二是为了更大范围地了解不同层次归国华侨的现实生活现状及认同心理；三是在把握归国华侨、侨眷的现状的同时，找到解决他们现实问题的具体办法，调动他们为中华民族的伟大复兴出力的积极性。

二、问卷调查表格的设计

关于红河流域归国华侨及侨眷环境适应的调查表

尊敬的各位华侨及侨眷：

您好！

请原谅我们耽误您一段宝贵时间！我们是“红河流域归国华侨群体的历史人类学研究”课题组聘请的学生调查员，正在做一个有关归国华侨及侨眷对红河流域自然和社会环境适应程度的社会调查。本次调查的目的主要是了解华侨及侨眷在当地的生活现状，以期能为接下来的科学研究和有关部门决策提供客观依据。

谢谢您接受我们的调查！

1. 你的性别是：A. 男（　　），B. 女（　　）。

2. 你的文化程度是：A. 初中（　　），B. 高中（　　），C. 大专及以上（　　），D. 小学（　　），E. 无（　　）。

3. 你的年龄是：A. 15 ~ 35 岁（　　），B. 36 ~ 45 岁（　　），C. 46 ~ 55 岁（　　），D. 56 ~ 65 岁（　　），E. 65 岁以上（　　）。

4. 你是：A. 印度尼西亚归国华侨及其侨眷（　　），B. 越南归国华侨及其侨眷（　　），C. 其他（　　）。

5. 你的职业是：A. 退休工人（　　），B. 农民（　　），C. 公务员、教师（　　），D. 自由职业者及其他（　　）。

6. 你的政治面貌：A. 中共党员（　　），B. 民主党派（　　），C. 群众（　　），D. 其他（　　）。

7. 你们家饮食主要是：A. 以原居住习惯为主（　　），B. 以当地习惯为主（　　），C. 本地和原住地结合（　　）。

8. 你平时的穿着主要是：A. 以汉族服饰为主（　　），B. 以民族服饰为主（　　），C. 汉族服饰和民族服饰结合（　　）。

9. 你们在家交流以：A. 原居住地语言交流为主（　　），B. 汉语为主（　　），C. 当地少数民族话为主（　　）。

10. 你对现在居住地气候：A. 很适应（　　），B. 较为适应（　　），C. 很不适应（　　）。

11. 你对现居地各民族风俗礼节等：A. 很熟悉（ ），B. 一般熟悉（ ），C. 很不熟悉（ ）。

12. 你对现居地风俗礼节：A. 基本采用（ ），B. 采用一些（ ），C. 很不采用（ ）。

13. 你的亲密朋友中：A. 归国华侨及侨眷占多数（ ），B. 当地少数民族占多数（ ），C. 各占一半（ ）。

14. 你最亲密的朋友是：A. 印度尼西亚归国华侨及侨眷（ ），B. 越南归国华侨及侨眷（ ），C. 当地民众，D. 其他（ ）。

15. 你的婚姻状况是：A. 已婚（ ），B. 离婚（ ），C. 丧偶(），D. 未婚（ ）。

16. 你的爱人或男女朋友是：A. 印度尼西亚归国华侨及侨眷（ ），B. 越南归国华侨及侨眷（ ），C. 当地少数民族（ ），D. 当地汉族或外地其他民族（ ），E. 无爱人或男女朋友（ ）。

17. 你参加侨联组织的活动：A. 很多（ ），B. 偶尔参加（ ），C. 基本不参加（ ）。

18. 你们家在当地的经济状况是：A. 好的（ ），B. 中等（ ），C. 差（ ），D. 很差（ ）。

19. 海外亲友在经济上帮助你们家：A. 很大（ ），B. 一般（ ），C. 不大（ ），D. 没有帮助（ ）。

20. 你有几个子女：A. 1 个（ ），B. 2 个（ ），C. 3 个（ ），D. 3 个以上（ ），E. 无（ ）。

21. 你和当地人比起来，最大的不同在于（可多选）：A. 语言上（ ），B. 思维上（ ），C. 生活习惯上（ ），D. 没啥不同（ ）。

22. 你作为归国华侨及侨眷：A. 有优越感（ ），B. 和当地人一样（ ），C. 地位低下（ ）。

23. 你觉得当地人：A. 很好相处（ ），B. 一般（ ），C. 不好相处（ ）。

24. 你对于当地的发展：A. 抱有希望（ ），B. 感觉一般（ ），C. 很失望（ ）。

25. 你对你的生活状况感到：A. 满意（ ），B. 一般（ ），

C. 很不满意（　　）。

26. 你认为和当地人的关系：A. 很好（　　），B. 一般（　　），C. 很不好（　　）。

27. 你对自己的事业发展感到：A. 满意（　　），B. 一般(　　），C. 很不满意（　　）。

28. 当地人对归国华侨及侨眷：A. 理解并羡慕（　　），B. 有隔阂(　　），C. 一般（　　）。

29. 你觉得你或者你的先辈选择回国是：A. 对的（　　），B. 错的(　　），C. 无所谓对错（　　）。

30. 如果还有机会，你还愿意：A. 去海外（　　），B. 待在当地（　　），C. 去玉溪等其他地方（　　），D. 无所谓（　　）。

31. 你认为那些到香港的同胞的日子：A. 比你好（　　），B. 差不多(　　），C. 比你差（　　），D. 无所谓。

32. 你们家和原住地：A. 联系很多（　　），B. 联系不多(　　），C. 基本没联系（　　）。

33. 你认为国家对归国华侨及侨眷政策：A. 好（　　），B. 一般（　　），C. 不太好（　　）。

34. 你觉得当前制约当地发展的是：A. 政策（　　），B. 资金（　　），C. 人才（　　），D. 其他（　　）。

35. 你觉得当地首先应该：A. 发展教育（　　），B. 发展经济（　　），C. 文化保护与发展（　　）。

36. 你认为国家对你们做出的贡献：A. 评价很高（　　），B. 一般(　　），C. 很低（　　）。

37. 你认为当地社会发展：A. 有特点（　　），B. 特点在消失（　　），C. 没有特点（　　）。

38. 你认为当地侨文化会：A. 保持很好（　　），B. 慢慢消失（　　），C. 没想过（　　）。

39. 你对我们的调查：A. 欢迎（　　），B. 不排斥（　　），C. 有些顾虑（　　）。

40. 你觉得“中国梦”：A. 一定能实现（　　），B. 不能实现（　　），C. 无所谓实现与否（　　）。

第二节　红河流域归国华侨群体认同的调查统计

问题	选择答案	选择结果、人数				
		A	B	C	D	E
1. 你的性别是	A. 男　B. 女	174	110			
2. 你的文化程度是	A. 初中　B. 高中　C. 大专及以上　D. 小学　E. 无	70	40	50	90	34
3. 你的年龄是	A. 15～35 岁　B. 36～45 岁　C. 46～55 岁　D. 56～65 岁　E. 65 岁以上	64	94	54	50	22
4. 你是	A. 印度尼西亚归国华侨及其侨眷　B. 越南归国华侨及其侨眷　C. 其他	98	182	4		
5. 你的职业是	A. 退休工人　B. 农民　C. 公务员、教师　D. 自由职业者及其他	56	82	40	106	
6. 你的政治面貌	A. 中共党员　B. 民主党派　C. 群众　D. 其他	42	6	234	2	
7. 你们家饮食主要是	A. 以原居住习惯为主　B. 以当地习惯为主　C. 本地和原住地结合	70	98	116		
8. 你平时的穿着主要是	A. 以汉族服饰为主　B. 以民族服饰为主　C. 汉族服饰和民族服饰结合	172	20	92		
9. 你们在家交流以	A. 原居住地语言交流为主　B. 汉语为主　C. 当地少数民族话为主	110	160	14		
10. 你对现在居住地气候	A. 很适应　B. 较为适应　C. 很不适应	112	156	16		
11. 你对现居地民族风俗礼节等	A. 很熟悉　B. 一般熟悉　C. 很不熟悉	118	154	12		

续 表

问题	选择答案	选择结果、人数				
		A	B	C	D	E
12. 你对现居地风俗礼节	A. 基本采用 B. 采用一些 C. 很不采用	68	174	42		
13. 你的亲密朋友中	A. 归国华侨及侨眷占多数 B. 当地少数民族占多数 C. 各占一半	86	62	134		
14. 你最亲密的朋友是	A. 印度尼西亚归国华侨及侨眷 B. 越南归国华侨及侨眷 C. 当地民众 D. 其他	90	98	94	2	
15. 你的婚姻状况是	A. 已婚 B. 离婚 C. 丧偶 D. 未婚	208	22	18	36	
16. 你的爱人或男女朋友是	A. 印度尼西亚归国华侨及侨眷 B. 越南归国华侨及侨眷 C. 当地少数民族 D. 当地汉族或外地其他民族 E. 无爱人和男女朋友	46	68	72	56	8
17. 你参加侨联组织的活动	A. 很多 B. 偶尔参加 C. 基本不参加	30	180	74		
18. 你们家在当地的经济状况是	A. 好的 B. 中等 C. 差 D. 很差	60	200	24		
19. 海外亲友在经济上帮助你们家	A. 很大 B. 一般 C. 不大 D. 没有帮助	42	102	102	36	
20. 你有几个子女	A. 1 个 B. 2 个 C. 3 个 D. 3 个以上 E. 无	74	126	40	8	34
21. 你和当地人比起来，最大的不同在于（可多选）	A. 语言上 B. 思维上 C. 生活习惯上 D. 没啥不同	62	66	66	130	
22. 你作为归国华侨及侨眷	A. 有优越感 B. 和当地人一样 C. 地位低下	26	248	10		

续　表

问题	选择答案	选择结果、人数				
		A	B	C	D	E
23. 你觉得当地人	A. 很好相处　B. 一般　C. 不好相处	206	66	12		
24. 你对于当地的发展	A. 抱有希望　B. 感觉一般　C. 很失望	134	144	6		
25. 你对你的生活状况感到	A. 满意　B. 一般　C. 很不满意	162	116	6		
26. 你认为和当地的人关系	A. 很好　B. 一般　C. 很不好	206	78			
27. 你对自己的事业发展感到	A. 满意　B. 一般　C. 很不满意	98	178	8		
28. 当地人对归国华侨及侨眷	A. 理解并羡慕　B. 有隔阂　C. 一般	160	30	94		
29. 你觉得你的先辈选择回国是	A. 对的　B. 错的　C. 无所谓对错	130	22	132		
30. 如果有机会，你还愿意	A. 去海外　B. 待在当地　C. 去玉溪等其他地方　D. 无所谓	116	78	86	4	
31. 你认为那些去香港的同胞的日子	A. 比你好　B. 差不多　C. 比你差　D. 无所谓	134	134	4	12	
32. 你们家和原住地	A. 联系很多　B. 联系不多　C. 基本没联系	44	180	60		
33. 你认为国家对归国华侨及侨眷政策	A. 好　B. 一般　C. 不太好	112	158	14		
34. 你觉得当前制约当地发展的是	A. 政策　B. 资金　C. 人才　D. 其他	132	78	42	32	
35. 你觉得当地首先应该	A. 发展教育　B. 发展经济　C. 文化保护与发展	138	104	42		

续　表

问题	选择答案	选择结果、人数				
		A	B	C	D	E
36. 你认为国家对你们做出的贡献	A. 评价很高　B. 一般　C. 很低	88	186	10		
37. 你认为当地社会发展	A. 有特点　B. 特点在消失　C. 没有特点	122	114	46		
38. 你认为当地侨文化会	A. 保持很好　B. 慢慢消失　C. 没想过	120	112	52		
39. 你对我们的调查	A. 欢迎　B. 不排斥　C. 有些顾虑	174	96	14		
40. 你觉得“中国梦”	A. 一定能实现　B. 不能实现　C. 无所谓实现与否	250	20	14		

注：个别问题有漏答的情况，统计总数未达284。

第三节　红河流域归国华侨群体认同的调查分析

通过对问卷调查的收集和数据整理，我们基本掌握到了红河流域归国华侨群体认同的相关情况。调查分析是对调查资料所包含的信息进行分析的过程。信息分析可以是定量分析，也可以是定性分析，其关键在于从调查现象中，把对对象的认识从“是什么”上升到“为什么”的高度，以便更为全面、深刻地掌握研究对象的性状。

一、调查对象的基本情况

在当地随机调查的过程中，笔者发现男性被调查者更为积极主动地接受调查，女性调查者相对来说就较为矜持。这表现在被调查人数上，总共284份有效问卷，有174位男性参与。被调查对象的文化程度分布较为合适，虽然初中以上文化程度的被调查者占据了大多数，但也不能忽视小学文化程度的调查者就有

90 人，而文盲则高达 34 人。当然，这和 65 岁以上的被调查者人数是相关的，这就说明随着时代的发展，当地的文化教育普及程度得到了很大改善和提高。同时，在被调查者之中，越南归国华侨及侨眷人数是印度尼西亚归国华侨及侨眷人数的两倍，这与该地归国华侨人口结构情况相符合。在被调查者中，自由职业者和一般群众占据了大多数，且被调查者已婚或离婚、丧偶人数占据了绝大多数，未婚者只有 36 人。这都说明了调查在一定程度上能反映当地普通老百姓的真实想法。

二、被调查者的地域认同

调查问卷中涉及被调查者对于红河流域华侨农场的地域认同的要素较多，通过调查，我们能很好地看到绝大多数被调查者已经适应了当地生活。有 268 位对当地“很适应和较为适应”，只有 16 位选择了“很不适应”。对现居地的民族风俗礼节有 272 位选择“很熟悉和一般熟悉”，有 242 位对这些风俗礼节选择了“基本采用和采用一些”。在“你对当地的发展”的认识上，有 134 位选择了“抱很大希望”，144 位选择了“感觉一般”；在“你对你的生活状况感到”的问题上，有超过一半以上的人选择了“满意”，高达 162 人，116 位感觉其生活状况“一般”，只有 6 位感觉自己的生活状况“很不满意”。在涉及地域认同核心要素的调查中，有接近 130 位被调查者选择了自己和当地人“没啥不同”的选项；有 206 位选择了与当地人“相处得很好”，66 位选择了和当地人“相处得一般”。通过以上调查，我们可以看出，红河流域归国华侨及侨眷们已经融入了当地生活，地域认同是十分强烈的。这为他们更好地在当地工作和生活，奠定了坚实的基础。

三、被调查者的文化认同

文化作为人在后天长期形塑而成的物质文明和精神文明的总和，不是一天两天就能改变的。但在调查中，笔者惊喜地看到，经过接近 60 年的文化交融，红河流域归国华侨的文化认同正在慢慢发生改变。这可以通过他们的家庭生活、社会交往及恋爱婚姻状况看出来。在关于归国华侨群体家庭日常生活的调查中，我们看到，在家庭日常交流中，有 110 位的选择是“原居住地语言交流为主”，160 位的选择是“汉语交流为主”；在穿着上，有 172 位选择“以汉族服饰为主”，但不可忽视的是，有 92 位选择了“汉族服饰和民族服饰结合”。在社会交往中，有86位在“你的亲密朋友”问题中选择了“归国华侨及侨眷占多数”，62位选择了“当地少数民族占多数”，134位选择了“各占一半”；而在“你最亲密的朋友是”问题中，有188位选择了“印度尼西亚和越南归国华侨及侨眷”，有94位选择了“当地民众”。在婚姻、爱人及男女朋友调查项中，出人意料的是选择“当地少数民族”的最多，有72位选择了爱人或男女朋友是“当地少数民族”，68位选择了“越南归国华侨及侨眷”，46位选择了“印度尼西亚归国华侨及侨眷”。因此，从这三个大方面可以看出，一方面归国华侨群体还保留着自身特有的文化认同，但另一方面其文化认同又在随着文化交流和交融而变得本土化，归国华侨群体对本土文化的认同越来越强烈。

四、被调查者的自我认同

文化认同塑造了自我认同，自我认同又在不断反作用于文化认同。关于红河流域归国华侨群体的自我认同，则可以通过以下几个调查项体现出来：首先，在“当地人对归国华侨及侨眷”的态度选题中，有160位选择了“理解并羡慕”归国华侨，94位认为当地人对归国华侨及侨眷态度“一般”，30位选择他们之间“有隔阂”。其次，在“你们家和原住地”的选题中，只有44位选择“联系很多”，180位选择“联系不多”，60位选择“基本没联系”。再次，在“你认为那些去香港的同胞的日子”的选题中，134位选择了“比你好”，134位选择了“差不多”。最后，在“如果有机会，你还愿意去”的选题中，116位选择了去“去海外”，78位选择“待在本地”，86位选择“去玉溪等其他地方”。总之，通过这些选项的调查问卷，我们清楚地知晓了归国华侨群体内心还是有颗“不安分的心”，他们骨子里还是留有祖辈拼搏、坚韧、奋斗、创业的移民情怀。同时，在他们的内心中，遗存着作为归国华侨群体的优越性特征和自信本质。

五、被调查者的国家认同

红河流域归国华侨群体对于国家及当地发展十分关注，这可以从他们对于当地发展所需的条件的认识上看出。比如，有122位认为当地发展“有特点”，114位认为“特点在消失”。138位认为在当地发展中，首先应该大力“发展教育”，104位认为首先应该“发展经济”。有132位认为制约当地发展最为重要的是“政策”，78位认为是“资金”，42位认为是“人才”，32位认为是“其他”。在“你认为国家对归国华侨及侨眷政策”“你认为国家对你们做出的贡献”的选题中，有112位认为政策“好”，158位认为政策“一般”，88人认为国家对他们的贡献“评价很高”，186位认为国家对他们的贡献“评价一般”。在“你觉得‘中国梦’”能否实现的问题中，有250位被调查者认为“一定会实现”。总的来说，红河流域归国华侨群体的国家认同是十分高的，这很好地表现在了他们对于“中国梦”这个奋斗目标一定能实现的信心上。同时，我们也看到，当地归国华侨群体急切希望得到国家对其贡献的认可和国家对当地发展政策的扶持。而对于当地发展来说，他们则认为保留住当地特有的侨乡文化、大力发展当地教育、发展当地特色经济才是促进当地发展的有效之策。

总之，通过问卷调查，我们从宏观上可以得出以下一些结论：第一，红河流域归国华侨群体已经适应了当地农场生活，他们对于当地的认同感十分强；第二，绝大多数华侨或侨眷对于现在的生活感到满意或较为满意；第三，归国华侨群体自身具有的移民精神、气质及文化还存在，这说明他们内心还有一股闯出一番事业的决心和信心；第四，归国华侨群体对于国家认同感很强，他们迫切希望得到国家进一步的支持和认可，以便其能为当地发展和中华民族伟大复兴做出更大的贡献。这正如研究文化认同的专家郑晓云所说的：“在政体民族阶段，政体是新的族体形成的形式与载体，而认同则是政体内各原有居民聚合的内力。”① 这也就是说，正是有促成中华民族共同体的政体存在，才会有红河流域归国华侨群体对党和国家、中华民族、红河流域及自身的认识现状。因此，这也就促成了他们对于党和国家、中华民族、红河流域的热爱，并在其内心形塑起为中华民族伟大复兴“中国梦”的实现贡献其最大力量的决心和信心。

① 郑晓云：《文化认同与文化变迁》，北京：中国社会科学出版社1992年版，第141页。

第八章　红河流域归国华侨群体的现实发展

随着红河和甘庄两个华侨农场于2009年正式并入红侨社区和青龙厂镇，红河流域归国华侨及其华侨农场的历史掀开了新的一页，进入了改革发展的关键时期。过去的60年里，两个华侨农场中的各族群众以坚韧不拔、百折不挠的顽强精神向大自然挑战，以血与火的代价征服了脚下的障碍和坎坷。当年雄心壮志的青年，现已是双鬓白发、儿孙绕膝，步入了人生的暮年；而有的已长眠于他们艰苦创业的热土之中，他们带给我们的是永久的怀念和无限的感慨。如今的甘庄已今非昔比，碧绿似海的蔗林，环坝万亩的芒果林簇拥着成片的楼宇；宽敞的玉元高速公路穿场而过，快捷的交通和通信设施连通了农场同外界的交流；振兴大道干净整洁，南门公园是元江北大门的一道亮丽的风景线。传统的支柱产业甘蔗、芒果支撑着甘庄经济发展。红河社区利用"创建生态科技示范社区"项目，不断开展基础设施建设。社区充分利用华侨事业费，在一定程度上解决了当地居民灌溉水源的问题。城镇低保做到了应保尽保，社会事业得到长足进步。社区正在为打造集生态宜居园、侨乡文化园、农业观光园、和谐示范园为一体旅游小集镇而努力。经历过60年风风雨雨的华侨农场，有过辉煌，也有过挫折，但是不管如何，今天它们正走在改革发展的前进道路上，这必将又是一段充满酸楚与喜悦、机遇与挑战的征途。对于红河流域归难侨及其侨眷们来说，以往的日子中，他们更多的是享受着国家体制带给他们的好处，但也在一定程度上受到旧体制对于他们的束缚。随着国家对于华侨农场体制改革的深化，这一切都将成为历史。今天的归国华侨及其侨眷将用自己的双手在红河流域开辟出一片自己的新天地。尽管华侨农场的牌子依然存在，但是归难侨的年代已经结束，未来他们不过是村委会里的一名普通群众。他们回国这段不凡的人生经历，足以使我们对他们的坚韧和勤奋赞叹不已。同时，对于长期背井离乡在外谋生的笔者来说，和归难侨感同身受的情怀，促使笔者更多地去思索他们今后的发展之路。人类学就是这样，“他山之石，可以攻玉”，看到他们，我们何尝不是在反思自我呢！思考他们的未来之路，其实就在探索自己的发展之路。

今天，红河流域华侨农场改革和发展目标是以体制创新为动力，和谐稳定为保障，促进发展为目的，着重推进管理体制、经营体制改革，着力解决历史遗留问题，加强基础设施建设，使农场“体制融入地方、管理融入社会、经济融入市场”，不断增强自身发展活力，实现与全县同步甚至率先发展，使广大场员共享改革发展成果。在农场宏观发展目标的指引下，结合所看、所感、所思，在描述红河流域归国华侨群体发展问题的基础上，笔者试图探究其发展问题出现的原因，然后针对这些问题及其原因，提出红河流域归国华侨群体发展的具体原则和措施来，以就教于方家。

第一节　红河流域归国华侨群体的发展问题

对于发展问题的概念，不同的人有不同的认识，基本上有这两种认识：第一种观点认为，发展问题就是发展中遇到的矛盾和困难；第二种观点认为，凡是涉及发展的相关议题都是发展问题。笔者在这里论述的红河流域归国华侨群体的发展难题，主要是指其发展过程中遇到的矛盾和困难。归国华侨生活于华侨农场，华侨农场归入了地方，因此归国华侨的发展与原华侨农场所在村委会的发展密不可分。综而观之，红河流域归国华侨及其所在的村委会的发展困难的确不少。比如，农场职工的危房改造问题、新旧体制过渡理顺问题、原有农场基础设施改善问题、地方和农场合并后人事和财产分割和交接问题、村委会不同民族和人群之间的协调发展问题等。在看到这些问题的同时，笔者认为阻碍红河流域归国华侨及其村委会发展的关键问题，首先是归国华侨及其侨眷们的思想观念问题，其次是青年侨眷们的教育问题，再次是当地产业一体化问题。日本明治维新时期的一位思想家曾说过，一个国家和社会要发展，首先应该是人心的改变，其次是制度的改革，最后才是器物的改变。这里他主要是强调人的观念和思想的改变才是一个社会进步的根本，只有在人的观念和思想改变的前提下，新的政治制度才会建立起来，最后促进经济的发展。马克思主义观点也强调生产力的重要性，生产力是合人的标准和合物的标准的有机统一，而教育则是生产力中准备性因素，是推动生产力发展的前提和基础。基于这样的理论认识，再结合笔者在调查中所看到和收集到的资料，笔者认为当地归国华侨及其侨眷要发展，必须要解决以上三个方面的难题。在解决这三个难题之前，让我们来看看归国华侨群体发展的这三个难题的具体表现。

一、“历史记忆”影响着红河流域归国华侨及其侨眷的发展

历史人类学家王明珂在谈到社会记忆和族群记忆时，特别对集体记忆研究者的主要论点进行了归纳和总结：“（1）记忆是一种集体社会行为，人们从社会中得到记忆，也在社会中拾回、重组这些记忆。（2）每一种社会群体皆有其对应的集体记忆，借此该群体得以凝聚及延续。（3）对于过去发生的事来说，记忆常常是选择性的、扭曲的或是错误的，因为每个社会群体都有一些特别的心理倾向，或是心灵的社会历史结构。回忆是基于此心理倾向上，使当前的经验印象合理化的一种对过去的建构。（4）集体记忆赖某种媒介，如实质文物（artifact）及图像（iconography）、文献，或各种集体活动来保存、强化或重温。”[①] 与“记忆”相伴的是“忘却”或“失忆”。什么事件应该被遗忘，什么事件应该被特别记忆，什么事件在特定的事件和场合被特别强调，这一切都是社会群体如何建构记忆的问题。的确，“记忆”是在“遗忘”基础上的“记忆”，“遗忘”是为了更好地“记忆”。长期以来，学者们发现：被选择为“集体记忆”的内容是建立在一定的社会、政治、经济、文化等“权力”关系中的，可能随时间、场合和不同的社会情境发生变化。因此，在相当程度上，所谓“记忆误差”其实是“记忆重构”的产物。[②] 红河流域归国华侨群体的历史记忆也是如此，它是在红河流域这个社会领域里，归国华侨群体对“记忆”有选择性地重新建构的产物。

在红河流域华侨农场调查的过程中，笔者对于印度尼西亚归国华侨和越南归国华侨群体心中存在的“历史记忆”感受颇深。[③] 就这种“历史记忆”而言，总

---

① 王明珂：《华夏边缘——历史记忆与族群认同》，北京：社会科学文献出版社 2006 年版，第 27 页。

② 李明欢：《福建侨乡调查：侨乡认同、侨乡网络与侨乡文化》，厦门：厦门大学出版社 2005 年版，第 186 页。

③ 对于两个群体的“历史记忆”，涉及他们在国外的生活处境、回国的生活实践、代际差异等多方面，因而呈现出的特征也是多样的，但笔者在这里主要是从多样性的“记忆”中发现一般，而且主要是针对归国华侨的第一代和第二代而做出分析。

的来说，不少印度尼西亚归国华侨还生活在对侨居国或主要的再移民地——香港的美好生活的想象中，越南归国华侨还活在刚回国时国家全面照顾的表象里。两个归国华侨群体的“历史记忆”是他们对于过往生活的总结和归纳，但在这些总结和归纳中，他们仅仅保留着美好的记忆，而对于在侨居国或再移民地和回国之初的困难等却很少提及。也许这就是人最为奇妙的地方，每个人心目中最美好的时期都是过去和未来的时期，而对于生活的当下，不管是好还是不好，却总是认为是痛苦的。这种记忆及其所引起的心态，对于他们在农场的生活、对于他们今后的发展之路，则显得十分不利。

在对为数不多的印度尼西亚归国华侨的调查中，我们都能看到他们对于侨居国或再移民地美好的描述。印度尼西亚归国华侨李大爷说：“印度尼西亚什么都有，四面八方的人聚集，椰子树很多。父亲在印度尼西亚开小卖部，生活条件不错，父亲想着落叶归根就回国了，但回忆起印度尼西亚的生活就有些后悔当时回来，因为在印度尼西亚生活得更舒服，回来一天到晚干农活，当时国家也贫困。刚回来时，住在元江老街南门桥一带，靠江全是坟墓地。”另一位归国华侨张先生说：“等我退休了，就帮儿子带孩子。如果可以的话，我想回去印度尼西亚生活，不想待在中国，也不想待在元江农场里面。在国外的亲戚现在的生活都比我们好，有的在香港当公务员，有的做大生意，我家里盖房子时，还给我汇了三万块钱。我去年刚去香港玩了一次，比我们这里好多了。刚刚回到农场的时候，我们印侨很多人都适应不了当地生活，因为农场的生活太苦了。在以前（印度尼西亚）家里都有丫鬟做饭，到了农场都要自己做。日子很苦，饭又不够吃，每天基本上都是吃稀饭。”印度尼西亚归国华侨侨眷颜大姐则不断强调其祖父在印度尼西亚是个文化人。她对归国华侨子女的教育很不满。她说：“祖父回国时才60岁，在印度尼西亚是文化人，会说日语、俄语及英语，在印度尼西亚开小卖部。归国华侨子女不能读中专、技校，后来政策倾斜，生活才有好转。”

我们暂且不对这些印度尼西亚归国华侨的“回忆”做真伪的判断。但调查中，笔者还是能感受到他们在言谈中，为了突出侨居国或者再移民地香港的好，对农场生活的困难有些夸大其词。比如，也许存在极个别受不了环境的压抑而自杀的归国华侨，对此有的归国华侨说成是“刚回国时好多印侨都自杀了”；对于“文化大革命”这一时期“归国华侨子女不能读中专”情况，他们始终耿耿于怀。香港作为世界大都市，无论从哪个视角去看都比元江农场更好。而实际上对于印度尼西亚归国华侨在香港的生活状况，很多的归国华侨也都说到归国华侨出去生活压力大，做体力活，成为大老板或者公务员的人稀少，等等。对于印度尼西亚归国华侨们心目中的关于在海外生活的这种记忆，笔者是理解和尊重的，毕竟那是他们祖辈生活了几代人的地方，不管是好是坏，谁会嫌弃自己的“家乡”呢！但是着眼于印度尼西亚归国华侨在红河流域生活的当下，由于这种对于海外生活的美好记忆，使得他们对现实的农场生活的艰辛感到不满，这对于他们更好地融入当地社会及他们自身的发展是十分不利的。

由于红河流域越南归国华侨人数众多，再加上越南归国华侨的文化心理偏外向等原因，使得笔者对于越南归国华侨的调查相对于印度尼西亚归国华侨的调查来说更为容易。在调查中，笔者发现大多数越南归国华侨的“历史记忆”还停留在刚回国时国家对于他们“大包干”的表象里。因而他们和印度尼西亚归国华侨一样，一定程度上不太满意国家现在的侨务政策。越南归国华侨杨大爷说：“从越南回来时，中国在城里设立接待站来接待越侨，坐班车，戴大红花，学生敲锣打鼓送到干坝。国家安排住房，联合国救济，生活用品都有国家提供，小至火钳，大至被子、柜子，一应俱全。敲钟吃饭，每天去栽甘蔗，每月 21 元，国家对老人、小孩还有 7 元到 9 元不等的补助。”在调查中，基本上所有的越南归国华侨提到刚回国时政府对于他们的帮助和补助时，都觉得很满意。当然，其中原因也是十分简单的。国家对于越南归国华侨的补助标准相对于印度尼西亚归国华侨补助标准来说，级别显得更为高一些，这得益于他们归国时国家的经济状况和联合国难民署的救济等。此外，对于长期生活在越南的归国华侨群体来说，由于当时越南政局不稳，经济落后，他们在越南生活艰辛，因此国家的一大笔补助对于他们来说就显得格外有份量。相对于印度尼西亚归国华侨在国外过着的小康安逸生活来说，在国外的生活相对差的越南归国华侨对于国家补助的满足感也就显得更为强烈。调查中，印度尼西亚归国华侨对于国家的帮助和补助等大多显得无动于衷，或者根本不提及，而很多越南归国华侨则对现实生活相对不满意。越侨丁先生说：“政府把我家雨棚强制拆掉，而且不给任何补偿。在危房改造时大多数华侨困难户没有得到国家的补贴。有人去当兵，资料被填成民工。现在有退休工资的华侨没有 60 元的补贴。来甘庄 30 年，甘庄侨办只来过村民家一次。”越侨李先生说：“刚回国时在河口住过一段时间，后来搬到甘庄。刚来甘庄时，住房、伙食都由国家提供，栽甘蔗每月发工资 40 元，后来口粮不供给就自己栽种农作物。有退休工资，因为不享有低保，退休工资每月 1300 元。原先办农场，有工龄，所以有退休工资，医疗费用国家报销三分之二。”

总的来说，大多数越南归国华侨其“历史记忆”还停留在刚回国时候政府对其照顾有加的美好之中。这种记忆及其所产生的心态直接导致他们对于农场现实生活的不满。对于越南归国华侨中存在的一些不满，在调查中，笔者发现在照顾归国华侨感受、政策执行等方面的确存在一些不足，但同时也有归国华侨自身的原因。一直以来，归国华侨群体在文化上、生活上比当地人更有优越感，但是随着国家政策的进一步调整，农场以前的归国华侨职工和非归国华侨职工等在享受的退休等待遇上基本相同。没有享受退休工资的归国华侨，只是多了一个月60元的补贴。红河流域归国华侨群体中，有一部分人还存在着“等、要、靠”思想，观念上一直没转过来。这种思想和观念对于越南归国华侨在当地社会的生产和生活多多少少都会产生一些影响。思想是行动的指南，只有思想改变了，行动才能达到自己想要的目标。简言之，只要归国华侨群体自身意识不断改变，随着国家一系列重农、扶农及富农政策的出台，当地政府合理有效地行政，越南归国华侨所面临的问题必将会得到很好的解决。

印度尼西亚和越南归国华侨在不同的年代来到红河流域农场，这就使得他们的“历史记忆”有些不同。但在他们身上，都或多或少地存在着集体记忆重构的成分。在调查中，笔者在归国华侨群体，特别是印度尼西亚归国华侨群体口中很难听到他们侨居国外的艰辛生活，以及被迫回国时的诸多无奈，留在他们脑海里面的都是在侨居国优越的物质生活，而不是所遭遇到的来自物质剥夺和精神压力的窘态。当然，也有极少一部分归国华侨谈到如今还在海外生活同胞的艰辛及压力，因此他们对于今天的农场生活还是感到十分满意的。这部分归国华侨主要是出生、成长于此的归国华侨第二代、第三代，或者很小就到农场者。10岁就回到祖国的越侨张先生说：“我们从小就生活在这里（甘庄），已经习惯了这里的一切，没想过要去越南生活。越南生活没有元江生活好，我已经把甘庄当作了我的家。”在调查中，笔者发现很多归国华侨还沉浸在过去的记忆中，这种记忆使得他们不去思索如今侨居国和中国社会发展的现状、香港的移民政策以及“时过境迁”国外的生存环境等，而是抱着如果条件允许再移民的想法。红河流域归国华侨，特别是第一代、第二代归国华侨中存在的这种想法，和那些回到家乡或者是回到离家乡不远地方生活的归国华侨们的想法是截然不同的。在同样是对印度尼西亚和越南归国华侨群体的一些研究中，特别是针对广东、福建等地华侨农场中生活着的归国华侨群体的调查研究，学者们对于如今归国华侨的生活现状的研究结论，则和笔者在红河流域华侨农场的调查结论大不相同。比如，学者在对福建松坪华侨农场的调查中，得出了归国华侨在重构家园的过程中重构了地域认同的结论。研究中提到："当我问及这些老一代归国华侨今后是否想离开农场时，他们大多明确表示'松坪就是我们的家'、'哪也不想去了'。有些近年去过印度尼西亚的还说：'现在再到印度尼西亚生活已经不习惯了。'"① 也许这就是人类学上所说的"地方性知识"所带来的地方性认识差异，这也间接证明了笔者此项研究的意义所在。的确，红河流域归国华侨和全国其他地方归国华侨农场中生活着的归国华侨群体还是有很多不同的，比如，他们生活在少数民族包围之中，农场内外少数民族众多；生活在云南，远离家乡，高原因素使他们与外界的接触受到了一定程度的阻碍；元江炎热的气候和贫瘠的土地使他们难以适应……红河流域两个归国华侨群体对于过去生活的记忆是他们对过去生活状况的意识反映，不管他们是否真实客观，笔者觉得就他们当前的发展现状来说，这种记忆对于他们大多数人融入当地社会是十分不利的。而其他地方归国华侨们的现实选择也许会对红河流域归国华侨的思想和观念上的转变有所帮助。因此，红河流域归侨群体应该在内心之中保留着美好而又充满正能量的记忆，忘掉那些阻碍他们进一步发展的各种负能量的记忆。正如有的学者所说的那样："记忆是内化的历史，而历史则是对记忆施以社会规范的工具。那些能够操纵社会记忆的人们必将引领未来的走向。"②

二、教育现状制约着红河流域归国华侨及其侨眷的发展

中国人历来崇尚读书，有着重视教育的传统。移居海外的华侨华人，继承了中国人这种重视教育的优良传统，尤其是对传统中国文化的教育。周南京教授指出："华侨华人有重视华文教育的传统，认为它是保持海外中华儿女的民族特性最重要的手段。从20世纪初到60年代，虽历经艰难险阻和起伏，总的说来，海外华文教育始终处于蓬勃发展的状态。据台湾侨务部门统计，1964年2月全球（含香港、澳门）共有华校4901所，其中95%以上在东南亚，而以马来西亚（1907所）和印度尼西亚（1346所）为最多。又据同一资料来源，1965年全世界（含香港、澳门）华校共有5074所，但其中印度尼西亚的华校1344所已被封

① 李明欢：《福建侨乡调查：侨乡认同、侨乡网络与侨乡文化》，厦门：厦门大学出版社2005年版，第206页。

② 转引自景军《神堂记忆——一个中国乡村的历史、权力与道德》，吴飞译，福州：福建教育出版社2013年版，第187页。

闭，缅甸 223 所也已奉命停办，实际上仅存 3507 所。由于 20 世纪 70 年代后半期东南亚局势发生了急剧的变化，上述数字减去越南、柬埔寨、老挝的华校约 430 所，而仅剩约 3000 所。”[①] 与此同时，华侨华人还十分关注、支持侨乡的文化事业和社会公益事业。就是这种对于教育的热情，使外国人士对在海外的华侨华人子女发出了这样的感叹：“非常优秀，可能太优秀了。”[②] 20 世纪 60 年代，国际上掀起一股反华排华潮之后，大批华侨回到中国。为了适应形势发展和归国华侨学生上学的需要，中侨委根据国务院的指示，以“集中为主，分散为辅”方针安置华侨学生入学，并决定在全国增建几所补习学校。在云南也建立了一所，即是昆明归国华侨学生中等补习学校。自 1960 年创办到 1966 年“文化大革命”前的 6 年间，昆明华侨补校先后接待来自印度尼西亚、印度、缅甸、柬埔寨、新加坡、马来西亚、泰国、越南等国家的归国华侨学生 3000 多人。这 6 年间，昆明归国华侨中等补习学校向各高等院校输送了新生 700 多人。当时华侨学生补习学校主要是针对侨生回国后遇到的以下几个方面的问题而设立的：回国时间不一致导致有些人赶不上考期；汉语水平较低，不能直接进入普通学校学习；国内外教学课程和教育体制存在较大差异，不能马上适应国内学校的学习。国家设置华侨学生进入补习学校，对归国华侨学生进行有针对性的补习教育后再分送他们进入各级学校继续学习。补习学校的办学宗旨定位于使更多的新归国侨生经过在校学习能够适应相应的学习，恢复正常学习或顺利升学毕业。[③] 从以上数据，我们可以看出，海外华侨华人和第一代归国华侨都保存着重视教育的传统，但这种传统到了归国华侨第二代、第三代后就发生了一些变化。在笔者的调查中，红河流域归国华侨及其侨眷的教育问题显得较为突出。

本部分笔者主要是通过一些个案反映红河流域归国华侨及其侨眷在教育上的一些表现，然后在此基础上分析出现教育问题的原因所在。越南归国华侨梁大姐说：“我与大多数同龄人相同，辍学比较早，主要是当时父母的工资被拖欠而没有参加中考。甘庄地少，没有什么农作物。一开始靠打工生活，然后通过理发来

---

① 周南京：《华侨华人问题概论》，香港：香港社会科学出版社有限公司 2003 年版，第 67 页。

② （意）拉菲尔 – 欧利阿尼、李卡多 – 斯达亚诺：《不死的中国人》，邓京红译，北京：社会科学文献出版社 2011 年版，第 133 页。

③ 李雪岩、龙四古：《西南边疆民族地区青年归国华侨侨眷发展问题研究》，北京：社会科学文献出版社 2013 年版，第 166 ~ 167 页。

养家生活，理发很难赚钱，又不能涨价。”另一位当地越侨梁大哥说：“我初中毕业就去昆明学理发，主要原因是家里每人 6 分地，刚够解决温饱问题。家里 4 个兄弟姐妹都去外面打工了，有的去广东，有的去福建，有的去四川。甘庄农场主要是旱地，以前主要是栽点玉米来满足生活，哪有钱去读书啊！”印度尼西亚侨眷颜大姐说：“‘文化大革命’对印度尼西亚归国华侨及其侨眷的影响较大，当时是以阶级斗争为纲，教育也要为阶级斗争服务。由于归国华侨来自资本主义国家，因而被打上具有资产阶级思想的印子。归国华侨子女不能读中专、技校，这就使得很多归国华侨子女辍学回家干农活。”越南归国华侨刘先生则对自己的两个子女的教育很担忧：“现在社会风气一点不好，再加上我们这里是少数民族聚居区，很多彝族和傣族的小姑娘小伙子读完初中，甚至初中也没读完就回家结婚了。还有就是初中生大家相约出去打工挣钱，这种教育风气对于当地教师的教学质量、当地人对于教育的重视程度等的影响还是很大的。”

调查中，笔者在两个华侨农场很难看到特别重视教育的情况。原因主要有：

首先，由于随着国家政策的不断变动，农场学校及其教师待遇也在发生着变化。学校从华侨农场自己办学到从农场分离出去归为地方，教师从人人想到农场学校工作到强烈要求回归地方，这些变化对于当地归国华侨子女的教育势必会有影响。

其次，一部分归国华侨家庭贫困，这直接制约了这部分归国华侨子女的进一步深造。由于原来农场职工工资拖欠现象比较严重，使得一部分归国华侨生活贫困，再加上当时国家也没实行免费的义务教育，这样，大多数归国华侨子女读完初中就选择走向社会。归国华侨的这种经济状态我们可以从以下资料看出：

元江县甘庄华侨农场：

甘庄华侨农场陷入困境和部分归难侨职工生活十分困难，对此，县委县政府给予了极大的关怀，经研究决定从我办行政事业经费中拨五万元帮助解决部分归难侨的特殊困难。请农场管好用好。

此款请列为一九九四年华侨事业费“一、归难侨侨生补助费”款项列支。

云南省侨务办公室

一九九四年十一月二十一日[①]

---

① 《关于拨给特困归国华侨一次性救济费通知》（内部资料），1994 年。

再次，受当地风俗习惯的影响。由于当地为少数民族自治县，少数民族人口众多，少数民族学生汉语水平低，基础教育比较薄弱，且云南少数民族大多有早婚早育的习俗，这些因素无形中对于归国华侨子女教育带来一些负面影响。元江当地，特别是苗族、傣族等少数民族学生，早婚早育现象较多。虽然社会在不断发展，但当地人们的观念还比较落后，不只是学生父母，就连一些学生本人也认为女孩子迟早是要嫁人的，读书也是浪费钱，不如早点嫁人，还可以有个家，也可以为娘家赚点彩礼钱。这种想法直接造成教师教学积极性不高，学生学习积极性也不高，进而导致当地教学质量普遍不高的局面。

社会大环境对归国华侨子女的影响也较大。社会转型期多元文化并存杂糅的现象十分明显，同时民族地区的人们对外界思想的抵抗力和鉴别力低，民族地区青少年在这样的文化背景下，也就变得无所适从，这直接导致了其思想动荡、选择多样。当地社会大兴“读书无用论”，这对当地大多数青少年来说，翻越大山的勇气刚建立，走出大山的无能无助又凸现出来，读书的意义被眼前的现实所掩盖。

只有热爱读书的民族才有希望。今天，地处红河流域归国华侨及其后代们，在面对现实之时对于祖先留下的爱好读书这一传统没能很好地继承下来，这严重地制约了他们在当地的持续发展。教育是所有生产力要素得以进步的准备性因素，在教育中，劳动者、劳动对象、劳动资料及科技才能得到飞速发展。

三、单一产业结构限制看红河流域归国华侨及其侨眷的发展

地理环境对于社会发展不起决定性作用，但却是社会发展的前提和基础，能对社会发展起加速和延缓的作用。红河流域两个华侨农场都是以农业生产为主的农场，长期以来，经过农场中的各族人们的不断努力，农场在农业产业上得到了较大程度的发展。直到今天，两个农场所在的村委会或者社区都是以农业为主的产业结构。

甘庄华侨农场随着经济体制改革的开展，调动了农场归国华侨、难侨、职工的生产经营积极性，他们努力提高科技水平，积极推广科技成果，靠科技进步增产增收。“引进芒果优良品种及上山定植”“推广杂交稻获增产”等项目先后获云南省人民政府农业科技推广三等奖，“芒果上山”“推广杂交稻”“大办甘蔗综合丰产措施样板”“养猪推广混合饲料”等项目获国务院侨办农业科技成果奖。农场的农林科被国务院侨办授予“全国华侨企业科技工作先进集体”称号，农

场于1983年被云南省人民政府授予“先进企业”的称号。自1979年以来，农场主要产品的产量、产值、销售收入逐年上升。工农业总产值1979年为187.8万元，1980年为207.5万元，1987年为1150万元；全员平均产值1979年为577元，1980年为662元，1987年为4229元；销售收入1979年为241.4万元，1980年为294.7万元，1987年为2152万元。从1980年起，农场就确定了“粮食自给，大力发展甘蔗，积极发展畜牧业和亚热带水果，农林牧全面发展，农工商综合经营”的方针。1982年建成日处理甘蔗500吨的机制白糖厂1座，当年建厂当年产白糖2242吨，1987年产白糖6973吨，产酒精487吨。农场还兴办了小煤矿、机制水泥砖厂、糖果和果脯加工厂各1个等。2001年，甘庄糖厂按国有企业的政策一次性整体剥离出售之后，甘庄农场的收入大大降低。而农场的工矿业方面，除人工少量开采煤矿外，其他矿产资源均未开发利用。农场场区内有磁铁矿、赤铁矿、无烟煤、黄铜矿、明矾、大理石等矿产资源，经查明，铁矿储量在100万吨以上，品位平均为38%。[①]

红河华侨农场建场初期，就确定了“粮油自给，重点发展亚热带水果和经济作物”的经营方针，在发展双季稻、实现粮食自给且有适当储备的同时，引种发展了甜橙、椰子、芒果、香蕉、芭蕉、咖啡、胡椒等经济作物，积极扩大冬早蔬菜的种植面积，利用水面发展养鱼，生产经营逐年发展。特别是20世纪70年代后期，配合云南省农科院的实验基地，培育优良品种，积极引进推广科技成果，取得了较好的成效。1978年以来，农场的“冬番茄栽培”“培育软米新品种‘滇瑞409’”“培育糯稻新品种‘滇侨10号’”“改革熟制，合理轮作，提高效益”“提高科学种田水平，双季稻连年增产”等项目分别获得云南省科委、国务院侨办科技成果奖。近几年来，“一靠政策，二靠科学”使红河华侨农场生产经营得到了发展。1987年末，木本水果达384亩，草本水果达321亩，水果投产面积135亩，产水果17.362万公斤，产甘蔗4000吨，销售收入80.5万元，工农业产值33万元，全员平均产值530元。[②]

从印度尼西亚归国华侨回到农场开始，一直到1988年农场改制之前，农场中的农业生产不仅养活了大量从海外回到农场的归难侨们，再加上国家的补助，

---

① 云南省侨务办公室等：《云南省志·侨务志》，昆明：云南人民出版社1992年版，第74~76页。

② 云南省侨务办公室等：《云南省志·侨务志》，昆明：云南人民出版社1992年版，第74~76页。

使得农场员工在这一阶段的生活是令当地人羡慕的。但随着改革的不断深入，农场单一的经济结构模式则严重地阻碍了农场的进一步发展，直接导致农场在20世纪90年代陷入举步维艰的地步。到2009年，农场最后并入地方农场的历史结束之前，不可否认的是农场场员们赖以生存的还是红河流域那块红土地带给他们的产物。而传统农业的生产方式已经跟不上现代化市场经济发展的步伐，因此，归国华侨集中居住的村委会和社区应该因势利导，不断改革创新，推进产业结构的不断调整，进而达到推动当地社会进一步发展的目的。

第二节　红河流域归国华侨群体的发展措施

红河流域归国华侨及其侨眷们已经划归地方，他们或作为村委会或社区中的一员，未来的路要靠他们自己不断去开创。针对他们在发展道路上的问题，笔者认为他们应该在正视所面临的问题的同时，不断克服困难，走一条把自身文化特点融入当地建设的发展之路。

一、在历史重构中实现群体认同和地域认同

在绪论部分，笔者就族群认同理论进行了一定的梳理，并在此基础上对于红河流域归国华侨群体的认同问题进行了讨论。具体针对红河流域归国华侨群体而言，我们应当注意以下几点：第一，明确认同对象，即印度尼西亚归国华侨群体和越南归国华侨群体。因为现代“认同意识”存在意义歧变，容易造成人们（个体和群体）产生一种身份认同的混乱、暧昧和模糊化。第二，群体认同指的是个人与群体的关系，也就是身份认同。群体认同包括国家、家庭、民族，以及地缘关系的村、乡、县等；个人通过群体认同，把自己界定在某一群体中，视这个群体为自我，并产生归属感，而视群体之外的为他者。第三，产生认同感的原因。身份认同并不是一成不变的，身份可以随着时光的流逝而改变，特别是当身份是集体性的时候，是根据类别和群体来界定的。第四，认同过程是曲折性与前进性的统一。一般来说，族群认同要经历四阶段：（1）弥散性的认同；（2）排斥的认同；（3）延迟的认同；（4）获得性认同。第五，归属感的一个重要功能就是重构过去的历史，满足现阶段的需要，规划未来。在国家或地方的认同建构上，“归国华侨意识”始终贯穿在归国华侨们的集体记忆之中，它随着时间、场

合和不同的社会化情景而出现“结构性失忆”的变化。这种变化是一个交织着各方面利益的复杂的社会心理过程。由此，归国华侨意识的最终改变才会促使他们对当地社会产生强烈归属感，这是由人的本性所决定的。

具体而言，笔者认为红河流域归国华侨群体的认同是建立在其与他者的关系中，建立在他们共同的起源及一些文化共性基础上的。但是对于这个群体来说，其群体组成人员的复杂性也决定了其内部不同的认同现状，比如在文化认同、地缘认同、业缘认同等方面的差异，而且印度尼西亚归国华侨和越南归国华侨群体表现出了不同的认同实践。今天，红河流域归国华侨群体要实现对红河流域地域认同，要实现在红河流域新的群体认同①，笔者认为他们必须要重新审视他们的“历史记忆”，在他们记忆中针对红河流域农场生活重构一个新的“历史记忆”。

这种新的“历史记忆”应该包括这样一些要素：对侨居国的记忆中，既要保留着在侨居国的美好记忆，为自己开创美好的幸福生活提供动力；又要想到在侨居国受到的种种限制和刁难，为自己回归祖国的自由生活感到欣慰。对于归国过程的记忆，既要牢记自己回国时刻骨铭心的情景，又要想到在最危难时祖国母亲的温暖之举。在落户农场和农场生活的记忆中，应该记住定居农场是大多数归国华侨自己的选择，在看到农场生活的不易的同时，也要尽可能多地看到国家、农场及当地少数民族对自己的帮助，进而学会感恩。对“文革”的记忆，要在痛苦中回忆，回忆中思索，思考国家、民族及当地当时的具体情形，进而豁达地体谅国家、民族及当地民众的所作所为，因为这是一个新生的人民政权前进道路上的挫折。况且，“文革”不仅对于归国华侨，而且对于社会各个阶层的人来说都是一场噩梦，都留下了一道道伤痕。归国华侨没必要过分强调自己的伤害，而缺少对于当时所有的中国人及当时的中国社会的理性思考。对改革开放前后的新的移民潮的记忆，我们要看到再移民群体在海外的优越生活，但也要看到他们生活中的压力、社会地位及生活条件等因素；不要只看到他们生活在大城市、做老板或公务员的幸福生活，也要看到他们在海外生活的艰辛。在对改革后农场生活的记忆中，归国华侨群体要充分认识到，国家在政策允许的情况下，会对自己给予一定的优惠政策。作为中华人民共和国的一名公民，任何人的权利都是值得尊重的。因此，归国华侨群体应该和当地各族群众一起，扎根当地，为当地社会的

① 这里指的“群体认同”和归国华侨内部的“群体认同”不同，特指红河流域不同群体之间的相互认同。

发展不断奋进。在这种基础上建立起来的集体记忆，是和学界所说的“结构性失忆”想伴随的，即以忘记或虚构祖先重新整合族群范围，是在特别记取一些祖先同时又“忘却”另一些祖先的过程中完成的。提出这种“结构性失忆”的代表人物主要是人类学家普里查德(E. Evans - Pritchand)和古立佛（P. H. Gulliver)。

具体对于红河流域印度尼西亚和越南归国华侨群体来说，印度尼西亚归国华侨群体要把对侨居国美好生活的记忆珍藏起来，放下自己与红河流域其他民众相比的优越感；越南归国华侨群体则不要沉浸在回国之初国家对于他们的优待照顾的记忆中，而是积极地发挥连接当地民众和印度尼西亚归国华侨群体的纽带作用；而对于两个归国华侨群体来说，则要改变对于地方政府和农场改革不满的表达方式，理性地表达出对于自己的诉求。当然，笔者对于归国华侨群体在正确认识集体记忆和“结构性失忆”关系下形成的新的“历史记忆”的要求，的确有些严苛。因为在两个不同归国华侨群体记忆的过程中，还伴随着他们各自不同的社会经济、社会身份、国家政策、代际认识特征等因素，这些都影响着甚至决定着他们的“记忆元素”的选择及其在记忆中的强弱有无等相关问题。因此，在红河流域两个归国华侨群体的身上，我们都能看到“集体记忆”和“结构性失忆”共存的现象。“记忆”就是“回忆”，是人们意识对于过去生活事实的反映，会对人们精神生活和社会实践产生深刻影响。行动形成思想，思想指导行动。我们也理解农场作为一个在特殊历史背景下由特殊人群组成的一个特殊社区，各种特殊性决定了农场与国家、农场与当地社会、农场中不同群体间都有一道无形的栅栏，由此带来的心理隔膜和物质上的反差，不可能一下子消除。但如果这种横亘在归国华侨群体内外关系中的人为的“边界”不消除，就会给生活于农场内外的人们造成交流上的阻碍，也会影响到农场的转型和发展。笔者认为，消除这种人为“边界”的办法有二：一是归国华侨群体重新建构自己的“历史记忆”，也就是在他们意识中，辩证地看待过去的历史，把值得珍藏的历史珍藏起来，把一些起反作用的东西抛弃掉，打开自己的心门，在着眼现实和展望未来中重新建构起自己的“历史记忆”，进而为自己积极地融入当地社会提供信念支撑。这是归国华侨群体发展道路上最为关键的一步。二是当地政府为归国华侨群体融入地方提供外在条件。今天，随着华侨农场回归地方，与地方合二为一，再加上红河流域农场内外少数民族本身所具有的包容性、随和性等，这就在一定程度上为归国华侨群体融入地方提供了很好的条件。

当然，归国华侨群体建构新的“历史记忆”的过程，不仅是红河流域新的群体认同的开始，也是归国华侨群体对于红河流域地域认同的开始。从“下南洋”与“回故乡”、“回农场”与“回家乡”、“留守农场”与“远走他乡”、“老一代归国华侨”与“新一代侨眷”等历史关系中，我们已经看到了归国华侨群体不同寻常的心路历程。在归国华侨群体心与心的碰撞过程中，红河流域大多数印度尼西亚归国华侨及其侨眷选择再一次远走他乡，大多数越南归国华侨及其侨眷选择留守农场。但不管如何，走的走了，留下的最终留了下来。今天，留在甘庄和红河农场的印度尼西亚和越南归国华侨及其侨眷走过了回国定居时的陌生感、改革开放之初一部分群体“再出国”的冲击之后，克服了侨场改革、文化代际传承等一系列现实问题，在他们心中，开始产生对红河流域这个侨乡的地域认同感，寻找到了内心真正的归宿感。这一点我们可以从新一代归国华侨身上看出，由于他们没有在侨居国生活的历史，再加上通过家庭传承的侨居国文化对他们影响不大，这就使得他们在心中早已把红河流域作为自己真正的唯一的家。此外，我们也可以从逢年过节时很多的远走他乡的归国华侨再一次回到农场，缅怀和祭奠自己曾经的这一个“家”中看出，无论这一部分归国华侨对“农场”感情是怎样的，但不可否认的是他们心中潜藏着一种对于农场的难以割舍的特殊情感。他们的再一次“回归”，就意味着他们对于红河流域这个家的依恋和不舍。通过这份情感，不仅他们，包括留守当地的归国华侨群体们，对于红河流域地域的认同得到了坚固。

但值得欣慰的是，今天的红河流域归国华侨群体已经对发生在他们前辈或者他们自己身上的历史，不管是好的，还是不好的，都存进了自己的头脑，并对这些历史进行了筛选，寻找到了其中的“正能量”。而在这些正能量的指引下，他们直面现实、努力奋斗，不断地在为他们自身新时代的幸福生活拼搏着、奋斗着。这就说明，红河流域归国华侨群体已经能够坦然面对这些历史，并把这些历史作为一种文化资源加以保护与发展；这就充分说明，在他们内心，对于过去历史的记忆变成了他们对于自身群体认同和地域认同的动力和源泉，不断推动着自身和当地经济社会的发展。当前，甘庄华侨农场正在打造面向东南亚开放的侨乡园，而红河华侨农场则是充分利用华侨历史图片和资料，建构红河流域归国华侨历史文化博物馆，时刻激励着归国华侨儿女们不断前行。

近日，坐落于云南元江哈尼族彝族傣族自治县澧江街道红侨社区的红河华侨农场历史文化陈列馆正式对外开放。作为玉溪首家华侨农场侨乡文化陈列馆，其不仅有助当地侨文化的保护和传承，更为澧江街道侨乡特色小镇建设添加了“砝码”。据介绍，该陈列馆总占地面积 170 平方米，有展品 27 件以及反映红侨农场历史进程的档案照片 400 余张，完整地展示了红河华侨农场的建场史、归国华侨史、发展史、改革史。

近年来，农场顺利实现体制融入地方、管理融入社会、经济融入市场的“三融入”目标，经济社会呈现平稳较快发展势头，红侨社区先后被国侨办确定为“侨之家”“为侨公共服务示范单位”。2014 年以来，红侨社区旧村改造为 140 余户建房群众统规自建东南亚风格民居，成功申报侨乡园精品旅游客栈项目，打造集生态旅游、休闲娱乐、饮食住宿为一体的侨乡品牌旅游项目。2017 年，红侨社区紧紧围绕“热区”“侨乡”资源优势，开发农业观光园、侨乡风情园旅游产品，抓住昆玉红色旅游文化产业经济带建设机遇，推进万亩生态农业观光园、芒果森林长廊等旅游项目建设。

总之，红河流域归国华侨群体必须在“历史记忆”的基础上，不断使自己从当地“边缘性群体”转变成为当地的主流群体。也就是说，他们必须转变观念和意识，尽快融入当地社会建设实践中，使自己和当地传统的主体民族一起成为当地经济社会建设的主体。只有这样，两个华侨农场才能充分利用红河流域归国华侨历史文化资源，结合红河流域独特的自然地理及人文环境，因地制宜，走出一条独特而又创新的发展之路。这不仅是对红河流域归国华侨群体历史的最好记忆，也是对红河流域归国华侨群体未来发展的保障和指引，更是加强红河流域归国华侨群体认同和地域认同的重要举措。

二、归国华侨群体在教育发展中积蓄前进力量

红河流域归国华侨群体的教育现实，不是归国华侨群体中独有的现象，而是中国社会普遍存在的教育现象。一个地区要发展，关键就在于对教育的重视程度和教育的发达程度，因为教育能对经济、政治与文化起直接和间接的促进作用。比如，在教育对经济的作用上，直接的促进作用主要体现在高等教育领域，产学研合作，教学、科研及生产的一体化使高校成为培养高层次人才的重要场所；间接的促进作用是通过劳动再生产来实现，主要是通过教育直接影响劳动者素质，从而推动生产力和经济的发展。在政治上，可以加强群体对于国家、民族以及自身的思想政治教育，不断促进个体的政治社会化。在文化上，教育对于一定共同体的价值观念、思维模式、审美情趣、道德情操、宗教情结、民族性格等各方面都会产生影响。当然，反过来看，经济、政治及文化也会对教育起促进或制约作

用。综观海外华侨华人史，海外华侨华人能取得今天的骄人成就，和他们对教育文化的尊重和重视有密切的关系。结合上面对红河流域教育发展现状的调查和分析，笔者认为应该从如下几个方面入手解决和提高红河流域归国华侨的教育水平：

（1）学校教育要发挥教育主战场的作用。

红河流域地处边疆民族地区，当地少数民族的教育水平和质量直接决定了归国华侨子女的教育程度。因此，要发挥学校教育的突出作用，则要处理好边疆地区的现实状况与少数民族教育之间的矛盾。从边疆地区的现实情况出发，抓住重点，始终把少数民族教育摆在优先发展的战略地位，加大对少数民族教育的投入力度，使少数民族青少年从根本上改变陈旧的思想观念，切实促进少数民族教育的发展。只要当地少数民族教育水平提高了，归国华侨子女的教育水平也就相应提高了。因而可以从以下几个方面着手进行：第一，坚定不移地把少数民族教育摆在优先发展的战略地位。加强边疆少数民族地区的教育，有利于维护各民族的团结，加快实现“中国梦”的步伐。边疆地区教育落后，整体文化素质相对较差，少数民族教育是重点。因此，始终把少数民族教育摆在优先发展的战略地位是必需的，也是必要的选择。第二，加大对民族地区的教育投入。边疆民族地区经济相对落后，教育教学资源缺乏，少数民族地区的经济条件是少数民族教育发展的前提。部分地区青少年学生流失严重，很大原因是落后的经济条件难以支撑其接受更好的教育；另外，教学软硬件设施跟不上时代的步伐也是少数民族地区教育水平提不高的主要原因。应根据云南的实际，按《教育法》和国务院的相关规定，教育经费适当向少数民族地区倾斜，“要千方百计在别的方面忍耐一点，甚至牺牲一点速度，把教育问题解决好”，确保民族地区基础教育经费。① 同时，元江隶属云南有着“滇中粮仓”之称的玉溪市，当地经济较为发达，因此元江当地应该积极向玉溪市政府寻求更多的教育支持。第三，提高少数民族地区的师资水平。“教育是国家兴旺发达的不竭动力”，同样，一个地区要发展、要进步也离不开教育。而教育水平又取决于师资力量，因而提高少数民族地区的师资水平和力量迫在眉睫。其途径有三种：其一，大力实施“国培计划”。少数民族地区要从现有的教育基础出发，从中小学教师综合素质出发，把“中小学教师综合

① 马有良：《如何办好面向21世纪的云南民族教育》，《云南教育》2000年第5期。

素质培训”和实施“国家贫困地区义务教育工程”紧密结合起来。[①] 通过“国培计划”可以有效地提高教师的综合素质能力，同时，大学生深入乡村中小学，可以为学校注入新鲜血液，带去先进的教育教学思想。其二，国家通过更多有效的优惠政策吸引大学生毕业后到少数民族地区任职。例如，提高工资福利等。其三，提高教师入职的门槛。少数民族地区还存在一部分不合格的教师，国家可以通过相应的政策慢慢淘汰这些教师，从根本上改善少数民族地区教师的合格率。第四，要号召海外华侨华人对当地捐资助学。红河流域归国华侨主要是来自印度尼西亚和越南，这些归国华侨再移民时越南归国华侨主要去了美国，印度尼西亚归国华侨主要去了香港，因此应该充分利用这一部分再移民归国华侨对于红河流域的特殊情感，鼓励他们积极为红河流域归国华侨子女和当地少数民族发展教育出一分力。同时，通过他们的不断宣传，引起更多的海外华侨华人对红河流域归难侨子女教育的关注，借助归国华侨在侨居国及世界各地的各种关系，争取当地教育发展的资源和资金援助等。

（2）家庭教育要体现现代性和传统性的有机协调。

红河流域归国华侨的家庭教育，一直以来深受中国民族传统文化的影响，这种文化虽然在学生思想道德教育上起到了不可忽视的作用，但也存在不少的弊端。要使家庭教育在归国华侨青少年思想教育上发挥出更大的积极作用，则要改变以前的一些过时或者不合时宜的家庭教育模式和方法，使家庭教育走向现代化，和时代有机接轨，和传统紧密结合。其一，提高红河流域归国华侨家长的文化素养。提高家长的文化素养有助于促进子女的教育。因此，国家应该在红河流域实施文化扶贫，让该地区的归国华侨家长建立起正确的教育孩子的理念和方法。其二，改变归国华侨中部分家长的旧观念和习性。部分当地归国华侨依然保留着提倡早婚、过于注重物质、得过且过、崇尚多子多福等旧观念和习性，这些旧观念和习性会对归国华侨青少年的思想发展造成诸多不利影响。因此，要改变该地区归国华侨青少年的思想问题，还是要注意到影响其思想发展道路上的这些不利因素。其三，家庭教育要继承传统。海外华侨华人对教育格外重视的传统要在红河流域归国华侨家庭中充分体现出来，这需要老一辈归国华侨以身作则，在日常生活中注重学习，养成看书思考的习惯；给后代讲解那些靠读书而走向成功的华侨华人先辈们的事迹；强调教育作用在自身的种种表现；特别是要告诉归国

① 马有良：《如何办好面向21世纪的云南民族教育》，《云南教育》2000年第5期。

华侨后代，他们的祖辈们在海外华文教育受到重重阻碍并不断发展的历史等等。只有在继承历史传统的过程中与时代保持一致的教育才是现代性的教育，才会对归国华侨子女产生正面的鼓励和引导作用。

（3）社会教育要体现社会主义的特征。

其一，在红河流域要形成“知识改变命运”“读书创造未来”的社会风气，阻止“读书无用论”在红河流域蔓延。其二，要在该地区播撒社会主义平等理念，让少数民族学生和归国华侨子女不会因经济问题、文化问题等失学，同时全方位地帮助该地区大学生就业。比如，设立“归难侨学生专项奖学金”“归难侨大学生就业扶助计划”等，促进归难侨子女教育水平的提高。其三，国家要加大对当地少数民族和归国华侨社区的建构，从资金、技术、人才等各方面不断引导当地人开展“和谐社区”的构建。只有一个和谐的社区形成了，才会在当地形成一个和谐的小社会，以往那些对于当地青少年教育不利的因素才会杜绝，从而推动当地教育的发展。同时，归难侨回国后大多被安置在华侨农场，农场偏远的地理位置和封闭的管理体制使得归国华侨群体缺乏与国内社会联系的桥梁，这就给他们升学、求职、创业带来了一定的困难。因此只有为归国华侨群体提供更多的社会资源，加强归国华侨群体内外的各种联系，才能解除归国华侨群体的“文化孤岛”现象，才能促使归国华侨青少年拥有更多的求学欲求。

总之，红河流域归国华侨群体的教育和其他地区教育一样，需要学校教育中来自老师的“言教”，还需要家庭教育中来自父母的“身教”，也需要社会教育给他们提供一个良好的“境教”。只有这三种教育合而为一，归国华侨群体的教育问题才会得到解决，进而为当地新一轮的改革创新提供智力支持、人才储备、精神动力。

三、归国华侨群体在经济结构改革中获得发展

作为云南省 13 个华侨农林场中最具有区位优势和地理条件最好的甘庄和红河华侨农场，一直以来秉承的都是以农业为主的发展战略。农场以芒果、荔枝、香蕉、菠萝等经济林果和芦荟、茉莉花、热带花卉等特色生物资源最为有名。对于农业社会来说，主要是满足人们的自我需要，自给自足的生产模式使得农业的基础地位十分突出。中国社会今天正在处于迈向现代化的征程中，工业的基础地位早已彰显，以创新为主要标志的文化产业势头高涨。基于此，红河流域归国华侨群体想要在中国新一轮的发展浪潮中有所作为，则必须跟上时代的步伐。笔者

认为，红河流域归国华侨群体要想得到进一步的发展，必须在经济上走出一条独具特色的发展之路。这条发展之路要结合归国华侨群体自身特色、社会发展需求、归国华侨群体安置地的具体实际等因素，形成产业一体化的发展模式。那么，红河流域归国华侨群体的特色在哪？应该如何利用这些特色？这些问题就是在归国华侨群体特色发展之路上首先要充分认识和把握的。

具体来说，归国华侨群体身上的特色主要有如下一些：

第一，归国华侨群体特殊的人生经历和文化。红河流域归国华侨群体经历过“下南洋”与“回故乡”、“回农场”与“回家乡”、“留守农场”与“远走他乡”、“老一代归国华侨”与“新一代侨眷”等各种历史关系，这些历史关系，充分展现了归国华侨群体特殊的人生智慧与生存策略。相对于目前流行的一些“快餐文化”来说，归国华侨群体这种特殊的发展历史与心性逻辑，无疑更能展现中国人深厚的历史底蕴和聪明智慧。同时，和云南独具特色的少数民族文化一样，归国华侨文化作为外域文化、中华文化及地域文化的融合体，是充分展现云南文化多样性和文化独特性的主要代表之一，能为“七彩云南”增添一道靓丽的风景线。

第二，归国华侨群体特殊的居住地。甘庄和红河华侨农场地处元江县境内，元江山川毓秀、物华天宝，古有“滇南雄镇”盛名，今得“天然温室”“哀牢明珠”美誉。元江县城号称“中国太阳城”。元江境内山坝相间，立体气候特点突出；最高海拔 2580 米，最低海拔 327 米；年均气温 23.8℃，终年无霜，年均降水量 31.483 亿立方米；海拔 1300 米以下的热区达 166 万亩，海拔 1000 米以下待开发热区面积有 20 多万亩。元江历史悠久，自然风光绮丽，民族风情浓郁，是云南“千里边疆文化长廊县”之一。早在原始社会，就有人类在这里繁衍生息，3000 年前的原始文化珍品——它克崖画，生动洗练；2000 年前的青铜文化，灿烂夺目。元江河谷两岸热带风光、哀牢冷凉山区哈尼梯田，以及生活在这里的十多个兄弟民族共同构成一幅充满民族文化神韵的五彩画卷。县民族歌舞团名扬四海，被国家授予“全国农村文化艺术工作先进集体”和“全国乌兰牧骑式演出队先进集体”等荣誉称号。总之，归国华侨群体安置地自然条件独具特色，民族文化多元并存。

第三，归国华侨群体特殊的经济产业。华侨农场所在的元江县，顺应云南省“绿色经济强省”发展的战略，提出建设“绿色经济县”的发展思路。按照把元江建成“全国最大的芦荟基地县”“云南省最大的茉莉花茶加工基地县”“云南省花卉出口基地县之一”的发展思路，大力进行芦荟、茉莉花、热带花卉等生物资源创新产业开发，取得突破性进展，并得到省、市领导的肯定与支持。现全县种植芦荟、茉莉花、热带花卉、香蕉、甘蔗面积27024亩。糖料蔗、早籼稻、冬早菜由14.9万亩调减到11.8万亩，调出3.1万亩土地发展高效农业、生物资源创新产业和退耕还林。芒果进一步加快品种改良，面积稳定在4万亩，种植结构进一步优化。[①] 红河华侨农场是元江主要的芦荟基地和花卉基地，甘庄华侨农场一直是元江主要的芒果基地和甘蔗基础，经济产业特色鲜明，极具发展实力和潜力。

第四，归国华侨群体特殊的海外关系。正如研究归国华侨的专家黄小坚所说的：“提起‘侨’字，人们往往会首先联想国外号称几千万的炎黄子孙和台湾、香港、澳门同胞，联想到他们在国内的巨额投资与捐献。确实，中国对外开放后，华侨华人与国内经济社会联系日益密切，发挥的作用越来越大了。”据统计，1980—2003年底，中国大陆累计批准设立外商投资企业近47万个，合同外资9431亿美元，实际使用外资金额近5015亿美元，其中有60%～70%属港澳台侨的资本；华侨华人对国内文教公益事业的捐助，已逾400亿人民币。[②] 确实如当地人对归国华侨的认识一样，归国华侨海外关系广，有侨汇。笔者觉得归国华侨特殊的海外关系，不仅应该值得羡慕，而且应该因势利导，充分发挥归国华侨在连接当地政府和海外华侨华人方面的纽带作用，促进红河流域经济及教育等事业的发展。

归国华侨的这些特殊性对于当今时代来说，是极其珍贵的，因为在大机器生产下，很多有特点的东西都被时代消磨掉了。因此，只要红河流域充分利用好归国华侨的这些特点，然后结合当地实际，是可以走出一条产业一体化的发展道路来的。具体而言，红河流域这条产业化道路的主要发展思路就是主打“侨”牌文化，走文化与当地特色经济的相结合的绿色发展之路。在实施中，要注意以下几个方面：

首先，对归国华侨文化进行抢救性保护与深度挖掘。一般来说，文化可以分为物质文化、精神文化、制度文化及行为文化四个层次。红河流域印度尼西亚归

---

① http：//baike. sogou. com/v148670. htm.

② 黄小坚：《归国华侨的历史与现状》，香港：香港社会科学出版社有限公司2005年版，前言第1页。

国华侨回国的历史已有60年，越南归国华侨也有40年，随着时间的不断推移，如果还不加强对他们特有文化的保护工作，一旦华侨们老去，那么归国华侨群体们在红河流域留下的这段传奇历史就会渐渐消失，以致会给我们留下些许遗憾。同时，在加强对于归国华侨文化保护的基础上，要充分调动归国华侨群体的主观能动性，发动他们为归国华侨文化的深度挖掘提供帮助。对于红河流域归国华侨群体文化的保护与发展，笔者认为在当地最好能建立一个归国华侨历史博物馆，馆内陈列归国华侨们的各种文化资料，详细记录归国华侨们的特殊历史，为特定归国华侨撰写个人生活史志，等等。同时，调动研究者对现存归国华侨文化进行收藏、整理及研究。红河流域建立归国华侨历史博物馆，其实就是为归国华侨群体设立一个文化象征物，这个文化象征物不仅具有深刻的文化意义，而且还具有强烈的现实意义。比如，这个归国华侨历史博物馆可以唤起归国华侨们的历史记忆，可以作为红河流域独有的一种旅游资源，能把曾经在此生活过以及现在还生活于此的归国华侨群体的意识凝聚起来，能展示国家及当地政府对于归国华侨群体的尊重，等等。

其次，促进当地生态农业观光产业发展。现代旅游的发展往往离不开生态旅游。生态旅游是以有特色的生态环境为主要景观的旅游，是指以可持续发展为理念，以保护生态环境为前提，以统筹人与自然和谐为准则，并依托良好的自然生态环境和独特的人文生态系统，采取生态友好的方式，开展的生态体验、生态教育、生态认知并获得心身愉悦的旅游方式。红河流域两个华侨农场具有开展生态旅游的条件。（1）生态旅游的目的地是一些保护完整的自然和文化生态系统，参与者能够获得与众不同的经历，这种经历具有原始性、独特性的特点。（2）生态旅游强调旅游规模的小型化，限定在承受能力范围之内，这样既有利于游人的观光质量，又不会对旅游地造成大的破坏。（3）生态旅游可以让旅游者参与其中，在实际体验中领会生态旅游的奥秘，从而更加热爱自然，这也有利于自然与文化资源的保护。（4）生态旅游是一种负责任的旅游，这些责任包括对旅游资源的保护责任，对旅游的可持续发展的责任等。由于生态旅游自身的这些特征能满足旅游需求和旅游供给的需要，从而使生态旅游兴起成为可能。① 红河流域具有良好的自然生态环境基础，有利于开展生态旅游；两个华侨农场具有芒果、甘蔗、芦荟等特色产业，而且早已成规模，可以开展特色农业产业园体验游等项目。在

---

① http：//baike. sogou. com/v114725. htm.

调查中，笔者欣喜地获悉原红河华侨农场所在地的红侨社区正在努力打造包含生态宜居园、侨乡文化园、农业观光园、和谐示范园的旅游小集镇。随着玉溪“一点两线”旅游产业战略的实施，东线推出抚仙湖，西线推出元江的哀牢山、红河谷。红河华侨农场已推出3000亩生态农业观光园，其中1000亩百果园引进了台湾和海南两家客商，1500亩热带名贵花卉观光园已列入市县规划上报省政府“18生物工程办”，由港商独资建设的水上乐园于2001年5月建成对社会开放营业，游客络绎不绝。

再次，坚持走产业一体化发展之路。当地单纯搞生态旅游，也许会存在生态旅游还不足以吸引游客的情况；当地大搞侨乡文化，也许会显得单调乏味；但是如果把这两种文化有机结合起来，使特色经济与侨乡文化有机统一，则能显示出当地文化的特色来。此外，红河流域农场内外具有丰富的民族文化资源和人文资源，比如，花腰傣“蒙面情歌”、它克崖画、哈尼罗槃王宫、“金芒果节”、哈尼梯田等独具特色的民族文化和自然资源。如果归国华侨文化能和元江当地这些旅游文化有机结合，一方面能进一步推动元江旅游经济的快速发展，另一方面则会使当地归国华侨群体受益。除此之外，当地除了集中发展特色农业经济和归国华侨文化之外，还应积极地利用归国华侨群体在对外交流中的纽带作用，引进海外华侨华人的资金、技术、人才等，多方面促进当地产业大发展。比如，大力发展归国华侨群体独有的传统饮食业、休闲度假村等第三产业，进而最终实现当地产业结构的不断调整，实现当地产业一体化发展之路。

和云南省内其他华侨农场乃至全国其他省市华侨农场相比，地处红河流域的红河和甘庄华侨农场，在地理位置、文化多样、交通设施以及气候条件等方面都不逊色，甚至还有其他华侨农场不具备的优势。因此，充分吸取其他华侨农场现时代飞速发展的经验，展示出自身的独特性和优势性，则是红河流域归国华侨群体经济生活不断得以发展的前提和基础。比如，同样是地处云南省内的大理宾川华侨农场充分利用机制重组，把县内宾居、太和、彩凤三个华侨农场有机结合起来，于2014年4月组建起云南省大理州宾川县华侨庄园农业科技开发有限公司，又称华侨庄园。为提升葡萄品质，华侨庄园与上海交通大学合作，开发无土栽培、根域限制栽培等葡萄栽培试验区，打造现代旅游观光农业庄园。2015年1月起，华侨庄园与上海交通大学合作，采用根域限制栽培技术，将葡萄种植密度由传统的800株降到10~65株，采用物联网技术，通过对光照、湿度、pH值等数据的实时监测和控制，制订种植管理策略并组织实施。此外，华侨庄园引进马来西亚有机质无土栽培技术，建立了6亩葡萄有机质无土栽培试验基地，使葡萄生长速度和产量达到传统种植的2～3倍，成为国内首家将无土栽培技术运用于葡萄种植的企业。更令人惊喜的是，华侨庄园引进中国英利单晶硅薄膜发电技术，建设了2960平方米光伏大棚玻璃温室，在充满现代感的光伏大棚里，运用农光互补、循环经济理念，打造光伏农业，每天可并网输送810度电。正如其公司董事长孙长斌所说的："我并没有想做多大的事，但这里是我的家，我希望过上有地有田、劈柴喂马的日子。"

总之，红河流域归国华侨群体要想得到进一步发展，必须不断改变思想，重视教育，走一条归国华侨文化与当地特色产业相结合的发展之路。在这条路上，还需要国家的重视、当地政府的积极参与、海外华侨华人的支持、新闻媒体的广泛传播等。但毫无疑问，这条路上的主角永远会是归国华侨群体，只要他们主体意识提高了，他们与外在世界的关系也就会随之改变，而这种改变对于当地经济结构的调整、经济水平的提高是大有裨益的。

第三节　红河流域归国华侨群体的发展愿景

个人或群体的发展不仅与国家和民族的发展密切相关，也和自身居住的社区发展有着千丝万缕的联系，更和自己的不懈努力分不开。任何群体在看到自身发展过程中存在的不足，都要尽量去找寻一条适合自己的发展之路，只有这样，才能实现自身群体的不断发展。在前面的分析中，笔者已经对红河流域归国华侨群体在前进道路上遇到的困难和解决困难的办法进行了分析和探讨。本部分笔者主要结合党和国家和农场当地社区的发展去分析红河流域归国华侨群体的发展远景。

一、做自身文化的坚守者和传承者

党的十八大报告指出，文化是民族的血脉，是人民的精神家园。建设社会主义文化强国，关键是增强全民族文化创造活力。在资源重新配置的市场经济条件下，文化市场化与文化产业化使中华文化，特别是西部少数民族传统文化和地方独特文化面临严峻的挑战。如何实现少数民族传统文化和地方独特文化在保护与发展中的共融共荣，如何增强文化持有者的文化自信、文化自强、文化自立及文化自觉等问题成为社会各界共同关注的焦点。今天，红河流域归国华侨群体独有的侨乡文化成为“七彩云南”的重要组成部分，但是随着一大批老华侨的出走或者死去，红河流域传统的侨乡文化受到了严重的破坏。如何对这一独特文化进行保护与发展则成为社会各界关注的焦点。有人说政府应该出面对红河侨乡的物质文化进行收集和整理；也有人提议募集民间资金修建红河流域归国华侨历史文化博物馆；还有人说应该不断提升农场社区现有的归国华侨群体的文化自觉……但是不管怎样，保住文化才是保住了群体的根，因此，红河流域归国华侨群体必须要勇敢地站出来，成为自己文化的坚定的持有者和传承者，这就需要他们发挥自身的文化自觉。

费孝通先生认为：现代化过程是当前人类共同的命运，它把全人类编织在一个关系网里，出现了一个全球性的世界大社会。21 世纪要解决的主要问题之一是，各种不同文化的人，也就是怀着不同价值观念的人，怎样才能在这个经济上越来越息息相关的世界上和平共处。人类在 21 世纪怎样才能和平地一起住在这个小小的地球上。“我们中国人讲人与人的相处讲了 3000 年了，忽略了人和物的关系，经济落后了，但是从全世界看人与人相处的问题却越来越重要了。人类应当及早有所自觉，既要充分认识人与环境的关系，更要明白人与人之间怎样相处才能共同生存下去。”“我们需要一种新的自觉，考虑到世界上不同文化、不同历史、不同心态的人今后必须和平共处，在这个地球上，我们不能不为已不能再关门自扫门前雪的人们，找出一条共同生活下去的出路。”① 就是在这样的背景下，费老提出了一条最为有名的文化发展之路——文化自觉。文化自觉只是指生活在一定文化中的人对其文化有“自知之明”，明白它的来历、形成过程、所具有的特色和它发展的趋向，不带任何“文化回归”的意思，不是要复旧，同时也不主张“全盘西化”或“坚守传统”。自知之明是为了加强对文化转型的自主能力，取得决定适应新环境、新时代文化而进行文化选择时的自主地位。达到文化自觉是一个艰巨的任务，要做到这一点，需要一个很长的过程。只有认识自己的文化，理解所接触的多种文化，才有条件在这个已经形成中的多元文化的世界里确立自己的位置，经过自主的适应，和其他文化一起，取长补短，共同建立一个有共同认可的基本秩序和一套与各种文化能和平共处、各抒所长、联手发展的

---

① 转引自潘乃谷《对费孝通教授学科建设思想的思考》，见马戎、周星《田野工作与文化自觉》，北京：群言出版社 1998 年版，第 71 页。

共处守则。

红河流域归国华侨群体只有做到“文化自觉”，才能调动各方力量，为保持自身特有文化而努力。具体来说，首先，他们应该把即将消失的现存文化进行收集、整理，对一些非物质文化进行抢救性的记录、传播。其次，由当地归国华侨们发起海内外红河流域归国华侨群体及侨眷捐钱捐物的活动，同时积极向政府相关部门申请支持资金，在红河流域农场驻地修建一个归国华侨历史文化博物馆。再次，组建归国华侨文化传习馆，邀请德高望重的归国华侨老人向年青一代传授归国华侨技艺和文化。最后，把自身特有文化和元江、玉溪乃至云南旅游文化有机结合，力图在文化产业，甚至一些生产性保护措施中加强对归国华侨文化的保护和发展。只有这样，红河流域归国华侨群体才能很好地保护自身文化特色，为自己的进一步发展提供精神动力和智力支持。

二、做经济浪潮中的开拓者和搏击者

今天的中国正处于社会主义市场经济高速发展的时代，就连地处红河流域腹地的元江，也顺着改革开放的春风，大力发展特色产业和旅游文化产业，书写了红河谷中的经济传奇。借助得天独厚的地理位置和气候条件，元江获得了“太阳城”“热带水果之乡”“绿色经济之乡”“花卉园林之乡”“多元文化之乡”等美誉，蜚声海内外。今天，元江正在着力把自己打造成面向东南亚开放的热带水果基地，归国华侨社区也在各级政府的支持下，努力打造集生态宜居园、侨乡文化园、农业示范园及和谐示范园为一体的旅游小集镇。元江及归国华侨社区发展的蓝图，为归国华侨群体经济的腾飞提供了契机，因此，归国华侨群体应该紧紧抓住这一千载难逢的机会，为自己的经济发展助力。

一方面，国家和区域为归国华侨群体的经济发展提供了契机；另一方面，归国华侨群体自身也有发展自己经济实力的能力。比如，归国华侨群体由于有在海外生活的经历，这段经历塑造了他们敢于冒险、敢于拼搏的精神；大多数归国华侨在海外从事工商业，重利、重商观念较强；大多数归国华侨都是国有企业职工，是享受国家薪酬的个人或干部，个人或者家庭有一定的经济能力；归国华侨有海外关系，可以充分利用这种关系，大力吸纳海外的各种投资。这样，归国华侨群体发展经济的资金、人际关系、动力都已具备，再加上国内现在对于绿色产品的需求十分旺盛，这些都会使归国华侨群体在红河流域这个他们的第二故乡造就出他们辉煌的事业来。

当然，红河流域归国华侨群体在经济浪潮中的开拓与搏击，最好能结合元江当地的发展实际，走特色农业和旅游发展产业之路；走高科技创新发展之路，在创新技术的指引下快速发展；走内外结合、互帮互助的协调发展之路；走产业一体化发展之路。

比如，甘庄街道下属的红新社区，全社区共有1038户居民，总人口达2882人。辖内有10个自然村小组，其中有9个归国华侨组、1个彝族组。社区内生活着苗族、彝族、傣族、壮族等多个少数民族，有来自越南、印度尼西亚、印度、马来西亚、泰国等国的归国华侨、难侨。红新社区是元江县归难侨人口最多、最集中的地方，共有归国华侨及侨眷655户1767人，占红新社区总人口的61%。为了提高社区经济水平，增加人民群众的经济收入，红新社区2012年以来，始终坚持以“解放思想、改革开放、凝聚力量、攻坚克难”核心思想为指导，以加快转变经济方式为主线，以富民强村实现农业生产总值和农民人均纯收入倍增为目标，本着“因地制宜、突出特色、统筹考虑、协调发展”的原则，依托社区紧邻城区、交通便利的地理优势，以打造一线四片区为契机，发展特色种养殖业，培育支柱产业，大力招商引资，拓宽贸易渠道，依托科技，广泛开展以“组织领富、党员带富、干部协富”为主要内容的创业致富先锋行动，全力推进党建扶贫示范工程建设，推动红新走出一条“跨越发展、富民强村”的新路子。

红新社区的目标任务：结合社区发展思路，努力完成新农村建设规划目标。

一是加强基础设施建设。继续巩固和完善10个村民小组道路硬化、人畜饮水和沟渠维护工作；完成社区老年协会活动场所、办公场所、农家书屋300平方米的场地规划建设；完成电网、通信网络及数字电视的改造项目；完成10个村民小组文化娱乐场所、党员活动场所、公房的规划建设。

二是努力打造一线四片区。以辖区内17千米国道为轴心，进行归国华侨民居风貌改造和少数民族墙体文化建设；集中打造9000亩高产稳产多元化芒果种植区，6000亩甘蔗种植区，120亩反季蔬菜种植区，发展5个规模化鸡、猪、牛、羊、兔畜禽养殖区。

三是培植支柱产业。加快甘蔗良种繁育基地建设和芒果产业发展。把两项支柱产业从单纯地依靠扩大面积增加产量，转到依靠科技提高单产、保障稳产的可持续发展轨道上来，完善产业基础设施建设。

四是实施生态保护。计划投入相应的人力、物力、财力保护现有林地，通过中低产林改造1000余亩和退耕还林1500亩改良土地，用以种植芒果、青枣等经济林果。

五是搞好村容村貌整治工作。进行国道213沿线及高速公路沿线村容村貌改善摸底排查工作，实施沿线道路房屋美化；定点建盖垃圾池15个，新修维护污水排放沟，制定村规民约，有效提高村民爱护环境意识。

六是实现经济规划目标。农民经济总收入和农民人均纯收入年增长20%，到2016年，实现富民强村农村经济总收入翻番（达2800万元），农民人均纯收入倍增（达7200元）的目标。初步建成“管理有序、服务完善、文明祥和、环境优美”的示范性新农村。①

乡村振兴战略作为一项系统工程，其内部涉及产业结构、生态环境、乡风文明、社会治理、人民生活等多方面内容及要素。在其中，产业兴旺是实现乡村振兴的基石，生态宜居是提高乡村发展质量的保证，乡风文明是乡村建设的灵魂，治理有效是乡村善治的核心，生活富裕是乡村振兴的目标。② 因此，红新社区的发展理念、具体内容及目标，是与中国当前大力倡导的乡村振兴战略完全契合的。而在我们后来的调查实践中，也看到了这个发展目标具体实施的真实场景。这部分内容将在后面第四节中做进一步论述，此处不再赘述。

三、做民族和谐和复兴的倡导者和引领者

今天，中华民族正走在全面建成小康社会、实现中华民族伟大复兴的征程中，在这个征程中，归国华侨群体要发挥出自己的才能，为国家的民族和谐和进步做出自己应有的贡献。

过去的几十年间，由于有红河流域各少数民族的帮助，归国华侨群体很快地适应了农场当地的生活，并在几十年的生产生活实践中得到了进一步发展。和归国华侨群体得到的快速发展相比，当地的少数民族发展还有些滞后。因此，归国华侨群体应该发挥自身的优势，为当地少数民族进一步发展提供帮助。

当然，归国华侨群体今天的幸福生活的取得，不仅和当地各族人民的帮助分不开，也和国家的扶持分不开。归国华侨群体在回国、安置、现实生活等方面都受到来自国家的帮助和扶持。今天，归国华侨群体应该积极地响应国家政策、传播中国文化。比如，他们可以利用自己外出探亲访友的机会，大力向海外华侨华

---

① 《红新社区基本情况》（内部资料），2013年8月。

② 李周：《深入理解乡村振兴战略的总要求》，《人民日报》2018年2月5日。

人宣传中国国家政策，积极引荐海外人士来祖国投资、开展社会公益事业、推动科教进步等。

中华民族的伟大复兴，是和我国各民族的团结进步紧密相连的。实现中华民族的伟大复兴，第一，需要经济的发展；第二，需要良好的政治基础；第三，离不开文化的繁荣；第四，需要和谐的社会条件；第五，需要良好的社会环境；第六，需要良好的国际环境。各民族的团结进步、各民族的繁荣发展将为中华民族复兴创造必要的条件和坚实的基础。而在中华民族伟大复兴的征途中，红河流域归国华侨可以借助自身独有的人生经历和文化，做中华民族复兴道路上的有力倡导者和实践引领者。这是时代赋予红河流域归国华侨的使命，也是历史带给他们的启迪。此外，由于特殊的血脉渊源，海外华人与中国之间始终保持着密切联系。有学者对这种关系进行了这样的总结：海外华人具有很强的“寻根祭祖”意识；具有帮助中国建成独立、富强国家的心愿；支持中国的改革开放，与中国的经济联系日益加深；为中华文化在世界的传承、维护和发扬做出积极贡献。[①] 因此，红河流域归国华侨群体可以充分利用好自己与海外华人之间的各种联系，在海外华人与中国之间充当“引路人”“宣讲者”及“倡导者”的角色，为中华民族伟大复兴贡献自己的一分力量。

正如胡锦涛同志在2008年参加致公党、中国侨联界全国政协委员联组讨论时强调的那样，我国有几千万归国华侨、侨眷，有几千万海外侨胞。这两个几千万，既是我国的独特国情，又是我们进行现代化建设的独特优势。要按照凝聚侨心、汇集侨智、发挥侨力、维护侨益的要求，最大限度地把归国华侨侨眷和海外侨胞团结起来，把他们的积极性调动起来，把他们的独特优势发挥出来，进一步凝聚起全民族为实现中华民族伟大复兴而共同奋斗的强大合力。因此，他进一步强调，要充分发挥归国华侨侨眷和海外侨胞在推动我国现代化建设方面的重要作用，在推进祖国和平统一大业方面的积极作用，在传播中华文化方面的独特作用，在增进中国人民同各国人民相互了解和友谊方面的桥梁作用。[②]

总之，红河流域归国华侨群体的发展远景是和区域地方的发展、民族的发展、国家的发展，乃至人类的发展息息相关的；是和他们自身历史和现实密不可

---

① 方金英：《东南亚“华人问题”的形成与发展》，北京：时事出版社2001年版，第112～116页。

② 《必须进一步加强海内外中华儿女大团结》，《中国青年报》2008年3月8日。

分的。只要他们认识和实践了这一切，他们将会发展成最为自由、自主、自强、自尊的人群。因此，红河流域归国华侨群体应该借助国家广泛实施的“一带一路”倡议，充分利用自己地处多民族地区的良好地缘优势，发挥其与海外十几个国家有着各种各样联系的优势，怀着感恩、团结、奋进、创新及和谐的思绪，促进红河流域各民族的和谐，进而为中华民族伟大复兴贡献自身的力量。

第四节　红河流域归国华侨群体的发展实践

理论是苍白的，只有实践才是鲜活的。马克思说：“社会生活在本质上是实践的。凡是把理论诱入神秘主义的神秘东西，都能在人的实践中以及对这种实践的理解中得到合理的解决。”“哲学家们只是用不同的方式解释世界，而问题在于改变世界。”① 当前，红河流域华侨农场的各族人民群众，正在励精图治、不断进取，积极投身于打造享誉东南亚的侨乡文化的事业。基于此，本部分笔者主要以甘庄打造特色文化小镇为案例去分析。

在当地各级政府、侨联、归国华侨侨眷及各族民众积极努力下，红河流域的甘庄和红河社区，正在紧锣密鼓地为打造享誉东南亚的侨乡而不懈努力。当前，当地紧紧围绕“热区”“侨乡”资源优势，着力打造“农业观光园”“侨乡风情园”旅游产品，抓住“昆玉红”旅游文化产业经济带建设机遇，全力推进“万亩生态农业观光园”“芒果森林长廊”等旅游项目建设。同时，紧跟国内外旅游业发展动向和时尚，充分挖掘侨乡特色的饮食文化、服饰文化、民间风俗，凸出异国风情的代表性元素，促进元江侨乡对外友好往来，推出别具风格的侨乡民俗文化旅游项目。“打优质热带水果品牌、走旅游小镇建设路子、树侨乡特色文化典范”是当地总体发展思路。在这样的背景下，甘庄华侨农场正在为打造特色小镇而不断实践着。具体来说，当地针对侨乡特色小镇建设做了以下工作。

一、拟定了科学而又先进的建设思路

2018 年 8 月 2 日至 4 日，云南省委领导先后到玉溪市澄江县、元江县、通海县、华宁县考察，实地调研抚仙湖和杞麓湖保护治理、棚户区改造、物流园区规

① 《马克思恩格斯选集》（第 1 卷），北京：人民出版社 2012 年版，第 139 ~ 140 页。

划建设、高原特色现代农业、智慧农业小镇建设、陶产业发展等工作，主持召开抚仙湖保护治理工作专题会议和调研座谈会，对玉溪的工作提出了“要在全省率先全面建成小康社会，在新时代现代化建设道路上走在全省前列，努力闯出一条高质量跨越式发展的新路子来”的总体要求，并明确要求玉溪要在推动经济高质量发展、新型城镇化建设、乡村振兴、生态文明建设、民生保障和公共服务、全面从严治党六个方面走在全省前列。在省委省政府调研玉溪讲话精神的指引下，玉溪市委市政府对甘庄社区建设提出了科学而又可行的要求。要求玉溪要以昆磨高速公路、泛亚铁路中线元江站建设为契机，利用交通优势、气候优势和绿色优势，谋划好甘庄的总体规划布局。首先，谋划好空间布局，做好“一镇两区”的多规合一规划，形成“两区产业推动发展，中间集镇产城融合，协同带动周边”的区域发展格局。其次，要定位好功能布局，把甘庄集镇打造成为具有归国华侨侨眷风格、建筑风貌、风土人情特点的侨乡旅游小镇，把甘庄打造成集公铁联运、冷链物流、综合保税、跨境电商、集散配送、先进流通加工为一体的物流枢纽，把干坝工业园区打造成以特色生物资源为主的绿色工业园区。最后，要建设好“一镇两区”的基础设施。近期将投资 4. 67 亿元，在甘庄物流园区建设自来水厂、污水处理厂和园区主干道。计划再投资 2. 4 亿元，在干坝工业园区平整土地，建设标准化厂房 2 万平方米，把甘庄片区建设成集现代物流、特色生物资源加工、侨乡特点为一体的特色旅游小镇。

二、筹建华侨历史文化博物馆

华侨农场旧场部及大部分安置点、重点侨捐项目、归国华侨历史物件是反映华侨农场历史及归国华侨群体文化的重要载体，因而它们在当前农场改革和发展中具有重要的纪念意义、教育意义。基于此，为进一步加强华侨农场历史文化遗产的保护、传承和利用，当地政府及侨办积极号召和建议广大归国华侨侨眷行动起来，把群众家中收藏的具有收藏、社会教育、科学研究价值的历史文化物件集中起来，为建设侨场或社区宣传展示侨乡历史文化发展的展览厅提供重要物件。

（一）征集范围和要求

1. 反映华侨农场历史上生产、生活的代表性实物。

2. 重要的文献资料以及具有历史、艺术和科学价值的手稿、古旧图书、谱牒等。

3. 与重大历史事件、改革发展或代表人物有关，具有重要纪念意义、教育意义或史料价值的实物。

4. 具有异国风情的代表性实物。

5. 反映华侨农场对外友好往来和文化、体育等方面内容的代表性实物。

6. 其他能够反映历史、文化、科学、艺术，具有收藏、保存、研究和展示价值的文物。

以上征集物品包括各种器具、石刻、书法绘画、工艺美术、图书资料、照片、生产工具、生活用具等，尽可能征集品相完好、意义重大、历史厚重的精品，确保征集物品最具代表性、震撼力和生命力。

（二）征集方式

1. 接受捐赠。对于无偿捐赠文物的个人和集体，通报表扬；捐赠文物一经陈列，在展品上永久具名；对于捐赠文物数量大、价值高的，可单独举行捐赠仪式。

2. 购买。根据展览厅和布展需要，按照公平、合理、合法的原则，对归属于个人和集体所有的文物以一定价格购买。

3. 寄存。个人和集体可将收藏的重要文物寄存到社区展览厅委托管理，展览厅无偿做好科学保护，在征得寄存人同意的前提下可合理利用。

迄今为止，当地侨联及相关组织已经征集到大量诸如缝纫机、起子、手表、收音机、烤糕点的模具、身份证、牛油桶、钱币、书籍、首饰等归国华侨及侨眷曾经使用过或正在使用的物件。这为在当地建立归国华侨历史陈列馆奠定了坚实的物质基础。

值得欣慰的是，红河华侨农场侨乡文化陈列馆已经在 2018 年 1 月建成并正式开放。陈列馆的总体介绍如下：

为传承侨乡文化，凝聚侨智、汇集侨心、发挥侨力，在省、市、县侨务部门的支持下，红河华侨农场历史文化陈列馆于 2018 年 1 月建成并正式开放。陈列馆位于澧江街道红侨社区居民小组（原三队），占地面积 170 平方米，有展品 27 件，反映红侨农场历史进程的 427 卷档案、照片400余张，完整地将红河华侨农场的建场史、归国华侨史、发展史、改革史进行了一一陈列。

相对于红河华侨农场来说，甘庄华侨农场安置的华侨人数更多，社区人数也更多，社区规模也更大。因此，我们有理由期待，不久的将来，甘庄华侨农场侨乡文化陈列馆必将盛大开放。

三、打造独具特色的多元民族文化

除了充分展示印度尼西亚和越南等归国华侨所带来的异国文化，甘庄华侨农场还充分地把当地少数民族文化融进自身的侨乡特色小镇建设之中。比如，甘庄华侨农场每年举办傣族“花街节”、彝族“火把节”、苗族“花山节”等群众性文化娱乐活动。当地人将少数民族文化和东南亚风情别致地结合在一起。元江县甘庄华侨农场归国华侨每逢赶街天都会到集市上摆摊卖各色糕点和特色美食，如印度尼西亚沙嗲肉串、千层糕、糯米粑、黑粑粑、春卷、手撕鸡、咖喱鸡、扣肉、炸芭蕉、菠萝炒鸡杂、菠萝蜜煮鸡等，以及越南扣肉、白鸡、叉烧、小卷粉、春卷、菜包肉、香叶包牛肉、薄荷捆鸡杂等几十种美食，很受昆明、玉溪等外地游客的喜爱。这些食物凸显了东南亚风味特色，外地人把甘庄华侨农场比作“小香港”，每逢赶集天各地人都会光顾甘庄华侨农场。作为一个与印度尼西亚、越南、美国、英国等16个国家和地区有联系的归国华侨、侨眷聚居的地方，一个不用护照就能领略十余种异域风情的地方，这里大部分归国华侨至今还保持着原来的语言和生活方式，逢年过节也经常做传统的异国风味菜肴。同时，甘庄华侨农场还作为一个归国华侨及侨眷、傣族、彝族、苗族等多民族和睦相处的地方，在当地多元文化不断地交融的过程中，各民族兄弟营建了一个尊重习俗、博大包容、相互学习、共同进步的多元文化社区。

四、构建特色经济产业体系

建设特色小镇是推进城乡发展一体化的重要突破口。特色小镇作为极具特色的产业，是融合文化、旅游、社区等功能的创新创业发展平台，其对经济转型升级、新型城镇化建设都具有十分重要的意义。元江作为享誉中国的“热带水果之乡”，其独特的自然条件造就了元江独特的经济发展之路。当前，元江依托建设“全国最大的芦荟基地县”“云南省最大的茉莉花茶加工基地县”“云南省花卉出口基地县之一”的发展思路，大力进行芦荟、茉莉花、热带花卉等生物资源创新产业开发。而甘庄作为元江重点打造的芒果和甘蔗基地，也在不断发展中取得了令人瞩目的成绩。目前，甘庄农场原3个分场（改制后改为3个社区）场员主要以芒果种植为主，种植面积达60000多亩，年产量达30000吨左右，现已成为云南省最大的芒果基地。这是甘庄主动适应新的环境所进行的产业结构调整。再加上政府着力为甘庄规划的物流枢纽、生物资源绿色加工业等，甘庄特色经济产业体系初见雏形。此外，玉溪市还决定以昆曼公路为轴线调整工业产业布局，将在甘庄建成光伏发电厂、石材厂等6个工厂，最大限度地利用甘庄在交通上的区位优势。

毫无疑问，红河流域归国华侨农场在建设侨乡特色小镇的当前实践中，取得了令人瞩目的成就。但在取得成绩的同时，我们也应该看到，建设中依然存在一些不利于或阻碍当地进一步发展的因素。比如，在调查中，我们发现当地在建设实践中存在着资金短缺、观念不够新、技术和人才缺乏、机制不灵活等问题。矛盾是事物发展的动力的源泉，我们相信，在国家、地方各级政府及当地各族民众的共同努力下，红河流域归国华侨农场一定会发展成为一个集归国华侨文化、特色经济、多民族文化共荣共融为一体的独具特色的小镇。

总之，实践是检验真理的唯一标准。红河流域当前的发展实践及其蓬勃发展的良好势头，很好地印证了党和国家的侨务政策和民族政策的正确性，展示了当地地方政府发展策略的科学件，凸显了当地广大人民群众的智慧与勤劳。我们相信，假以时日，红河和甘庄这两个极具侨乡文化风采、多民族聚居的幸福小镇一定会在红河流域崛起，进而在一定程度上带动整个红河流域经济社会文化的全面发展。笔者认为，元江县要以甘庄和红河两个归国华侨农场为基础，着力把当地打造成面向东南亚开放的侨乡。但我们也不要忘记侨乡具有的本质含义，当地要在这个本质意义指导下去建设，这样建设出来的侨乡才是名副其实的。关于“侨乡”，按照《华侨华人百科全书·侨乡卷》的定义，其同时具有四个主要特征：华侨、华人、归国华侨、侨眷人数众多；与海外亲友在经济、文化、思想诸方面有着千丝万缕的联系；尽管本地人多地少，资源缺乏，但由于侨汇、侨资多，因而商品经济比较发达；华侨素有捐资办学的传统，那里的文化、教育水平较高。[1] 因此，就地处红河流域的元江县来说，一定要按照这个“侨乡”定义的要求，因势利导，充分调动归国华侨群体的积极性和创造性，尽快把当地打造成一个享誉东南亚的著名侨乡。

---

① 方雄普、冯子平：《华侨华人百科全书·侨乡卷》，北京：中国华侨出版社 2001 年版，第 803 页。

第九章 余 论

“历史从哪里开始，思维进程也应当从哪里开始，而思想进程的进一步发展不过是历史过程在抽象的、理论上前后一贯的形式上的反映。”① 一方面，历史的东西是逻辑的东西的基础，逻辑的东西则是历史的东西在思维中的再现，因此，逻辑进程和历史进程具有内在一致性。另一方面，历史与逻辑的统一又包含着差异和对立。历史的东西总是包含有偶然的因素、次要因素以及迂回曲折的细节，具体而生动。逻辑的东西则是“修正过”的历史的东西。因此，通过对历史事实的加工改造，抛弃历史细节抓住主流，抛弃偶然性，抓住必然性，就能更好地反映历史。红河流域归国华侨群体作为国际移民的一个支流，侨民归国本属于正常的人口再流动现象，中国有之，外国也有之，但其他国家极少有像中国这样，海外华侨华人及难民型归国华侨人口众多、发展多样的情形。因此，结合以上有关红河流域归国华侨群体的发展历史，本部分笔者主要是思考一些红河流域归国华侨群体现实发展及其历史背后的相关逻辑。其中，对红河流域归国华侨群体现实发展问题的思考侧重于其现阶段面临的发展问题，并在此基础提出该群体的发展之路；而对于归国华侨群体历史发展背后的逻辑问题，则主要是以国家在归国华侨群体历史发展中的作用、“家在何处”两个主题为主，以此总结本书的研究。

第一节 特殊群体与国家

对于红河流域归国华侨群体来说，他们对于国家的情感是很复杂的。有爱，

① 《马克思恩格斯选集》（第2卷），北京：人民出版社1995年版，第43页。

因为在他们最为困难的时刻是祖国给予了他们无私的救助，并尽力为他们回国生活和发展提供帮助。有痛，特别是“文革”十年中，一部分印度尼西亚归国华侨遭受来自各方面的迫害和打击，在他们心理留下了永恒的痛。这就是他们对于国家最为真实的情感，这也是人类最为真挚的情感。在情感的矛盾中，归国华侨群体获得了长足发展，而国家也在不断地反思，变得更为理性和强大。同一性和斗争性是矛盾的两种基本属性，同一性和斗争性在事物发展中的作用直接决定了矛盾是事物发展的动力和源泉。但矛盾不仅具有同一性和斗争性这两个基本属性，矛盾还具有普遍性和特殊性，这也就是说矛盾双方在事物中的地位和作用会有所不同。“两点是重点中的两点，重点是两点中的重点”，在全面认识到红河流域归国华侨群体对国家的情感的同时，笔者认为他们对于国家的爱是最主要的。从主观上说，他们没有理由对于一个新生的人民政权过于苛求，因为新生事物成长道的路上难免会遇到困难和挫折。从客观上看，在他们遇到困难和挫折的时候，国家总是以大无畏的精神和无私的气度帮助他们渡过困难，并使他们不断发展。同时，对于曾经带给归国华侨群体们的伤害，国家也在实践中不断地采取措施去弥补。总之，在某种意义上说，国家在红河流域归国华侨群体历史发展中起到了重要的作用。①

国家在归国华侨群体历史发展中的重要作用，我们可以通过以下三个方面来说明：

首先，从归国华侨群体的历史发展史来看，从归国华侨群体在侨居国遭受排挤而回国到红河流域华侨农场定居生活，再到改革开放前后的再移民，以及今天他们所在农场的不断改革，对于他们过去发展中的每一过程，甚至每一小进步，国家都起到了积极的决定作用。虽然历史没有假设，但是我们可以用反思的方法不断去思索他们的这段回国发展史，那么一切都将会变得明了。比如，如果没有国家排除万难，派遣军舰接回他们，他们也许会遭遇另外一番命运；如果没有国家对于红河流域傣族和彝族居民的广泛动员，他们也许会更难融进当地生活；如果没有国家对于他们再移民的宽松政策，也许他们中的一部分人不会有今日的海外成就；如果没有国家对他们进行的不断改革，他们也许还会被束缚在旧体制

① 虽然对于一个群体的发展来说，其发展的最终决定性因素是群体本身，但是由于从一回国开始，红河流域归国华侨的命运就和国家的发展紧密相关，因此本书中笔者认为国家对于归国华侨群体发展起着十分重要的作用。

中。因此，对于归国华侨群体的历史发展来说，国家是归国华侨群体的依靠。

其次，从归国华侨群体现实的发展来看，对于红河流域归国华侨及其侨眷来说，他们在当地的住房问题、医疗问题、体制问题、经济结构调整问题等，都受到了国家的广泛关注，并采取一切积极措施给予解决。对于再移民海外的华侨群体来说，国家积极地为他们在国内投资提供安全保障、提供各种优惠政策和优越条件，使他们在内地的事业做得更大更强。同时，祖国强大，华人华侨在海外的权利能更好地得到保障。只有国家强大了，中华民族才能在世界上扬眉吐气。因此，从归国华侨现实的发展状况来看，国家也是归国华侨群体的后盾。

再次，从归国华侨群体未来的发展来看，如今的红河流域归国华侨群体面临着观念更新、教育发展、经济发展、社会进步等一系列问题，而对于这些问题的解决，单靠归国华侨群体的努力则显得势单力薄，因而需要依靠国家在思想上的不断引导、教育经费和政策上的不断扶持、经济生活中的有效管理和激励，以及为归国华侨群体所在地和谐社会建构创造条件和制造氛围。俗话说得好："有大家才有小家，有国家才会有个人。"对于生活于中国这样一个以整体主义为核心的国家中的归国华侨群体来说，只有借助国家的伟大力量，自己才会有进一步发展的动力和源泉，进而在未来发展的道路上才会走得更为顺畅。

总之，在红河流域归国华侨过去、现在及未来的发展道路上，国家发挥的作用都不容忽视。当然，国家在归国华侨群体发展中的重要作用的发挥源于我们国家是人民民主专政的国家、我们的党是全心全意为人民服务的党、我们的人民是最为可爱最为淳朴的人民。作为生活于社会主义国家的归国华侨群体，只要在党的领导下发挥自己的主观能动性，就一定能得到全方位的发展。当然，反过来说，随着归国华侨群体在国家发展建设中的作用越来越大，国家对于归国华侨群体的发展的帮助将会越来越多。同时，随着云南不断融入国家发展战略，国家已经为归国华侨群体进一步发展打开了大门，归国华侨群体应该借助自身与海外华侨华人具有的特殊关系，在国家政策的帮扶下，更好地发展自己，进而为国家的进一步腾飞做出自己独有的贡献。

当然，对于归国华侨群体来说，过去、现在和未来都受到或将受到来自伟大祖国带给他们的恩惠。那么，反过来说，作为人民的一分子，他们又将为祖国报以怎样的赤子之心呢？历史和现实已经证明：没有强大国家的支撑和保护，民众的利益是很难得以实现和保障；没有民众的拥护和不懈努力，国家也将难以长久存续。国家与民众之间的这份鱼水情，使得我们不得不进一步考虑归国华侨群体，特别是红河流域归国华侨群体对于今天中华民族伟大复兴所应和能够发挥的作用。从历史和现实视角去看，归国华侨对于国家的贡献不可小视。比如，在近现代中国政治变革中，归国华侨在推翻清王朝、效力抗日疆场、参加解放战争、回国参政议政等方面做出了很大贡献。在近现代中国经济文化建设中，归国华侨们积极支持洋务新政、投资国内企业、发展社会公益事业、推动科教进步、传播西方文化。在当代中国社会发展中，归国华侨献身科教文卫体事业、拓展涉外空间、投身经济事业、致力国防建设、参与国家政治。正如黄小坚所说："纵观近现代中国的历次重大政治改革，几乎都有华侨回国介入其中。与国内的其他群体相比，他们不仅具有较为强烈的爱国热诚，而且接触到外国较为先进的政治制度，因此成为中国政治变革的倡导者和积极推动力量。"① "我们应该看到，就在中国大陆，同样也有着几千万的归国华侨、侨眷正默默无闻地在社会各界辛勤工作着，其中仅归国华侨就达百万之众……尽管他们回国定居的背景和动机有所差别，他们为祖国做出的种种贡献同样是不可替代、难以估量的。"② 基于此，本部分笔者主要分析归国华侨，特别是红河流域归国华侨在云南国家发展战略中所发挥的作用。

云南地处中国西南边陲，位于北纬 21°8′32″～29°15′8″、东经 97°31′39″～106°11′47″之间，北回归线横贯云南省南部。云南省西部和西南部与缅甸接壤，南部与越南、老挝毗邻，国境线长 4061 千米，是我国毗邻周边国家最多、边境线最长的省区之一。云南有 8 个边境州市，25 个边境县，16 个跨境民族，与东南亚、南亚国家地缘相邻。沿边开放条件极其优越，已开通多个国家级及省级口岸和近百条边境通道，与周边国家乃至东南亚、南亚其他国家和地区交往便捷，是我国不绕经马六甲海峡通往南亚、中亚、印度洋进入欧洲、非洲最为便捷的陆上通道，也是中国古代文化交流中南方信道的辐射区域。云南的 26 个民族共同构建了彼此包含、互相理解、相互尊重的和谐氛围。26 个民族中有 16 个跨境民族，这些文化同源优势促进了以儒家文化为主的中华文化与东南亚、南亚等区域各民族文化之间的交流、包容与合作，也促成了各种文化的和谐共存、共同繁荣的局面。云南融入"一带一路"建设，一方面，可以促进中国—东盟自由贸易

① 黄小坚：《归国华侨的历史和现状》，香港：香港社会科学出版社有限公司 2005 年版，第 86 页。

② 黄小坚：《归国华侨的历史和现状》，香港：香港社会科学出版社有限公司 2005 年版，前言第 8 页。

区建设，拓宽我国特别是西部地区发展的外部空间，把沿边开放提高到一个新的层次和水平。另一方面，可以打通我国与东南亚、南亚国家的文化交流通道，促进我国文化，尤其是云南文化与外界的交流与合作，加强中国与东南亚、南亚等地区各国人民的相互了解、相互包容、相互信任。通过“一带一路”建设，最终能够充分展现我国人民热情好客、团结和睦的生活氛围，展示我国维护世界和平，促进区域共同发展的良好形象，对贯彻落实中央“与邻为善，以邻为伴”的外交方针和“睦邻、安邻、富邻”的外交政策，维护边疆稳定和国家安全，增进世界和谐，起到十分重要的作用。“一带一路”建设对云南具有划时代的意义，云南已站在新的历史起点上。

在“一带一路”建设的重大机遇下，云南经济、文化、社会等各方面都取得了长足进步。那么，红河流域归国华侨作为云南的一个特殊群体，能在云南经济社会发展中发挥怎样的作用呢？笔者认为，总的来说，红河流域归国华侨群体可以作为云南连接东南亚各国和港澳台地区的主要媒介，发挥其连接内外的纽带和桥梁作用。

具体而言，经济上：归国华侨群体可以充分利用自己和东南亚各国天然的纽带作用，以及对于东南亚国家风土人情比较熟悉的优势，为云南地方建设的招商引资提供人文、资金、信息等方面的服务。据统计，1980 年至 2003 年底，中国大陆累计批准设立外商投资企业近 47 万个，合同外资 9431 亿美元，实际使用外资金额近 5015 亿美元，其中有 60% ~70% 属港澳台侨的资本；华侨华人对国内文教公益事业的捐助较多，已逾 400 亿元人民币。[①] 对于红河流域的印度尼西亚和越南归国华侨来说，大部分再次流动都去了香港和美国两地，因此，云南地方政府可以充分地利用他们与海外华侨华人的这种血缘、地缘优势，大打“情感牌”“侨乡牌”，进一步提高云南地方招商引资的力度和广度，促进云南小康社会的建设。

文化上：“一带一路”建设不仅仅是经济上的合作与共荣，更是各个地区和国家文化上的交融。归国华侨由于与海外华侨华人有着密切关系，他们彼此在文化上有诸多方面的相互渗透、相互影响，因而可以成为中国与东南亚国家文化交流的使者。归国华侨可以利用自身优势把外面先进的文化、思想带到内地，也可

① 黄小坚：《归国华侨的历史和现状》，香港：香港社会科学出版社有限公司 2005 年版，前言第 8 页。

以把中国的优秀文化传播于东南亚国家，从而促进中国与东盟国家之间文化上的交流与合作。当今文化软实力日益得到各国各地区的重视，文化在各国交往中的作用也日益彰显。在文化理解、文化尊重、文化认同的基础上，国家间才能更好地处理相互之间的关系。

政治上：今天，随着中国国际地位的不断上升，再加上东南亚各国华侨华人经济实力的高涨，相应地，东南亚华侨华人所在的侨居国“排华”之声也此消彼长。虽然中国作为一个爱好和平、负责任的大国的声誉早已远扬，但是也难免一些国家对于中国崛起产生顾虑。要消除“中国威胁论”，一方面要从党和国家层面去努力，另一方面也可以依靠广大的归国华侨的作用，让广大的归国华侨及其亲戚、朋友作为连接中国和东南亚国家的政治纽带，充当中国与东南亚国家和平的使者。中国有依靠归国华侨开展海内外华侨工作、外交工作的经验，且取得了极大成功。也许归国华侨在这一方面的作用，比起官方的外交来说，会更具有亲和力。归国华侨可以把中国的华侨华人政策、党和国家的战略方针、民族政策等通过民间的方式传播出去，让东南亚国家及当地的广大华侨华人了解中国、尊重中国，进而为今天中华民族的伟大复兴事业添砖加瓦。

社会上：虽然近年来中国经济社会取得了辉煌成就，但中国作为一个发展中国家，内部还是存在很多社会问题。要解决这些社会问题，可以考虑调动海内外广大的华侨华人的力量。在祖国和家乡兴办教育、文化、卫生等公益事业，是近现代华侨爱国爱乡光荣传统的突出表现。云南作为中国边疆省份之一，省内民族众多，经济落后，社会发展滞后。在国家大力扶贫攻坚的同时，云南也可以充分利用广大归国华侨的桥梁作用，通过归国华侨们的牵线搭桥，号召广大的海外华侨华人为云南地方教育、文化、卫生等公益事业贡献自己的一分光、一分热。当然，除了一些公益事业之外，还可以调动海外广大华侨华人投资民族医药、影剧院、文化传习信息中心、旅游开发等事业，这些事业虽然主要是以服务桑梓为主旨，但也可以为海外华人赚取利益，达到祖国和海外华侨华人双赢的目的。

总之，对于归国华侨群体来说，来自祖国的那份力量、爱与关怀是他们前进的动力、生活的希望；而对于祖国而言，归国华侨们的赤子情是其强大复兴的一份力量。祖国和归国华侨侨眷们之间的这种关系，受到了祖国和归国华侨侨眷们的高度重视和认可。特别是国家对于归国华侨侨眷们地位和作用的充分肯定，必将是推动归国华侨侨眷们不懈努力的最大动力。正如《中华全国归国华侨联合会章程》中所指出的那样：“归国华侨、侨眷和海外侨胞为中华民族的进步和昌盛做出了巨大贡献，是建设中国特色社会主义、实现中华民族伟大复兴的一支重要力量。”①

第二节　民族和谐与区域发展

对于生活于红河流域的各民族来说，他们在对国家的政治认同、当地经济发展方面的认识都是高度一致的，他们之间的差异主要在于文化认同上。然而，“文化多样、人性普同”，在归国华侨回国生活的几十年中，他们很好地诠释和实践了这一理念。费孝通教授在其80岁生日那天，展望人类学的前途时曾说过这样一句话：“各美其美、美人之美、美美与共、天下大同。”这句话恰是当地民族和谐的写照，很好地诠释了红河流域各民族之间和谐的原因和结果。“各美其美”就是指不同文化中的不同人群对自己传统的欣赏。这是处于分散、孤立状态中的人群所必然具有的文化心理状态。“美人之美”就是要求合作共存时必须具备的对不同文化的相互态度。“美美与共”就是在“天下大同”的世界里，不同人群在人文价值上取得共识以促使不同的人文类型和平共处和发展。总而言之，这一文化价值的动态观念就是力图创造出一个跨文化界限的研讨，让不同文化在对话、沟通中取长补短，达到“和而不同”的世界文化一体。② 这种对于文化的认识，我们同样可以运用在对红河流域归国华侨和当地各民族关系的认识上。归国华侨群体和当地民族之间的和谐关系，不仅很好地诠释了“和而不同”的文化理念，更促进了当地区域社会的和谐发展。

在印度尼西亚和越南归国华侨群体发展的每一个阶段，都有来自当地少数民族如彝族、傣族、哈尼族等的无私帮助；而当地各少数民族也在与归国华侨群体的交往中，打开了自己的眼界，提高了自己的见识。正是各民族之间的互帮互助，才产生了红河流域和谐的民族关系，进而共同促进了红河流域的发展。本部分笔者主要是通过红河流域两个归国华侨社区的发展现状说明民族和谐与区域社会发展的关系，其中甘庄华侨农场以完全归入地方的2007年为例，红河华侨农场以归入地方的2012年为例。

---

① 中华全国归国华侨联合会：《中华全国归国华侨联合会章程》，2004年第1页。

② 费孝通：《费孝通论文化与文化自觉》，北京：群言出版社2007年版，第282页。

一、甘庄华侨农场

2007年，甘庄华侨农场土地总面积108平方千米，耕地面积4.1万亩，其中甘蔗面积2.5万亩（含计税面积7963.54亩），芒果面积1.5万亩，人均耕地面积1.12亩（计税面积）。总人口7069人2581户，其中归难侨及侨眷人口2205人；退休人员1527人，职工人数1人，改制场员1532人；场部机关管理人员26人（含后勤人员）；农场下设3个分场、29个生产队，分场管理人员、队长共有39人；农场还设有清洁队、绿化队、敬老院、联防队、自来水管理所，工作人员共计55人。

（一）基础设施建设情况

（1）农场安居工程情况。甘庄华侨农场是国家安置归国华侨侨眷的生产、生活基地。1960年初至70年代末先后安置归难侨4138人。60年代以来为归难侨建盖土木结构住宅、砖木结构住宅和砖混结构住宅总建筑面积99312平方米，归难侨全部得到安置。随着社会的不断进步，居住条件不断提高，1999年至2003年，农场在场部中心区又实施安居工程，共建起16幢5层商住楼，共260套住房。目前已有230多户场员住进新居，其中归国华侨侨眷92户，占40%。

（2）农场人畜饮水工程建设情况。生活用水困难一直是困扰干坝分场四、五、八队和红新分场六、九队的一大问题，农场积极争取项目，在上级相关部门的支持下共出资100多万元修建饮水工程。目前干坝分场四、五、八队和红新六、九队水源充足，生产生活稳定，人民安居乐业。截至2007年底，农场基本实现了队队通自来水，解决了人畜饮水困难的问题。

（3）供电设施建设情况。20世纪自70年代以来，由于体制等种种原因，农场电网一直未纳入元江县电力公司管理，这种情形一直持续到2007年9月。2007年10月起，实施全场农网改造工程，春节前竣工并投入使用，实现了与乡镇农村同网同价；干坝分场220千伏输变电站工程建设，征地工作已基本完成。此项工程的实施，不仅可以大大缓解电力供求矛盾，更重要的是能有力地推动甘庄经济社会又好又快地发展。

（4）公路建设情况。农场各生产队居住较为分散，线路长，从场部到各生产队都通了泥沙公路。2007年，农场运用2006年税费转移支付专项资金，投资200多万元，铺设了红新四队至干坝分场小学、甘庄场部至龙树、甘庄小学至甘庄三队的混凝土路面，路面宽度为6米，总长为5.6公里，2008年2月底全部投入使用。到目前为止，农场从场部到各生产队通水泥和沥青路面（老213线）的生产队有6个，还有23个生产队待通，建设里程为36公里。

（5）农业基础设施建设情况。县委、县政府为了解决甘庄、红新、干坝片区农业基础薄弱，沟路不配套，渠道老化、渗漏严重、排洪不畅，综合效益差的问题，2005—2006年投资540万元，农场拼盘资金174万元，实施农业综合开发，在甘庄片区支砌排洪渠道6条，全长13475米，干坝片区8条，全长15585米，并配套新建交、叉、衔接等干渠。除此之外，在甘庄片区修建机耕地路面3条，全长1600米，干坝片区3条，全长5500米，路面宽度为6~8米。2007年，县国土局在农场干坝分场实施土地平整治理工程，项目总投资535万元，总规模4383亩。通过土地平整，使干坝分场农业设施、生活环境得到有效改善。新增加耕地面积460亩。进一步完善排洪排涝、灌溉农渠体系，改善水利设施和道路设施及居住生态环境。

（二）产业结构调整情况

花卉、冬早蔬菜、西瓜等经济作物种植和动物养殖，逐渐成为场员继甘蔗、芒果之后的主要收入来源的产业。目前，引进花卉种植户20多家，从业人员280多人，年产值达300多万元。芒果种植户1400多家，从业人员1800多人，年产量达4000多吨，产值达380多万元。调整冬早蔬菜和西瓜种植面积700多亩，年产值达105万元。农场引进毛驴养殖，在干坝分场已形成养殖规模。

（三）社会保障情况

（1）基本养老保险情况。1999年10月—2003年12月，农场倾全场之力为参保场员垫付了750多万元的基本养老保险金。

（2）医疗保险情况。农场目前有由农场出资参加城镇医疗保险的离休人员2名，军转干部退休人员3名，另外有105名挂靠金珂公司由个人自费缴纳参加城镇医疗保险，其余6959名中有6522人参加新农合险，有437人未参保，参保率达94%。

(3) 城镇低保情况。目前农场共有119户180人享受元江县城镇低保，2007年共发放低保金16.37万元。

(四) 维护归国华侨侨眷合法权益情况

近年来，农场认真组织管理人员和广大场员学习《中华人民共和国归国华侨侨眷权益保护法》《中华人民共和国归国华侨侨眷权益保护法实施方法》，使归国华侨、侨眷的合法权益得到保护，归难侨中的大部分困难户基本纳入城镇最低生活保障。

(五) 加强精神文明建设、促进社会和谐

(1) 开展"聚侨心、促和谐"活动。围绕"聚侨心、促和谐活动年"工作任务，农场侨联和精神文明办联合开展了"五好文明家庭"和"文明村"评选活动，共评出20户五好文明家庭、6个文明生产队。通过一年的活动，使归国华侨、侨眷家庭和睦，生产队和谐发展，广大归国华侨、侨眷及场员树立和发扬了社会主义新风尚，加强了社会主义民主和法制教育。

(2) 帮助弱势群体解决困难。2007年1—12月，农场为帮助归国华侨、侨眷解决生产生活中遇到的困难，共发放困难补助款66187元，确保了困难户正常的生产、生活。2007年，为配合县残联帮助残疾人改造危房、提高居住条件，县残联给予农场2户残疾人危房改造款各5000元，农场也拿出6000元，每户补助3000元，帮助他们解决住房问题。目前，主体工程基本完工，预计2月底乔迁新居。

(3) 出台政策帮助困难大学生。对于考上本科院校的学生，农场给予800元的奖励，2007年有1名学生领到了奖金。

(4) 帮助学校充实硬件设施。2007年，农场共资助甘庄中学课桌100套，价值22000元，有力地改善了办学条件。

通过开展以上活动，农场创造了良好的社会环境，促进了社会和谐和稳定，农场社会治安良好。①

二、红侨社区

红侨社区现有总人口1157人，共507户，其中红侨居民小组有743

① 《甘庄华侨农场汇报材料》(内部资料)，2008年2月27日。

人，老虎箐居民小组有414人。归国华侨侨眷有372人，占总人口数的32.2%。2012年度社区实现经济总收入2158万元，比去年增加200万元，农民人均纯收入4238元，比去年增长10%。2012年，社区得到了较大发展。

（一）加强社区基础设施建设，为民办实事

（1）利用好“创建生态科技示范社区”项目，投入20万元资金发展基础设施建设，修建2条长分别为250米和80米的农耕路；修建了3条分别为250米、300米和350米的三面光沟渠，使社区基础设施得到进一步完善。

（2）老虎箐小组原五队鲁保沟以上的芒果地一直以来都没有主要的灌溉沟渠，造成人工及水资源的极大浪费，经社区积极争取华侨事业费，投入10万元资金修建了一条长380米的三面光沟渠，切实解决了居民放水难的问题。

（二）关注民生、民政，低保工作落到实处

（1）城镇低保做到应保尽保。社区居委会通过各种渠道来宣传国家的城市居民低保政策，及时掌握低保对象的信息，坚持对每户救助对象做到入户调查，资料审核，开展民主评议并及时向外公示，接受居民的监督，做到公平、公正、公开。截至2012年10月低保年审，红侨社区共有享受低保生活保障对象54户，保障人口69人，积极帮助困难家庭申请临时救助，及时解决他们的实际困难。

（2）开展“献爱心”活动，关心弱势群体。在上级各部门的支持、关心下，在春节期间上门慰问社区困难归国华侨侨眷31户、困难群众3户，共送去慰问金17000元。平时对生活困难和年老及体弱多病的党员进行了慰问，切实送去党组织的关怀。

（三）维护社会稳定，抓好综合治理工作

（1）加强流动人口规范化管理。社区定期或不定期地对辖区常住人口、外来暂住人员、重点人员进行调查、登记。

（2）深入开展禁毒、反邪教与交通安全警示教育，强化居民防范意识和交通安全意识。结合禁毒、交通安全工作安排，积极开展无毒社区的创建工作，在社区内以禁毒、反邪教与交通安全为主题，通过发放宣传单、张贴宣传材料、播放警示教育电影和入户宣传等多种形式进行禁毒、反邪教与交通安全宣传来强化居民防范意识和交通安全意识。

（3）加强队伍建设，加大矛盾纠纷排查处理力度。抓好社区调解规范化建设，对社区调解组织进行充实、完善、规范和整顿。加强对监外执行人员的帮教，消除各类不稳定因素，化解各类矛盾，全力维护社会稳定。认真做好外来暂住人口管理工作，做好有关制度的宣传，使他们懂法、守法，做到制度措施落实、管理教育两结合。积极排查和化解人民内部矛盾，按照“预防为主，教育疏导，依法处理，防止各类矛盾激化”的原则，把各类矛盾化解在萌芽状态，维护社会稳定。2012 年，共接待群众来信来访 20 余次、80 多人，帮助群众解决问题 20 多起，化解了各类矛盾纠纷；共受理民间纠纷 11 起，调解成功 10 起，调成率为 91%。

（四）开展优质服务，抓好计生服务工作

（1）加强基础管理，做好经常性工作。红侨社区有育龄妇女 301 人，放环 60 人、皮埋 23 人、药具 98 人。2012 年度共出生 29 人，男 14 人，女 15 人；全年死亡 6 人。符合生育政策 29 人，其中，一孩出生 16 人，二孩出生 13 人，无违法生育。社区首先加大了对计划生育知识的宣传力度，使育龄妇女了解计生政策、生殖健康知识，自觉遵守有关规定。对人户分离人员和外来人员进行摸底，建立台账，及时向计生办反馈辖区的计划生育信息，及时了解流入育妇的生育情况。

（2）做好计划生育宣传工作。一年来共开展计划生育政策宣传 2 次，张贴宣传标语 350 条。签订诚信计划生育协议书 505 份。组织 2 次妇女免费检测，保证她们的身心健康，一年中没有发生超怀超生。

（五）抓好辖区的卫生整治工作

为进一步改善村容村貌，创建干净整洁、文明有序的街道村容环境，社区的卫生整治工作以“红侨社区开展村容村貌整治工作”为契机，制定“澧江街道红侨社区关于村容村貌整治工作实施方案”，并按照方案要求对社区街道环境卫生进行彻底整治，确保辖区范围内的环境卫生。

（六）统筹兼顾，出色完成其他社会性工作

（1）3 月 8 日是一年一度的妇女节，这天社区组织全体妇女在灯光球场举行丰富多彩的游园活动，广大妇女都踊跃参加，并一起共进晚餐，增进了妇女之间的友谊，让社区妇女度过了一个愉快祥和的节日。

（2）在“五一国际劳动节”即将到来之际，红河社区于2012年4月27日举行了第二届社区体育运动会。本次运动会在街道党工委、办事处的关心和指导下得以顺利举行。本次运动会的举办，获得了一致的好评，大家都觉得这次运动会加强了群众与群众、干部与群众、干部与干部间的联系，有力地推动了社区全民健身活动的深入开展，为提高社区全民身心素质和生活、工作质量，加快现代化文明社区建设做出了巨大贡献，有效地促进了社区和谐发展。

（3）加大科技培训力度，提高居民的科技文化知识。2012年全年共组织了4次科技培训会，参加培训人员达372人。邀请了县农业技术人员为种植户们讲课，使大家掌握了一定的科学技术，更好地发展农业生产。

（七）明年工作思路

努力打造红侨社区为集生态宜居园、侨乡文化园、农业观光园、和谐示范园为一体的旅游小集镇。①

2004年9月19日，中国共产党第十六届中央委员会第四次全体会议正式提出“构建社会主义和谐社会”，强调形成全体人民各尽其能、各得其所而又和谐相处的社会是巩固党执政的社会基础、实现党执政的历史任务的必然要求，要适应我国社会的深刻变化，把和谐社会建设摆在重要位置。2006年10月，中国共产党第十六届中央委员会第六次全体会议审议通过的《中共中央关于构建社会主义和谐社会若干重大问题的决定》，全面、深刻地阐明了社会主义和谐社会的性质和定位，指明了构建社会主义和谐社会的指导思想、目标任务、工作原则和重大部署。2007年10月，党的十七大再次强调了构建社会主义和谐社会的重要性，并对以改善民生为重点的社会建设作了全面部署。那么，什么是社会主义和谐社会的科学内涵呢？胡锦涛指出，我们所要建设的社会主义和谐社会，应该是民主

① 《2012年度澧江街道红侨社区工作总结》（内部资料），2012年11月27日。

法治、公平正义、诚信友爱、充满活力、安定有序、人与自然和谐相处[①]的社会，其描绘了一幅人与自身、人与他人、人与社会、人与自然的和谐画卷。构建社会主义和谐社会，实际上是在中国人民的利益基本一致的前提下，在经济成分多样化、利益关系多样化的历史背景下，更好地协调好多元的利益关系，最充分地调动一切积极因素，全力探索一种与之相适应的新的社会运转机制、社会服务机制，最终使社会达到各阶层和睦、融洽且协调发展、全面进步的和谐状态。孔子在《论语》里说道："丘也闻有国有家者，不患贫而患不均，不患寡而患不安。盖均无贫，和无寡，安无倾。夫如是，故远人不服，则修文德以来之。既来之，则安之。"这就说明国家有凝聚力，社会才能安定和谐，国家也就可以长治久安。同时，社会主义和谐社会，是科学社会主义社会的本质属性，树立和落实科学发展观，正确处理改革和发展稳定的社会，是尊重人民群众的创造精神，注重社会公平正义的社会，是坚持以人为本妥善协调各方利益关系，使各方相互协调、相互促进的社会。它最终从"人"本身着手处理人际关系、人和自然环境的关系，其目的是实现一个"人自身→他人→社会→自然"整体上和谐共存的状态。

通过以上红河流域归国华侨社区的实证和有关和谐社会建构的理论，我们可以看到，今天红河流域归国华侨群体所在的区域不仅成为人与自然和谐的生态典范，更是彰显了人与人和谐的人文圣境，而这一切的取得都是和几十年来红河流域归国华侨群体和各族同胞的共同努力分不开的。红河流域归国华侨与当地少数民族之间和谐共处的事实在历史的长河中得到了印证，并已结出硕果，这充分体现了"平等、团结、互助、和谐是我国社会主义民族关系的本质特征，汉族离不开少数民族，少数民族离不开汉族，各少数民族之间也互相离不开。各族人民要互相尊重、互相学习、互相合作、互相帮助，不断巩固和发展全国各族人民的大

---

① 民主法治，就是社会主义民主得到充分发扬，依法治国基本方略得到切实落实，各方面积极因素得到广泛调动。公平正义，就是社会各方面的利益关系得到妥善协调，人民内部矛盾和其他社会矛盾得到正确处理，社会公平和正义得到切实维护和实现。诚信友爱，就是全社会互帮互助、诚实守信，全体人民平等友爱、融洽相处。充满活力，就是能够使一切有利于社会进步的创造愿望得到尊重，创造活动得到支持，创造才能得到发挥，创造成果得到肯定。安定有序，就是社会组织机制健全，社会管理完善，社会秩序良好，人民群众安居乐业，社会保持安定团结。人与自然和谐相处，就是生产发展，生活富裕，生态良好。

团结，构建社会主义和谐社会”① 的民族关系实质和意蕴。

第三节　“家在何处”

记得经济学家汪丁丁在一本书的译后记上写到对于家的感受，其大概意思是这样的：“我们每个人都有家，但是一提到‘家’这个名字，我的眼泪就哗哗地往下流。与其说我们有家，还不如说我们没有家。”他的这段话很好地说出了今天被市场经济冲昏了头脑的一部分中国人看似有家，其实无家的现状。对于笔者所研究的红河流域归国华侨群体来说，他们的“家”又在何处？当然，在回答这一问题之前，我们还是应该对“家”进行一番论述。“家”这个概念不同的人会有不同的理解和感受，但笔者认为，在理解这一概念的时候，首先“家”绝对不仅仅指的是一座房子这种物质性的东西，而且更为重要的所指应该是人们在“家”中的感受及“家”带给我们的温暖、爱和希望等精神层面的东西。其次，“家”不仅仅是指自己的小家庭，而且更应该是我们共同拥有的大家——国家。再次，“家”是由人组成的，因此家庭成员对于家的感受则显得更为重要。最后，不同的人对于“家”的理解和感受虽有不同，但是人们应该对于“家”具有共同性的认识，也就是具有“家”的一般理解。结合以上对于“家”的不同的认识和理解，笔者想进一步追问红河流域归国华侨群体“家在何处”。

从红河流域归国华侨群体的历史发展来看，他们至少存在以下几个“家”：一个是他们移民之前的家乡。对于红河流域归国华侨来说，他们的家乡有的是广东、福建；有的是云南、广西；有的则是江苏、内蒙古。一个是他们移民所在国，也就是他们在海外的侨居国，是他乡。对于红河流域归国华侨来说，他们的侨居国主要是印度尼西亚和越南。一个是他们回国生活的地方，也就是他们回国之时的安置地。对于红河流域归国华侨群体来说，他们虽然是回到了祖国，但是却落户在家乡之外的华侨农场，华侨农场仍是他们一部分人生活的地方。一个是他们永远不变的依靠——祖国这个故乡。几代人的海外生活也无法改变他们的乡音和对祖国母亲的挚爱，对于中华民族文化的这种认同和感受，使得他们对于祖国的情感变得十分坚定。一个是一些再移民的归国华侨群体现在的居住地——美

① 吴仕民：《中国民族理论新编》，北京：中央民族大学出版社 2008 年版，第 221 页。

国或者香港。就如同前文所说的一样，对于大多数印度尼西亚归国华侨来说，他们再移民的主要移居地为香港；而对于大多数越南归国华侨群体来说，他们再移民则主要是选择美国。除此之外，随着国家侨务政策的不断完善，红河流域归国华侨群体在国内还得到了二次安置，通过这次安置，有的归国华侨及其侨眷回到了家乡、迁去了大城市，这或许又是一部分归国华侨的另一个“家”。对于如此众多的“家”，红河流域归国华侨群体的“家”又在何处？对于他们来说选择一个“家”是很困难的，对于我们来说去认识他们的“家”也许更为艰难。但不管如何，我们至少可以确定红河流域归国华侨现实中的“家”是具体的，而不是抽象的。但他们心目中的那个“家”又是如何呢？一连串的问题，促使笔者不断地去思索他们真正的“家”在何处。

这个问题，使我们不得不去思考另外一个研究群体的重要方面，那就是群体认同。在第一章中，笔者简单地罗列了当前学术界对于族群认同的相关理论，并指出，就多数派的观点来看，它是一种人们在交往互动和参照对比过程中自认为和被认为具有共同的起源或世系，从而具有某些共同文化特征的人群范畴。族群和民族、种族、部落及阶级有着明显的区别，其中的文化特征在族群中表现得最为明显，这种对于族群的认识得到我们国家大多数学者的认同。除此之外，对于族群还有互动/“族界”理论——认为族群的最重要区分特征是自我认定的归属和被别人认定的归属；原生论——认为族群认同是亲属认同的一种延伸或隐喻，是人性中某种非理性的原生情感的外化，或某种根植于自私基因中的生物学理性的表现；工具论——认为族群意识的兴衰是由具体的政治、经济场景变换来决定的，工具论不时也被称作“场景论”；辩证阐释理论——认为族籍是人与人之间的一种原生关系，但这种原生关系是指那些根据既定或被认为是既定的事实来确定的关系，这个既定事实主要是指文化修饰了的事实，人们在出生时便已被确定了的事实；民族—国家及其意识形态构建说——这一派别大多数学者都认为族群是现代民族—国家机器意识形态在诉求其设想的同质性过程中制造出来的他者。

针对以上族群认同的相关理论，笔者认为红河流域归国华侨群体的认同是建立在与他者的关系中，建立在他们共同的起源及一些文化共性基础上的。但是对于这个群体来说，其群体组成人员的复杂性也决定了其内部不同的认同现状，比如在文化认同、地缘认同、业缘认同等方面，印度尼西亚归国华侨和越南归国华侨则表现出不同的实践来。因此，他们的这种不同的认同现状，会导致他们对于“家”的不同认识和感受。著名的华侨华人研究专家王赓武指出，研究和谈论华人认同需要考虑多种层面。1950 年前没有认同概念，只有华人属性的概念。他认为有两种看待华人属性的方式，可以称之为华人的认同意识：一种是“中国民族主义认同”，另一种是“历史认同”。20 世纪 50 年代后，随着东南亚国家的独立，华人自身认同的意识伴随事态的变化而改变。王赓武提出了几种华人认同的概念，包括“当地新的国家认同”“村社认同”“种族认同”“文化认同”“身份认同”和“阶级认同”。[①] 针对王赓武先生提出的这几种不同的认同概念，笔者认为要把红河流域归国华侨群体的群体认同和“家”有机结合起来进行探析，这样我们一定会看到作为红河流域归国华侨的“群体”，其对国家的认同始终没有改变，这得益于中华民族历来的民族情和爱国情。但在国家认同之下，红河流域印度尼西亚和越南两个归国华侨群体在村社认同、业缘认同、文化认同、身份认同等各方面都展示出了不一致性和流动性。作为“多元社区”的农场本身就是一个在国家政策指引下建构的“混合产物”，农场具备了统一社区的“硬件”，但是却缺少对于内部不同人群统一认同的“软件”。从上文的分析中，我们能清晰地看出农场不仅在经济体制上，而且在文化建设上也还处于一个混沌、模糊的状态。因此，在这种情况下，我们真的无法使用“落叶归根”“落地生根”等词语来明确描述这个特殊群体的认同意识。可以这样说，他们的认同并不稳定，正处于一种动态发展中，具有高度的复杂性和可塑性，他们的文化是一种正在发生变动的、混合着的文化。红河流域归国华侨们正处于建构自身认同的过程中，这个过程中出现的各种关系充分展现了他们对于“家”的不同认识，这也就直接导致我们对于他们的“家”的认定的困难。正如一位研究归国华侨的学者所说的：“归国华侨作为一个特殊的‘再移民’群体，他们的迁移跨越了国界，具有了跨越社会—文化边界的意义，国家认同、文化认同、族群认同、地域认同交织在一起，因而显得更为复杂。他们的迁移选择受制于其对生活的直觉判断，而他们也正是在这种‘迁移—再迁移’的变迁中不断寻找自己的归属。他们习惯于侨居地的生活，但又有抹不去的中国人意识，期盼着回归祖国；但当他们回来后不能适应国内的生活时，则又勾起他们对旧日前居地生活的回忆，而且，往昔的时光尤其是童年的记忆，更因时间上和地理上的距离而趋于美化。在外迁、回迁以及部分人的再迁移过程中，他们的‘家园’常常处于一种漂泊变迁的状态，

① 转引自（日）奈仓京子《“故乡”与“他乡”——广东归国华侨的多元社区、文化适应》，北京：社会科学文献出版社 2010 年版，第 229 页。

他们的地域认同、归属感也往往显得游离不定。他们在比较中追寻新家园，在创建新家园中追求精神的归属。"[①] 因此，可以说，"在全球化的时代，'家'是一个轮回的过程。它始于'完整的家'，经过'分裂的家'，最后达致'象征的家'，更确切地说，'在象征意义上完整的家'，从而在旅行的起点找到了终点。移民通过对传统意义上完整的'家'的象征性再现，满足了他们内心深处对于'家'的最根本的需求"[②]。

但同时，就中国人来说，对于功利主义特殊的情感使得我们对于任何问题的思考都会从功利的视角入手去探析，这里笔者也功利一回，借助"家"带给人们的作用和功效去分析红河流域归国华侨"家在何处"。大体而言，"家"应该具有如下功能：团结凝聚功能、激励功能、和谐功能、扶助功能、传承功能、教育功能等。同时，相对于其他社会组织来说，"家"的功能应该更多地落实在"家"中各成员对于其的感受上，温暖、希望、安全、幸福及爱应该是"家"的味道。把这些对于"家"的功能认识运用于分析红河流域归国华侨群体"家在何处"，我们又会得出不同的结论，因为对于现在居住在不同地方的原红河流域归国华侨群体来说，或许在不同的居住地，他们才能感受到"家"的某些功能的存在。

既然如此，笔者在这里只好借用佛家语言来对于他们"家在何处"进行认定，那就是"此心安处是吾乡，此心安处就是家"。只要归国华侨暂时放下历史负载到他们身上的重担，改变他们精神上的某些陈旧观念，积极地投身于现居住地的建设实践，就一定能感受到"家"的存在，体会到"家"带给他们的温暖、幸福、希望、安全及爱。因此，可以说，家就在他们的心中，家就在他们的不断实践中，家就在他们不断发展的历史中。

总之，人们期望通过历史资料的研究，去了解人类社会经济、政治、文化，甚至是种族、民族等这样一些社会领域内重要的元素在漫长的人类历史当中相互缠绕、相互排斥、相互融合的各种姿态，试图从中得出对当代社会一些令人困惑

---

① 李明欢：《福建侨乡调查：侨乡认同、侨乡网络与侨乡文化》，厦门：厦门大学出版社 2005 年版，第 208～209 页。

② 王苍柏：《活在别处：香港印度尼西亚华人口述历史》，香港：香港大学亚洲研究中心 2006 年版，第 260 页。

的现象的确定性认识，以恢复它们与过去，尤其是与它们各自群体过去的联系。[①] 因此，历史造就了红河流域归国华侨群体一段不屈不挠的发展史，现实又赋予了归国华侨群体一幅不断进取创新的美妙图景。我们深信在中华民族的伟大复兴及“中国梦”的指引下，红河流域归国华侨群体将会大有作为，为中华民族的伟大复兴及世界的和平进步做出突出的贡献。

第四节 历史、社会与心性

“我们所研究的社会和文化，是在空间上彼此区隔的实体。相反的，历史学家所研究的是时期或时代。真正的‘历史’人类学必须同时兼顾空间和时间，这不仅是因为历史是社会在时间中的开展，也是因为‘社会’是历史事件的制度形式。社会与历史在人类学研究对象中的合并，说明这是‘一种情状’（a state），也就是在特定时空中的一个情况。配合客观状况的是主观的真实——一个经验世界，在这个世界中，时间永远是‘现在’定义的一部分。”[②] “对于历史学与日俱增的了解，使人类学家对社会的时间和变迁投以较大的关注，这也意味着社会人类学对不同社会以不同的模式制作和思考历史一事，有越来越高的敏感度。”[③] 历史学与社会人类学今日的联姻不仅在西方世界广为盛行，而且在中国社会也广受关注。著名人类学家王铭铭教授指出，在中国人类学的自我认识中，出现了一种观点，认为中国人类学有自己的特色，而特色主要有二：其一，是我们特别注重应用，这点以费孝通先生为代表；其二，是我们比较关注历史。而历史人类学有两个做法，一个叫“historical anthropology”（历史式的人类学），主要是强调作为方法的历史人类学，另一个叫“anthropology of history”（关于历史的人类学研究），主旨在于强调历史人类学的研究目的。所谓“anthropology of history”就是指对各民族不同的历史感与历史观进行跨文化的比较研究，以此冲淡在今天的

---

① （英）彼得·伯克：《历史学与社会理论》，姚鹏、周玉鹏等译，上海：上海人民出版社2001年版，第22页。

② （丹麦）克斯汀·海斯翠普：《他者的历史——社会人类学与历史制作》，贾士蘅译，北京：中国人民大学出版社2010年版，第7页。

③ （丹麦）克斯汀·海斯翠普：《他者的历史——社会人类学与历史制作》，贾士蘅译，北京：中国人民大学出版社2010年版，第1页。

世界占支配地位的那种西方式的、现代式的历史观。历史人类学家共同追求的目的，也可以被看成一种“文化的研究”，它把历史当作一种文化，而不是把历史视作一种过程来研究。① 的确，从中西方对于历史人类学的相关理论和实践中我们可以看到，历史和人类学的结合不仅是必要的，而且也是可能的。两者结合而成的历史人类学的首要使命就是对于历史不同的时代、不同的文化，有不同的感受，这就为我们理解历史提供了更多的可能，同时也为我们真实地把握历史提供了帮助。

历史人类学终究是人类学的一个分支，而对于人类学，克利福德·格尔茨说：“如果你想理解一门学科是什么，你首先应该观察的不是这门学科的理论或发现，当然更不是它的辩护士们说了些什么；你应该观察这门学科的实践者们在做些什么。在人类学或至少是社会人类学领域内，实践者们所做的是民族志。正是通过理解什么是民族志——或者更准确地说，理解什么是从事民族志——才可能迈出第一步，以理解人类学分析作为知识的一种形式到底是什么。”② “当代人类学的发展反映出一个中心问题，即关于在一个急剧变迁世界中的社会现实的表述。在人类学内部，民族志田野工作和写作已经成为当代理论探讨和革新中最活跃的竞技舞台。民族志的注意力在于描述，而就其更广阔的政治的、历史的和哲学的意蕴而言，民族志的写作则更富于敏感性，因为它将人类学置于当代各种话语（discourses）中有关表述社会现实的问题争论的漩涡中心。”③ 如今，人类学已经进入到“实验时代”（experimental moment），相应地，以文化描述和文化批评为主要功能的实验民族志（experimental ethnography）也浮出水面，并引起学界广泛关注。其中在文化描述中，描述主题变得多元化。比如，为了克服整体论，实验民族志主张文化中的个人与人观；为了避免把文化当成“异族”和殖民对象，实验民族志主张在描写中给予全球化重要地位；为了揭开民族志的“客观科学”的面具，实验民族志主张人类学者应主动把自己当成“意义的创造

① 王铭铭：《人类学讲义稿》，北京：世界图书出版公司 2011 年版，第 275 ~ 279 页。

② （美）克利福德·格尔茨：《文化的解释》，韩莉译，南京：译林出版社 1999 年版，第 6 页。

③ （美）乔治·E. 马尔库斯、米开尔·M. J. 费彻尔：《作为文化批评的人类学——一个人文学科的实验时代》，王铭铭、蓝达居译，北京：生活·读书·新知三联书店 1998 年版，第 8 页。

者”，利用人类学知识，展开对权力和霸权的批评。[①] 基于以上的理论认识，本部分笔者将借助历史、社会和人观去分析处于时空交织中的红河流域归国华侨群体的心路历程，因为人生活在一个既有实践又有心灵的生命史历程中，他的举动、他的经验、他的动机与他的心态，都不是可以随便分割的。

人类学人观思想的提出，对于我们更好地把握他者提供了便利，而且把这种观点放在特殊人群的研究中，则会显得事半功倍。所谓人观，指的是一个民族或出生于其间的任何一位历史个体所持有的生命价值观念。对立于物、人、心三元，人观可以划分为自然观、社会观和自我观，而自我观中的“我”又可划分为物质我、社会我和精神我。红河流域归国华侨的历史经历了回国前、回国初期、“文化大革命”[②]、再移民、现实状况等几个阶段，在这些时间纵向面上，都有一个时间的凝固面，那就是以“整体性”方式呈现出来的社会。而在这些由时空组成的历史社会中，归国华侨们的心性得到了很好的彰显。因为在研究过去时，我们不能（如长久以来那样）忽略不同群体在描述或解释过去时的不同方式。但是，要考虑到这些，便不能不探讨时间是如何被不同的群体以不同的方式加以再现、建构、概念化和符号化的。[③]

归国华侨回国前的侨居国历史，是一段奋斗史、辛酸史，对于一部分归国华侨来说，也是一段荣光史。在黑暗的旧中国，民不聊生，为了更好地生存，归国华侨们远赴南洋，用自己的双手不断在异国他乡的土地上耕耘，正当他们有所收成的时候，却遭遇来自侨居国的种种刁难，最后在不得已的情况下，被迫离开侨居国回到祖国母亲的怀抱。在国外的生活对于他们来说虽然艰辛，但给他们人生留下了无法忘却的美好记忆，因为一部分归国华侨在侨居国曾经成功过、辉煌过。在这一段历史的背后，我们看到了当时的国际形势、旧中国和侨居国的社会发展态势。

---

① 王铭铭：《西方人类学思潮十讲》，桂林：广西师范大学出版社 2005 年版，第 106～107 页。

② “文革”对于全体中国人民来说都是一场噩梦，而对于生活于红河流域的归国华侨来说，其感受则更为深刻。但对于他们来说，在该阶段所经历的历史早已埋在心里而不愿过多地被提及。再加上他们该阶段所经历的历史涉及面众多，因此，基于被调查者的意愿，本研究没有直接对他们这段历史进行过多的论述，只是在相关研究内容中有所涉及，在此说明一下。

③ （丹麦）克斯汀·海斯翠普：《他者的历史——社会人类学与历史制作》，贾士蘅译，北京：中国人民大学出版社 2010 年版，第 7 页。

归国华侨们回国初期的历史，则是一部希望与恐惧并存的历史。在他们走投无路的时候，是祖国博大的胸怀接纳了他们、照顾着他们，使他们在踏上祖国的土地之时心中重新拥有了希望。但在希望兴起的同时，由于大多数归国华侨对于祖国的不了解而莫名地产生一些恐惧感，他们担心自己的工作、财产、制度对他们的约束以及日常生活等，最后是祖国和农场当地的少数民族一起帮助他们克服了回国之初的“文化冲击”带来的“文化休克”，使他们很好地适应了农场的生活。这是中国社会主义的本质所然，也是中国人历来重视亲情、同胞情的反映。

“文革”时期的归国华侨如同惊弓之鸟，来自各方面的冲击使得他们心理上一直是诚惶诚恐，为他们的回国生活留下了一场噩梦。时值国际社会东西方冷战时期，新生的中国受到资本主义阵营的包围、封锁和威胁，绝大部分来自资本主义世界的归国华侨，在以“阶级斗争为纲”的时代里，由于有在资本主义国家生活的历史，每每因其“海外关系”而受到无端的怀疑、歧视、排斥甚至迫害。虽然改革开放前后，由于中国社会实行了“拨乱反正”，受到打击、迫害的归国华侨得到了平反、安置，但无论如何，这段人生经历给他们留下了难以磨灭的痛苦记忆。

再移民时期的归国华侨历史，则是一部抉择史和等待史。在面对国际社会和国家政策给归国华侨带来的再移民希望时，一部分归国华侨们选择了留下，另一部分归国华侨则选择了离开。虽然原因各异，但是对于归国华侨们来说，再移民过程中的众多选择，无疑是一种精神考验。同时，由于移民时间的间隔和限制等，使得归国华侨们对于再移民的等待又显得如此的心焦。但不管如何，再移民的希望重新唤起了归国华侨们心中对于美好生活的向往和追求，这无形中为他们提供了更多的前进动力。

现实生活中的归国华侨群体，回到了平凡而又稳定的生活状态。随着再移民政策的取消、海外形势的变化以及农场生活条件的极大改善，红河流域归国华侨及侨眷们已经静下心来，踏实地过着安定而又丰足的农场生活。今天的红河流域农场社区，政通人和、经济繁荣、文化多元、社会稳定、民主团结，归国华侨们正走在全面建成小康社会的大道上。在调查中，笔者能感受到他们心里对于今天幸福生活的那种满足感。

人类学注重历史是为了建构“活历史”的因果关系，“使之串联起来成为一个动态的巨流”。因此，人类学对历史的强调，确实对民族志的写作和田野研究有着积极的意义。它摆脱了历史学沉溺于对所谓的“历史事实”的反复考据和辨析的研究取向，而是把历史资料放在一个现实的场景之中，与现实的人们实践的“活生生”的历史相结合，在探讨地方的深层结构和过程中展开。这种思想在红河流域归国华侨的历史和现实中都得到了体现。[①] 总之，时代变了，社会也变了，归国华侨们的心思也在发生着变化。今天，他们对于农场、对于农场中的人们以及生活中农场中的自我都有了和以前不一样的感受和认识。也许，这就是人的奇妙之处，一个永远也无法解开的“斯芬克斯之谜”。

美国人类学家、解释人类学的巨擘格尔茨曾用“在那里（being there）”探讨人类学者的实地研究和人种学写作与研究对象之间的关系，人类学的工作是否理解和解释了被研究者的“地方性知识”；用“在这里（being here）”探讨了人类学田野工作完成之后，人类学者及其作品在社会上的互动过程，比如，如何建构民族志或人类学文本，这些文本是如何被阅读、教学、理解或重构的。格尔茨以为走向解释的文化研究提供的新视角而备受瞩目。借用这两个概念去总结笔者已经做过的工作，笔者认为自己“在那里”还是基本理解和把握了红河流域归国华侨群体的“地方性知识”的；“在这里”也基本完成了对红河流域归国华侨群体历史文本的建构、写作过程。但遗憾的是笔者心里还是有些惴惴不安，这种不安源于笔者觉得自己不管“在那里”还是“在这里”的工作都做得还很不够、很不好，担心有误读归国华侨群体历史和现实之嫌，心生些许自责感和恐惧感；这种不安也源于笔者对自己作品命运的担忧，读者乃至社会在多大程度上会接受和肯定作品中的描述和分析，这种对作品命运的未知带给了笔者些许的期待感和紧张感。

总之，“民族志作者有点像赫尔墨斯：一个掌握着种种用于发现隐蔽的、潜藏的、无意识的事物的种种方法，甚至可以通过偷窃来获取所需讯息的信使。他要呈现各种语言、文化和社会，无论它们是多么的模糊、陌生、无意义；然后就像魔术师、释经者和赫尔墨斯本人一样，他厘清模糊之处，让陌生变为熟稔，将意义赋予无稽。他解码讯息。他做出阐释（interpret）”[②]。的确，笔者在对红河流域归国华侨群体历史和现实的研究中也像赫尔墨斯一样，“十八般武艺”轮番使用，目的是为了全面而又真实地对这个群体的历史进行比较详尽的描述和阐

---

① 刘朝晖：《超越乡土社会——一个侨乡村落的历史文化与社会结构》，北京：民族出版社2005年版，第342页。

② （美）詹姆斯·克利福德、乔治·E. 马库斯：《写文化——民族志的诗学与政治学》，高丙中等译，北京：商务印书馆2006年版，第81页。

释。不管结果如何，笔者承诺绝没说谎，至于是否说出了真理只有依靠他者——读者们去评判。

一段历史，一个社会，一种心性。“他山之石，可以攻玉”。写他们，就是在写我自己；感同身受，心灵想通。

参考文献

[1]（丹麦）克斯汀·海斯翠普：《他者的历史——社会人类学与历史制作》，贾士蘅译，北京：中国人民大学出版社，2010 年。

[2]（德）马克斯·韦伯：《新教伦理与资本主义精神》，彭强、黄晓京译，西安：陕西师范大学出版社，2002 年。

[3]《马克思恩格斯选集》（第 2 卷），北京：人民出版社，1995 年。

[4]《马克思恩格斯选集》（第 4 卷），北京：人民出版社，1972 年。

[5]（法）皮埃尔·布迪厄，（美）华康德：《实践与反思——反思社会学导论》，李猛、李康译，北京：中央编译出版社，1998 年。

[6]（韩）姜栽植：《中国朝鲜族社会研究》，北京：民族出版社，2006 年。

[7]（美）本尼迪克特：《文化模式》，北京：社会科学文献出版社，2009 年。

[8]（美）波亚士：《人类学与现代生活》，刘莎等译，北京：华夏出版社，1999 年。

[9]（美）戴维·斯沃茨：《文化与权力——布尔迪厄的社会学》，陶东风译，上海：上海译文出版社，2006 年。

[10]（美）克利福德·格尔茨：《文化的解释》，韩莉译，南京：译林出版社，1999 年。

[11]（美）克莱德·M. 伍兹：《文化变迁》，何瑞福译，石家庄：河北人民出版，1989 年。

[12]（美）乔治·E. 马尔库斯、米开尔·M. J. 费彻尔：《作为文化批评的人类学：一个人文学科的实验时代》，王铭铭、蓝达居译，北京：生活·读书·新知三联书店，1998 年。

[13]（美）斯图尔德·霍尔：《表征：文化表象与意指实践》，徐亮、陆兴华译，北京：商务出版社，2003 年。

[14]（美）萨林斯：《甜蜜的悲哀》，王铭铭、胡宗泽译，北京：生活·读书·新知三联书店，2002 年。

[15]（美）威廉·费尔丁·奥格本：《社会变迁——关于文化和先天的本质》，王晓毅、陈育国译，杭州：浙江人民出版社，1989 年。

[16]（美）詹姆斯·克利福德、乔治·E. 马库斯：《写文化——民族志的诗学与政治学》，高丙中等译，北京：商务印书馆，2006 年。

[17]（日）李国卿：《华侨资本的形成和发展》，郭梁、金永勋译，福州：福建人民出版社，1985 年。

[18]（日）奈仓京子：《“故乡”与“他乡”——广东归国华侨的多元社区、文化适应》，北京：社会科学文献出版社，2010 年。

[19]（意）拉菲尔－欧利阿尼、李卡多－斯达亚诺：《不死的中国人》，邓京红译，北京：社会科学文献出版社，2011 年。

[20]（英）阿兰·巴纳德：《人类学历史与理论》，王建民、刘源、许丹等译，北京：华夏出版社，2006 年。

[21]（英）马林诺夫斯基：《西太平洋的航海者》，梁永佳、李绍明译，北京：华夏出版社，2002 年。

[22]（英）拉得克利夫－布朗：《社会人类学方法》，夏建中译，北京：华夏出版社，2002 年。

[23]（英）爱德华·泰勒：《原始文化》，连树声译，上海：上海文艺出版社，1992 年。

[24]（英）安东尼·吉登斯：《社会学》（第 4 版），赵旭东等译，北京：北京大学出版社，2003 年。

[25]（英）彼得·伯克：《历史学与社会理论》，姚鹏、周玉鹏等译，上海：上海人民出版社，2001 年。

[26] L. D. Wacquant. *Towards a Reflexive Sociology*：*A Workshop With Pierre Bourdieu*. Sociological Theory，Vol. 7，1989.

[27] Pramoedya Ananta Toer，Hoakiau di Indonesia，Jakarta：Penerbit Garba Budaya，1998.

[28] 安宇、沈山：《和谐社会的区域文化战略：江苏建设文化大省与发展文化产业研究》，北京：中国社会科学出版社，2005 年。

[29] 北京大学文学研究中心、东方学研究院：《东方研究》，银川：宁夏少

年儿童出版社，2010 年。

［30］成都军区政治部联络部、云南省社科院东南亚研究所：《越南问题资料选编：1975—1986（上）》，昆明：云南省社科院东南亚研究所，1987 年。

［31］辞海编辑委员会：《辞海》，上海：上海辞书出版社，1989 年。

［32］费孝通：《费孝通论文化与文化自觉》，北京：群言出版社，2007 年。

［33］方金英：《东南亚“华人问题”的形成与发展》，北京：时事出版社，2001 年。

［34］方雄普、徐振礼：《海外侨团寻踪》，北京：中国华侨出版社，1995 年。

［35］郭梁：《东南亚华侨华人经济简史》，北京：经济科学出版社，1998 年。

［36］郭明：《中越关系演变四十年》，南宁：广西人民出版社，1992 年。

［37］贺圣达、王文良、何平：《战后东南亚历史发展》，昆明：云南大学出版社，1994 年。

［38］侯均先：《西方社会学理论教程》，天津：南开大学出版社，2004 年。

［39］王苍柏：《活在别处：香港印度尼西亚华人口述历史》，香港：香港大学亚洲研究中心，2006 年。

［40］黄国安、杨万秀等：《中越关系史简编》，南宁：广西人民出版社，1986 年。

［41］黄淑娉、龚佩华：《文化人类学理论方法研究》，广州：广东高等教育出版社，2004 年。

［42］黄小坚：《归国华侨的历史和现状》，香港：香港社会科学出版社有限公司，2005 年。

［43］景军：《神堂记忆——一个中国乡村的历史、权力与道德》，吴飞译，福州：福建教育出版社，2013 年。

［44］李安山、吴小安、程希：《中国华侨华人学——学科定位与研究展望》，北京：北京大学出版社，2006 年。

［45］李明欢：《福建侨乡调查：侨乡认同、侨乡网络与侨乡文化》，厦门：厦门大学出版社，2005 年。

［46］李学民、黄昆章：《印度尼西亚华侨史》，广州：广东高等教育出版社，1987 年。

［47］李雪岩、龙四古：《西南边疆民族地区青年归国华侨侨眷发展问题研究》，北京：社会科学文献出版社，2013 年。

[48] 梁英明：《战后东南亚华人社会变化研究》，北京：昆仑出版社，2001 年。

[49] 林耀华：《民族学通论》，北京：中央民族大学出版社，1997 年。

[50] 刘朝晖：《超越乡土社会——一个侨乡村落的历史文化与社会结构》，北京：民族出版社，2005 年。

[51] 刘志山、马云驰：《移民文化及其价值》，北京：商务印书馆，2010 年。

[52] 鲁虎：《印度尼西亚华人资本的历史与发展》，北京：中国档案出版社，2000 年。

[53] 陆益龙：《嵌入性适应模式——韩国华侨文化与生活方式的变迁》，北京：中国社会科学出版社，2006 年。

[54] 马戎、周星：《田野工作与文化自觉》，北京：群言出版社，1998 年。

[55] 苗芒：《坚守》，新加坡：新加坡维华文化服务社，1956 年。

[56] 丘正欧：《苏加诺时代印度尼西亚排华史实》，台北："中央"研究院近代史研究所，1995 年。

[57] 祁进玉：《群体身份与多元认同——基于三个土族社区的人类学对比研究》，北京：社会科学文献出版社，2008 年。

[58] 丘立本：《从世界看华侨华人》，香港：南岛出版社，2000 年。

[59] 沈已尧：《海外排华百年史》，北京：中国社会科学出版社，1980 年。

[60] 孙秋云：《文化人类学教程》，北京：民族出版社，2004 年。

[61] 唐慧：《印度尼西亚历届政府华侨华人政策的形成与演变》，北京：世界知识出版社，2006 年。

[62] 王明珂：《华夏边缘——历史记忆与族群认同》，北京：社会科学文献出版社，2006 年。

[63] 王明珂：《羌在汉藏之间——川西羌族的历史人类学研究》，北京：中华书局，2008 年。

[64] 王铭铭：《人类学讲义稿》，北京：世界图书出版公司，2011 年。

[65] 王铭铭：《西方人类学思潮十讲》，桂林：广西师范大学出版社，2005 年。

[66] 王思斌：《社会学概论》，北京：北京大学出版社，2003 年。

[67] 吴凤斌：《东南亚华侨通史》，福州：福建人民出版社，1994 年。

[68] 吴仕民：《中国民族理论新编》，北京：中央民族大学出版社，2008 年。

［69］衣俊卿：《文化哲学十五讲》，北京：北京大学出版社，2004 年。

［70］《印度尼西亚排华与反排华斗争参考资料》，北京：中国新闻社，1959 年。

［71］云南省侨务办公室等：《云南省志·侨务志》，昆明：云南人民出版社，1992 年。

［72］张兴汉、陈新东等：《华侨华人大观》，广州：暨南大学出版社，1990 年。

［73］郑一省：《多重网络的渗透于扩张——海外华侨华人与闽粤侨乡互动关系研究》，北京：世界知识出版社，2006 年。

［74］郑晓云：《文化认同与文化变迁》，北京：中国社会科学出版社，1992 年。

［75］周南京、陈文献、林六顺、郑民：《印度尼西亚华人同化问题资料汇编》，北京：北京大学亚太研究中心，1996 年。

［76］周南京、梁英明、孔远志、梁敏和：《印度尼西亚排华问题》，北京：北京大学亚太研究中心，1998 年。

［77］周南京：《风雨同舟——东南亚与华人问题》，北京：中国华侨出版社，1995 年。

［78］周南京：《华侨华人问题概论》，香港：香港社会科学出版社有限公司，2003 年。

［79］朱杰勤：《东南亚华侨史》，北京：中华书局，2008 年。

［80］朱杰勤：《华侨史》，桂林：广西师范大学出版社，2011 年。

［81］庄国土：《华侨华人与中国的关系》，广州：广东高等教育出版社，2001 年。

［82］庄孔韶：《人类学通论》，太原：山西教育出版社，2005 年。

［83］张兴汉、陈新东等：《华侨华人大观》，广州：暨南大学出版社，1990 年。

［84］陈肖英：《印支难民与香港“第一收容港”政策》，《南洋问题研究》，2007 年第 4 期。

［85］陈云云：《归国华侨的归属感研究——以广西来宾市华侨农场为例》，《八桂侨刊》，2012 年第 3 期。

［86］孟宪平：《历史与现实互动中的文化概念流变探析》，《北方论丛》，2010 年第 6 期。

［87］金旭东：《试论印支难民问题的特征》，《华侨华人历史研究》，1988 年第 1 期。

［88］梁隆俊：《战后印度尼西亚的华侨、华人经济政策》，《南洋问题》，1986 年第 2 期。

［89］马有良：《如何办好面向 21 世纪的云南民族教育》，《云南教育》，2000 年第 5 期。

［90］覃翊：《当代越南华人社会研究》，《世界民族》，2009 年第 4 期。

［91］王建民：《民族志方法与中国人类学的发展》，《思想战线》，2005 年第 5 期。

［92］温北炎：《试析印度尼西亚对华人的政策》，《东南亚研究》，1987 年第 4 期。

［93］薛秀霞：《印度尼西亚华侨移民的历史考察》，《宁波大学学报》，2001 年第 3 期。

［94］尹志征：《略述越南华侨史各时期的基本情况和特点》，《印度支那》，1985 年第 4 期。

［95］赵和曼、张宁：《印支难民问题概论》，《东南亚纵横》，1987 年第 3 期。

［96］郑甫弘：《“文革”时期的国内侨务和归国华侨侨眷生活》，《南洋问题研究》，1995 年第 2 期。

［97］郭海军：《农场社区归国华侨群体认同研究——以常山华侨农场为个案》，福建师范大学硕士论文，2011 年。

［98］梁娇：《建国后中国政府安置归难侨工作研究——以广西国营华侨农场为例》，广西师范大学硕士论文，2006 年。

［99］孔结群：《重建家园：在祖国不在家乡》，暨南大学硕士论文，2008 年。

［100］谭梦玲：《归国华侨的国家认同》，广西民族大学硕士论文，2008 年。

［101］童蓉：《二十世纪五六十年代中国政府安置印度尼西亚归国华侨政策研究》，暨南大学硕士论文，2011 年。

［102］姚俊英：《从难民到公民——花都华侨农场越南归难侨身份变迁研究》，中山大学博士论文，2009 年。

［103］王旖旎：《福建武夷华侨农场研究——以农场档案（1966—1985）为切入点》，厦门大学硕士论文，2007 年。

［104］张文奎：《香港归国华侨的历史与现状》，华侨大学硕士论文，2012 年。

［105］《华声报》，1986 年 5 月 27 日。

[106]《2012年度澧江街道红侨社区工作总结》（内部资料），2012年11月27日。

[107] 白明祥：《甘庄华侨农场入〈元江县志〉稿（1978—2005年）》（内部资料），2011年。

[108] 甘庄华侨农场场庆筹委会：《创业之路（1958—1988）》（内部资料）。

[109]《甘庄华侨农场改革和发展工作推进情况汇报材料》（内部资料）。

[110]《甘庄华侨农场汇报材料》（内部资料），2008年2月27日。

[111]《关于拨给特困归国华侨一次性救济费通知》（内部资料）。

[112]《关于拨给特困归国华侨一次性救济费通知》（玉溪市档案馆档案资料）。

[113]《红河华侨农场侨务志（1988—2005年）》（内部资料）。

[114]《漠沙华侨移迁甘庄华侨农场的安置情况》（玉溪市档案馆档案资料），1961年12月13日。

[115] 侨办发〔2001〕47号：《关于元江县甘庄、红河华侨农场〈深化经济体制改革实施方案〉的批复》（内部资料）。

[116]《深刻的变化　巨大的成就——甘庄农场五十年的历史变迁》（内部资料）。

[117]《玉溪地区甘庄、红侨农场华侨职工思想动荡出现赴港定居热》（玉溪市档案馆资料），1994年4月29日。

[118] 玉溪地区行政公署办公室：《元江国营甘庄华侨农场步履维艰》（玉溪市档案馆资料），1993年2月17日。

[119]《元江县公安局关于甘庄华侨农场的情况》（玉溪市档案馆档案资料）。

[120]《元江县侨联2012年工作总结暨2013年工作意见》（内部资料）。

[121] 元江县人民政府：《元江县贯彻实施〈归国华侨侨眷权益保护法〉情况汇报》（内部资料），2012年3月27日。

[122]《元江县人民政府关于甘庄、红河华侨农场行政撤并的决定》，元江网（http：//www. yjx. gov. cn/Xxxs. aspx？id＝2009032409042563）。

[123] 张雄：《归国印度尼西亚华侨　祖国熟悉的陌生人》，《南方人物周刊》，2012年9月6日。

[124] 中共新平县委统战部：《关于新平县国营漠沙华侨农场迁场往元江县

甘庄若干问题的计划》（玉溪市档案馆档案资料），1961 年 10 月 16 日。

［125］中共新平县委统战部：《关于漠沙农场归国华侨接待和安置情况工作报告》（玉溪市档案馆档案资料）。

［126］中共新平县委统战部：《关于漠沙农场归国华侨接待和安置情况工作报告》（玉溪市档案馆档案资料），1960 年 10 月 19 日。

后　记

《圣经》上说："流泪撒种的，必欢呼收割。"可是对于现在的我来说，欢呼好像离我太远，仅存欣慰和感动。缘由有二：第一，书写他们，就是在书写我自己。在描述和思索红河流域归国华侨群体特殊的历史发展及其背后逻辑的过程中，我好像就是他们中的一员，和他们一起走过或正在走这段不同寻常的人生之路。感同身受的体验使我时常为他们的辛酸史掉泪，也为他们现实的发展和美好生活喝彩。书写他们的历史，就是在书写、映照及隐喻自己的人生。从这个意义上去看，对红河流域归国华侨群体的书写，一方面在为自己的人生经历和现实处境伤感，另一方面则为自己今天所获得的小小成就感到心满意足、心存感恩。我相信，矛盾交织的人生成就了今天的我，也能塑造我希望的未来。第二，我的研究过程正如归国华侨们的历史那样曲折，异常困难。在本书的研究过程中，笔者经历了工作调动后的文化适应、前途迷茫下的内心憋屈、敢于直言和固守良知所遭遇的各种冲击和打击等工作及生活上的种种"磨难"。个中缘由，难以述说，只道"天凉好个秋"。但可以肯定地说，在我进行的众多研究中，该书的研究面临的困难最大，思考的问题也最多，花费的时间也最长，落于文字的笔触却很少。难以言喻、欲说还休的情形时常出现，至今仍历历在目。

不管其结果如何，研究总算完成了。感谢我从事博士后研究时的合作导师张文教授，虽然和他直接接触的次数不多，但他渊博的学识、严谨的学风、正直善良的秉性及低调谦和的处事原则早已留在我的心中，时时影响着我、感染着我、启迪着我。感谢他多年来对我的宽容、理解和无私的帮助，弟子感激不尽，永生难忘。弟子无才，很多时候真的是无颜，甚至是有些害怕面对他，有很多地方做得不好，所以借此机会向张文老师表示深深的歉意。感谢我博士阶段的导师邵献书教授，博士毕业已经十年了，我还在民族史和文化哲学研究上苦苦耕耘，这和他的教育和引导是分不开的。

感谢调查点的归国华侨们，感谢他们为我的调查工作提供的便利及为我的研究提供的诸多有益的第一手材料。可以说，在很大程度上，他们的善良、勤奋、坚韧、聪慧、务实等优秀品质形塑了这本书。感谢西南大学及其历史文化学院民族学院和中央民族大学民族学与社会学学院，是它们对我不离不弃，给我这个农家子弟提供了进一步深造的机会，才能使我在学术这条道路上继续前行，并最终使本书的研究得以最终完成。感谢帮助过我进行田野调查和资料整理的万霞、包可可、孙瑞琪、杨方、高钰坤、罗发香、王瑶、和茂竹、刘丽明、罗载兵等诸多学生，他们为本书研究的完成做了大量细致而又重要的工作。感谢玉溪市档案馆、元江县档案馆和元江县甘庄华侨农场、红河华侨农场的工作人员，调查中多次的“打扰”都得到了他们慷慨无私的帮助。感谢玉溪师范学院及政法学院的领导和同事们，李满华老师多次亲自开车带我去调查点、苏涛老师时时对我们全家的关切和帮助、孙秀华老师给予我的太多鼓励和启迪……感谢贵州师范大学马克思主义学院的欧阳恩良院长，每当我遇到困难时，他都能够真诚地理解，并及时给予我帮助。感谢我所带的研究生李丹、解子荷、曹以达、郭岩磊及赵琳琳五位同学，可以说他们是我在贵州师范大学的心灵知音和最大寄托。感谢我的好朋友甘代军、汤广全、黄琳、黄治国、陈秀清、郑容、崔阳苹等，虽然我们各在一方，但几十年来的情谊是如此深厚，彼此间简单的一个问候、一个关切、一个帮助，都让我感受到了友情的无限力量。感谢贵州师范大学马克思主义学院的同事和朋友们……过往历历在目，历久弥新，心存感恩，砥砺前行。

最后我要将深深的感谢之情给予我的家人。父亲和母亲是勤劳、善良、正直、淳朴的，他们用单薄的身体承载着我们全家的生活重担，使我们的日子过得清贫但其乐融融。他们的离去，留给了我们无尽的思念。每当想起他们曾带给我们的美好，不禁潸然泪下。但我相信，如果他们在远方能看见儿子现在的生活，他们一定会感到欣慰。感谢我的妻子和儿子，对于妻子，由于我们都是来自农村，生活的艰辛使得我们更加相濡以沫，彼此珍惜；对于儿子，由于忙碌而耽误了很多对于他那个年龄阶段来说应该享受的快乐。但不管如何，他们永远都是我不断前进的动力和源泉，我会用一生去弥补和感激他们给予我的那份爱。感谢我的哥哥姐姐，往往在我感到孤独无助的时刻，都是他们慷慨无私的帮助才使我渡过一个个难关。手足之情，终生难忘，我们是永远的一家人。

此外，特别要对云南大学出版社的责任编辑万斌老师对于本书出版所做的艰辛工作表示感谢。

总之，在研究的背后，给我帮助和关心的人还有很多很多，在此就不一一列举了。但是请帮助和关心过我的人们相信，我至今还记得你们对我的那些帮助和关心，我会怀着一颗感恩的心去学习、生活和工作，用自己最大的努力去回报你们和这个伟大的时代。

李银兵

2019 年 10 月 19 日